RAY NOLAN

DIE SIEBTE OFFENBARUNG

Prophezeiungen und Voraussagen
weltberühmter Hellseher,
Astrologen und Schamanen

WILHELM HEYNE VERLAG
MÜNCHEN

HEYNE SACHBUCH
19/690

Umwelthinweis:
Das Buch wurde auf
chlor- und säurefreiem Papier gedruckt.

Taschenbucherstausgabe 9/99

Wilhelm Heyne Verlag GmbH & Co. KG, München
http://www.heyne.de
Printed in Germany 1999
Umschlagillustration: ZEFA Visual Media/Masterfile/Dale Wilson
Umschlaggestaltung: Atelier Bachmann & Seidel, Reischach
Satz: Pinkuin Satz und Datentechnik, Berlin
Druck und Bindung: Ebner Ulm

ISBN 3-453-16351-6

»Ich denke niemals an die Zukunft.
Sie kommt früh genug.«

Albert Einstein

Ich danke all den
Hellsehern, Channel-Medien, Astrologen
und Schamanen unserer Gegenwart,
durch deren Hilfe dieses Buch
erst möglich wurde:

Karin Nagel (Hellseherin)
André Heese (Medium und Numerologe)
Madame Bergier (Tarot-Medium)
Prof. Ivan Aristizabal (Schamane)
Helmut Szemenik (Hellseher)
Atuka hé (Schamane)
Peter Gordon (Astrologe)
Elfriede Jahn (Tarot-Medium)
u. a.

Inhalt

Endzeit?

Da stehen wir also.

Kurz vor dem Jahr 2000 – oder kurz vor zwölf, wenn man den Hellsehern und Propheten aus mehr als einem halben Dutzend Jahrhunderten glaubt. Biblische Endzeitstimmung, die wir inzwischen alle spüren.

Unser Wetter spielt verrückt wie nie zuvor. Einst gemäßigte Zonen erstarren in Eis und klirrender Kälte, und dort, wo wir noch vor wenigen Jahren unbeschwert unsere Sommerferien genießen konnten, klettern die Temperaturen erstmals über die 40-Grad-Marke, oder innerhalb von wenigen Stunden fällt plötzlich so viel Regen vom Himmel, daß es zu nie gekannten Überschwemmungen, Erdrutschen oder verheerenden Stürmen kommt.

Daß einige Vulkane nun auch wieder zu brodeln und zu spucken beginnen und hier und da die Nachricht von einem Erdbeben über die TV-Bildschirme flimmert, mag nichts anderes als ein normaler Ablauf in der Natur sein – doch beruhigend ist diese Anhäufung von katastrophalen Naturereignissen ganz gewiß nicht. Wissenschaftler und Politiker werden zwar nicht müde zu behaupten, es habe schon immer sporadische »Jahrhundert-Überschwemmungen«, extrem dürre Sommer und verheerende Orkane gegeben, doch dies ist eine Scheinwahrheit. Im Gegensatz zu den vorangegangenen, von den Menschen angstvoll erwarteten Jahrhundert- oder Jahrtausendwechseln müssen wir heute nämlich nicht mehr krampfhaft nach den prophezeiten Vorzeichen suchen – wir leben mitten unter ihnen!

Das Weltklima verändert sich, hat sich bereits besorgniserregend verändert! Und wenn im »Siebten Siegel« der Johannes-Offenbarung vom Zeichen der »lodernden Fackel« gesprochen wird, deren Name »Wermut« lautet und die Wasser und Quellen so »bitter« macht, »daß viele Menschen dadurch sterben werden«, muß man eigentlich nur noch wissen, daß das russische Wort für Wermut »Tschernobyl« lautet, um zu begreifen, daß wir mit hoher Wahrscheinlichkeit gerade diese Epoche der Siebten Offenbarung durchleben.

Auch der Mensch hat sich verändert. Streitsüchtig und kriegslüstern war er zwar schon immer, doch seine Stärken, die ihn im Laufe seiner Evolutionsgeschichte zum Primaten, dem höchstentwickelten Wesen auf der Erde machten – Gemeinschaftssinn, das Zusammenrücken in schwierigen Situationen, Familienbande, die Pflege von Freundschaften und die Fähigkeit, innig zu lieben und zu trauern: dies alles tritt immer mehr in den Hintergrund. Statt zueinander zu finden, läßt uns unsere selbstgeschaffene erfolgsorientierte und stressig gewordene Welt immer mehr voneinander abrücken.

Die Bibel spricht von »tausend und nicht mehr tausend Jahren« und legt damit den Zeitpunkt für das »Jüngste Gericht«, diese gnadenlose letzte Apokalypse, die einer Abrechnung des Allmächtigen mit seinen ungehorsamen menschlichen Schöpfungen gleichkommen soll, zeitlich genau fest. Man braucht heute, kurz vor dem Ende des zweiten Jahrtausends, keinen Taschenrechner, um herauszufinden, wann das Jahr »tausend und nicht mehr tausend« zu erwarten ist.

Endzeit, kurz vor oder mit dem Jahr 2000, verkünden auch die mittelalterlichen Seher, an ihrer Spitze der wohl bekannteste Prophet, Michel Nostradamus, der in einem seiner 1166 prophetischen Verse sogar den Monat für die große Menschheitskatastrophe festlegt: »Im Jahr 1999, siebenter Monat, wird ein großer Schreckensherrscher vom Himmel kommen ...«

In den etwa 400 Jahre alten Weissagungen der »Benediktiner von Maria Laach« findet man zwar kein so deutlich niedergeschriebenes Datum, aber da wir jetzt am Ende des 20. Jahrhunderts stehen und »erst« zwei fürchterliche Weltkriege hinter uns liegen, kann heute, kurz vor der Jahrtausendwende, auch aus dieser so überaus anschaulich niedergeschriebenen Prophezeiung des Jahres 1783 ein unmißverständlich deutlicher Hinweis auf die letzten Jahre vor dem Wechsel herausgelesen werden:

»Das zwanzigste Jahrhundert wird Tod und Verderben bringen ... Es ist das Jahrhundert von *drei* großen Kriegen, die in Abständen von Jahrzehnten immer verheerender und blutiger werden und am Ende alles in Trümmer legen ... Nach einer schrecklichen Niederlage Germaniens folgt bald der nächste große Krieg ... Giftige Wolken, von Menschenhand gemacht, senken sich, alles vernichtend, herab ...«

Wie bereits gesagt: Zwei »große Kriege« hatten wir schon in diesem Jahrhundert. Doch was ist mit dem angekündigten dritten – steht er direkt vor der Tür? Oder ist alles nur Humbug, und man darf solchen Prophezeiungen keinen Glauben schenken?

An dieser Frage scheiden sich die Geister.

Es ist die Frage nach Gott oder Materie, nach Seele oder Verstand, nach Glauben oder Wissen. Und hier sind wir immer eifrig bemüht, fein säuberliche Trennlinien zu ziehen, anstatt Gott und Materie, Seele und Verstand, Glauben und Wissen jeweils als funktionierendes Dualitätsprinzip zu begreifen und zu akzeptieren. Ich erinnere mich noch vage an einen Satz, den in den siebziger Jahren einmal der damals frischgebackene Heilpraktiker Köhnlechner anläßlich eines Fernsehinterviews sagte, nachdem er als Top-Manager den Konzerngiganten Bertelsmann verließ, um sich fortan der Akupunktur zu widmen. Ein Satz, der mich damals auf

Grund seiner bestechenden Einfachheit sehr beeindruckte:

»Ich weiß nicht, *wie* es funktioniert, aber ich weiß, wenn ich auf einem ganz bestimmten Punkt die Akupunkturnadel plaziere, daß sich innerhalb weniger Minuten die weißen Blutkörperchen im Körper vervielfachen ...«

Ähnlich verhält es sich mit physikalischen Spukphänomenen, Wahrträumen, telepathischen Botschaften oder prophetischen Visionen: Den Nachweis, daß es sie gibt, brauchen wir nicht mehr zu erbringen, weil sie bereits hundertfach dokumentiert wurden. Nur, *wie* diese Phänomene entstehen, woher sie kommen, wo ihre Wurzeln liegen, darüber können wir nur philosophieren und Vermutungen anstellen. Das gilt auch und insbesondere für jene visionären Bildfolgen, die wir als Prophetie, das Zweite Gesicht oder im moderneren Jargon als präkognitive Eingebungen bezeichnen. Hier allerdings den Versuch zu machen, den Ursprung derartiger Visionen zu erklären, sollten einige hellsichtig Begabte – oft brave, biedere Leutchen, die aus Mangel an Bildung in Erklärungsnotstand geraten und zuweilen die aberwitzigsten Ideen produzieren – am besten ganz unterlassen.

So vermutete Mitte der siebziger Jahre eine an sich stark prophetisch begabte Bäuerin im Bayerischen Fernsehen (BR 3, »Bunte Pillen, Wundermacher«), ihre Visionen kämen wahrscheinlich direkt von Wotan, dem altgermanischen Gott. Den sarkastischen Kommentar des Reporters kann man sich leicht ausmalen.

Auch im vorliegenden Buch werden einige bekannte Hellseher aus unserer Zeit vorgestellt werden, die behaupten, daß ihre Botschaften von Engeln, Nostradamus, dessen verstorbener Frau Anna oder, wie bei Karin Nagel aus Moers, von Jesus selbst kommen. Auf meine Frage: »Aber was tun Sie, Frau Nagel, wenn sich

Ihre sehr präzisen Prophezeiungen nicht erfüllen werden? Hat Ihnen Jesus dann blanken Unsinn erzählt – haben Sie sich geirrt? Danach wird doch kein Mensch mehr an Prophezeiungen glauben ...«, erwiderte sie fest und bestimmt:

»Da habe ich keine Bedenken, weil alles so eintreffen wird, wie ich es vorausgesagt habe. Hundertprozentig!«

Wie immer die Sache auch ausgeht, ob und wie sich die unzähligen, oft sehr präzisen Prophezeiungen mit klaren Zeitangaben in der nachfolgenden Vorschau auch erfüllen werden – eines machten meine Gespräche mit den Hellsehern deutlich: Sie sind von der Kraft, der Stärke und von der Richtigkeit ihrer eigenen Visionen so überzeugt, daß sie ohne zu zögern auch das Risiko eingehen, beim Nichteintreffen ihrer Prophezeiungen von ihren Mitbürgern belächelt oder gar als Scharlatane angesehen zu werden.

Spätestens gegen Ende des Jahres 2000 – sicherlich wird es viel früher sein – werden meine Leser und ich selbst wissen, was man von den alten und neuzeitlichen Propheten zu halten hat, womit wir dann aber auch unsere Einstellung zu Prophezeiungen, egal wie die Resultate auch ausfallen werden, kompromißlos den Ergebnissen anpassen sollten. Zwar gibt es für Normalsterbliche bei zukünftig einzuschätzenden Ereignissen niemals Gewißheit, sondern immer nur eine hohe Wahrscheinlichkeit, aber da sich die Hellseher allesamt ihrer Sache absolut sicher sind, dürfen wir unseren Verstand nicht – sollten sich diese »Botschaften aus einer anderen Welt« beispielsweise überwiegend als visionärer Unsinn entpuppen – nach neuen Schlupflöchern und Erklärungen suchen lassen, die ein weiteres Glauben an Prophezeiungen rechtfertigen.

Andererseits müßten wir, wenn viele der vorausgesagten Ereignisse tatsächlich eintreffen, vorbehaltlos das Phänomen der Ereignisvorausschau akzeptieren. Selbst dann, wenn wir keine plausible oder wissenschaftlich beweisbare Erklärung über das Entstehen von Prophezeiungen finden.

Der deutsche Philosoph Dr. Carl du Prel (1839–1899), ein brillanter und kritisch-sachlicher grenzwissenschaftlicher Forscher seiner Zeit, schrieb in seinem Werk »Die Magie als Naturwissenschaft« einen Satz, den ich dem vorliegenden Buch zugrunde gelegt habe:

»Solche Visionen müssen vor dem Eintreffen in einer Zeitung publiziert werden, selbst auf die Gefahr hin, daß einzelne nicht eintreffen. Das bloße Deponieren, z.B. im Archiv einer Gesellschaft, hätte höchstens für die Gesellschaftsmitglieder einen Wert ... Diese vorher veröffentlichten Visionen müssen von einer Beschaffenheit sein, die später eine unwiderlegbare und klare Parallele zu den vorausgesehenen Ereignissen bildet. Nur so werden wir ein deutliches Bild vom allgemeinen Wert der Prophezeiungen erhalten.«

Ich bin diesem Ansinnen gerne nachgekommen, und ich danke allen in diesem Buch zitierten Hellsehern aus unserer Zeit für ihre mutig eingereichten Beiträge, die mir schriftlich oder als Tonbandaufnahmen vorliegen und in den nachfolgenden Kapiteln wiedergegeben werden.

Sinn dieses Buches ist es nicht, die ohnehin überall spürbare Endzeitstimmung zu schüren. Vielmehr wird darin bereits heute all das schwarz auf weiß dokumentiert und niedergeschrieben, was bekannte Hellseher, Astrologen, Schamanen und Channel-Medien aus unserer Zeit für die Jahre 1999 und 2000 an Ereignissen vorhersahen, damit wir – wenn sich in Kürze die Voraussagen erfüllt oder nicht erfüllt haben – mit einem neuen und hoffentlich geschärften Bewußtsein derartigen Prophezeiungen begegnen können.

Natürlich wünsche ich meinen Lesern, daß sich all

das, was die biblischen Propheten, mittelalterlichen Seher und die Hellseher aus unserer Zeit über die kommenden zwei Jahre vorausgesehen haben, nicht erfüllt. Und ich wünsche Ihnen, mir und der gesamten Menschheit, daß unsere Gedankenwelt zu überaus eindrucksvollen und scheinbar absolut logisch anmutenden Visionen fähig ist, die sich später dennoch als völlig groteske Halluzinationen erweisen können.

Das, was die Propheten in großer Übereinstimmung heute und seit Hunderten von Jahren voraussagen, ist der blanke Horror und rechtfertigt eine gewisse Endzeitstimmung unter den Menschen. Und daher hoffe ich inbrünstig – insbesondere für Europa, Japan und die USA –, daß sich die in den nächsten Kapiteln vorgestellten Visionen und »göttlichen Botschaften« nicht erfüllen werden, damit wir bald wieder befreit lächeln können!

Möge es so sein, denn wenn sie recht behalten sollten, diese von uns so gerne belächelten Propheten und Seher – wenn Jesus oder Wotan, Verstorbene aus dem Jenseits, Außerirdische oder die himmlischen Engel tatsächlich auf sie einflüsterten und ihnen die schrecklichen, oft überaus deutlichen Bilder über unseren unmittelbar bevorstehenden Untergang zukommen ließen, dann werden wir kaum noch Zeit haben, darüber nachzudenken, daß wir, irgendwann in der Vergangenheit, den lieben Gott glatt aus den Augen verloren haben und dabei, stur alle Zeichen und Warnungen ignorierend, ständig den falschen Weg gegangen sind.

In diesem Fall stünde der Neuaufbau der Welt dann vor all jenen, die das Chaos überleben werden. Diese neue Generation hätte endlich gelernt, daß Egoismus, Herrschsucht, die Lust auf sinnliche Genüsse sowie das Streben nach Macht und materiellem Gewinn das denkbar brüchigste Fundament bilden, um die Menschen zusammenzubringen. Eine neue, bessere Welt wird ausschließlich auf Liebe und Menschlichkeit aufgebaut sein – auch das sagen die Propheten voraus.

Doch wie schon gesagt: Hoffen wir für uns selbst, daß sie sich alle geirrt haben. Oder sollten wir vielleicht doch eher darauf warten, daß sich für alle, die nach uns kommen werden, die Prophezeiungen erfüllen mögen? Danach würden dann zumindest unsere Kinder und deren Nachkommen – auch das sagen die Propheten voraus – einmal so leben können, wie wir es uns eigentlich immer erträumt haben …

Ray Nolan

1 Propheten mahnen

Planet Erde – wie lange noch?

Wir befinden uns in den von unzähligen alten und neueren Prophezeiungen angekündigten Schicksalsjahren 1999 und 2000. Sie werden – in gutem oder in schlechtem Sinne – ein Jahrtausend beenden, welches durch blutige und wohl nie wieder ganz ausheilende Kerben und Narben die Menschheitsgeschichte prägt. Ein Jahrtausend, das mit den ersten Streifzügen der Wikinger in Amerika und der Trauer um Bischof Adalbert von Prag begann, der bei dem Versuch, Preußen zu missionieren, brutal erschlagen wurde. Ein finsteres, lichtloses Jahrtausend voller Ängste und Schrecken, blutiger Schlachten, Seuchen, Hexenjäger und mordender Päpste – ein Jahrtausend der Sklaverei und der wahnwitzigen Kriege, aber auch das Jahrtausend der Entdeckungen und Weltreisen, der technischen Errungenschaften und wissenschaftlichen Fortschritte.

Es begann mit der Erfindung der Windmühle und endet mit Satelliten und Raumstationen, die die Erde umkreisen, mit atomgetriebenen U-Booten, flimmernden Farbfernsehern in jedem Haushalt und mit Lebewesen, die wir in beliebiger Menge aus irgendeiner ebenso beliebigen Urzelle klonen können.

Man muß eigentlich kein Prophet sein, um zu erkennen, daß in diesem Jahrtausend besonders die Entwicklung der letzten 100 Jahre mehr als rasant war, zu Lasten der Umwelt ging und – sollte sich das beängstigende Tempo des Fortschritts auch weiterhin so schnell oder noch schneller multiplizieren – daß ein Mega-Umweltkollaps unausweichlich ist.

Der Mensch hat es binnen kürzester Zeit geschafft, aus einer einst robusten Natur ein sensibles, allergisches Pflänzchen zu machen. Und am Ende dieses zweiten Jahrtausends können wir jetzt mit unseren eigenen Augen sehen, wie die geschwächte Natur ihr Immunsystem mit neuen Abwehrstoffen mobilisiert, um ihre Peiniger – die Menschen – ein für allemal auszutilgen. Wie alles, was lebt, kann die Natur eine Menge wegstecken. Aber wie alles, was lebt, hat auch sie ihre Grenzen. Überschreitet man diese Grenzen, indem man sie weit über das (v)erträgliche Maß mit Schadstoffen und unverdaulichem Giftmüll vollstopft, wird sie sich wehren oder sterben, oder sie wird beides tun.

Verpestete Luft, ungesundes Grundwasser, verseuchte Meere, saurer Schadstoffregen, Elektrosmog, verstrahlte Regionen, Gifte im Boden, zubetonierte Städte, abgeholzte, aber lebensnotwendige Wälder (unsere Sauerstoff-Ressourcen), ein inzwischen weit und bedrohlich aufklaffendes Ozonloch – man stelle sich einmal vor, daß diese wackere alte »Dame Natur« ein Mensch wäre! Wie voll mit giftigen Substanzen könnte man ihn stopfen, bis er tot umfiele?

550 Millionen Menschen auf der Welt sind heute unterernährt. Täglich werden rund 46 000 Hektar Regenwald vernichtet, das sind pro Tag 460 Millionen Quadratmeter! Oder noch bildhafter: Seit 1950 haben wir den Bestand der lebensnotwendigen Regenwälder auf die Hälfte reduziert! Wüsten und wüstenähnliche Regionen nahmen in der gleichen Zeit bedrohlich zu – pro Jahr um 60 000 Quadratkilometer! Nicht einbezogen sind die Flächen von ausgelaugtem und der Verödung entgegensehendem Ackerland von jährlich 200 000 Quadratkilometern!

Der Mensch hat es in den vergangenen Jahrzehnten

fertiggebracht, jährlich rund 73 000 Tier- und Pflanzenarten auszurotten und die Oberflächentemperatur der Meere so ansteigen zu lassen, daß sich die Windgeschwindigkeit bereits um 15 Prozent und die Zahl der Stürme und Orkane um 25 Prozent erhöht hat! In einem Satz gesagt: Die alte Mutter Erde ist auf dem besten Weg, ein unwirtlicher, rauher Planet mit nicht mehr kalkulierbaren und verheerenden Wetterumbrüchen und Lebensumständen zu werden.

Paul Ehrlich, Professor an der Stanford-Universität, Kalifornien, sagte 1968: »Irgendwann werden die Überlebenden dieser Welt die Toten beneiden. Auf der gesamten Erde wird es zu anhaltenden und wiederkehrenden Hungersnöten kommen. Internationale Handelsbeziehungen werden abbrechen, und die durchschnittliche Lebenserwartung der Menschen in den überentwickelten Ländern wird wieder erheblich sinken ...«

Anne Ehrlich, die Frau von Paul Ehrlich, ist Biologin. Auch sie sagte vor 30 Jahren ein Drama voraus: »Die Zerstörung der Umwelt wird trotz verstärkter Kontrollen weiter voranschreiten. Eine Zerstörung, die man zugunsten des ›Fortschritts‹ toleriert. Ab 1993 werden diese Probleme zunehmen. Wir erwarten eine schädliche Klimaveränderung, einen qualitativen Rückgang in der Nahrungsmittelproduktion und ein Ansteigen von Allergien und Krankheiten.«

Ähnlich sah es vor rund 20 Jahren auch der ehemalige US-Senator von Arizona und Autor populärwissenschaftlicher Bücher, Dan Halacy: »Bis 1992 wird das Weltklima veränderlicher sein als bisher. Eiskalte Winter und dann wieder für die Jahreszeit zu warmes Wetter werden unsere Vorstellungen vom ›normalen Wetter‹ allmählich korrigieren. Dann wird all jenen, die nicht in den Tropen leben, schmerzlich bewußt werden, daß wir uns trotz des Treibhaus-Effekts unausweichlich auf eine Eiszeit zubewegen. Schreckliche Schneestürme, plötzliche Temperaturstürze, verheerende Orkane, Schnee und Eis werden uns in das neue Jahrtausend begleiten. Eine Bedrohung für Milliarden Menschen, die wir kaum in den Griff bekommen werden.«

Es gibt viele ähnliche warnende Prognosen von Wissenschaftlern, die bereits vor Jahrzehnten mit Weitblick erkannten, wie die Erde auf unseren rücksichtslosen Umgang mit der Umwelt reagieren würde. Anläßlich der Gründung einer »National Conservation Commission«, die 1908 vom damaligen US-Präsidenten Theodor Roosevelt ins Leben gerufen wurde, wurde bei der Eröffnung eine nachdenkenswerte Erklärung abgegeben, deren erster Satz seine Gültigkeit bis heute nicht verloren hat:

»Die Nation verhält sich wie ein Mensch, dem ein Vermögen hinterlassen wurde, das er fortwährend unbekümmert ausgibt, und der sich niemals die Mühe macht, darüber nachzudenken, wie groß sein Erbe ist oder wie lange es wahrscheinlich noch ausreichen könnte.«

Die Mahnung verhallte ungehört. Inzwischen sind fast 100 Jahre vergangen, in denen wir die Erde in einem Maß verdreckt und ausgebeutet haben, welches zu Beginn dieses Jahrhunderts völlig undenkbar gewesen wäre. Was die Wissenschaft in diesen knapp 100 Jahren vollbrachte, wurde immer großartiger, aber wofür man sie nutzte und einsetzte, wurde profitorientierter, oft brutaler und unmoralischer und wird heute zusehends extremer. Daß der Normalbürger daher heute vieles mit Mißtrauen betrachtet, was da in den Laboratorien der Welt erdacht, entdeckt und erweckt wird, ist nur allzu verständlich. Und wo immer ein paar Leute am Stammtisch zusammensitzen und über das AIDS-Virus diskutieren – es scheint überwiegend die Meinung vorzuherrschen, daß es sich hierbei um ein in einem Labor geschaffenes Virus handelt, das außer Kontrolle geriet und nun die Menschheit dezimiert.

Der britische Physiker Prof. Egan Orowan, Mitglied der Royal Society, stellte bereits vor 30 Jahren fest, »daß die Wissenschaft auf einem gefährlichen Vulkan tanzt«, und sagte: »Die überwältigende Mehrheit der Erdbevölkerung sieht in Wissenschaft und Technik eine zunehmend tödliche Bedrohung für ihr Leben. Die Menschen haben das Gefühl, auf Gedeih und Verderb einigen wenigen ausgeliefert zu sein. Etwa so, als lägen sie auf einem Operationstisch unter den Händen verantwortungsloser Experimentatoren, denen es nicht auf Heilung ankommt, sondern um die Befriedigung ihrer ungezügelten Neugier geht.«

Trotz dieses allgemein vorherrschenden Unbehagens gegenüber dem, was uns die Wissenschaft noch so alles an unvorhersehbaren Tragödien bescheren könnte, neigen wir dazu, allmähliche Veränderungen zu ignorieren und uns erstaunlich rasch veränderten Umweltbedingungen anzupassen. Es ist ein Abwehrmechanismus unseres menschlichen Überlebenstriebes, daß wir uns schnell an Dinge gewöhnen und sie als unausweichliche Veränderungen hinnehmen, sie irgendwann akzeptieren und schließlich in unseren Alltag einplanen.

Diese durchaus segensreiche Einrichtung kann sich jedoch langfristig als Bumerang erweisen, weil sie in uns auch ein Verhalten prägt, welches negativ gewordene Zustände ohne zu murren als »vom Schicksal auferlegt« hinnimmt. Die Folge ist, daß wir zu wenig unternehmen, diese Zustände zu verhindern oder zu korrigieren – selbst da, wo es noch sinnvoll wäre. Der Talfahrt einer Gesellschaft wurden damit schon oft die Weichen gestellt …

In der Vergangenheit gibt es genügend Beispiele von blühenden »Hochkulturen«, die mit dem Wachsen ihres Fortschritts (und stets in Begleitung ihrer intelligentesten Köpfe aus der Wissenschaft) einen Weg einschlugen, der sie ahnungslos, aber stets konsequent in ihren Untergang führte. Bequemlichkeit, Obrigkeitshörigkeit, moralischer und sittlicher Verfall, süßer Wohlstand und das ständige Streben, mehr von alledem zu bekommen – die Parallelen zur heutigen Gesellschaft sind unübersehbar –, haben den Untergang und Verfall unzähliger, einst mächtiger und blühender Kulturen eingeleitet. Nun aber hat dieses Virus die ganze Menschheit ergriffen!

Wir leben nicht nur auf der Erde, sondern wir entwickeln uns auch auf ihr! Die begrenzten Ressourcen und Möglichkeiten, die sie uns für einen zig-tausendjährigen Entwicklungsprozeß zur Verfügung stellt, innerhalb von Jahrzehnten zu zerstören und alle Mahnungen sowie die inzwischen deutlich sichtbaren Warnzeichen einer bereits begonnenen Katastrophen-Ära zu ignorieren kann nur in ein irreparables schreckliches Chaos führen, aus dem der Mensch als Verlierer hervorgeht.

Die Prophetenstimmen werden lauter, mahnender und die von ihnen gezeichneten Zukunftsbilder immer erschreckender! Was alles an tobenden Orkanen, Wirbelstürmen, Schlammlawinen, Hitze, Frost, Überschwemmungen und Dürre muß noch über uns kommen, damit wir uns endlich dazu aufraffen, uns bildlich vorzustellen, wie diese künftig zu erwartenden Orkane, Hitzewellen, Frostperioden und Regenfälle in vielfacher Stärke aussehen werden?

Können uns wirklich nur unvorstellbare gigantische Katastrophen zum Handeln zwingen? Wenn ja, dann werden die nachfolgenden Kapitel ein anschauliches und erschreckendes Bild von dem zeichnen, was eintreten könnte, sollten die angekündigten Prophezeiungen tatsächlich eintreffen.

Bewußt wurden, jeweils nach dem Hinweis *»Das mögliche Szenarium«*, die Beschreibungen der von den Propheten in Aussicht gestellten Ereignisse so drastisch und bildhaft dargestellt, wie sich die wirkliche Katastrophe wahrscheinlich abspielen würde. Wenn wir, die Menschen, also von den sich nur allmählich steigernden Katastrophen nicht mehr erschüttert werden, weil wir mit der Gabe ausgestattet wurden, daß wir uns jedem Unbill anpassen und alles schon irgendwie wegstecken können, so sollen denn wenigstens die nachfolgend geschilderten Schreckensszenarien einen möglichst heilsamen Schock – den urplötzlichen Sturz mitten in eine mögliche Katastrophe – simulieren. So, als würde das, was vielleicht erst in einigen Monaten oder Jahren passiert, in den nächsten drei Minuten über Sie hereinbrechen.

Etwa so, als würden Sie gerade diese Zeilen lesen und dann von draußen plötzlich ein merkwürdiges, immer lauter werdendes Zischen herannahen hören. Ein Geräusch, das Sie nicht einordnen können, bis Sie und dieses seltsame Ray-Nolan-Buch, das Sie gerade zu lesen begonnen haben, vier Sekunden später als ein Häuflein Staub mit Hochhaustrümmern, verbeulten Autos, explodierenden Kuhleibern, einer Flutlichtanlage und den Teilen des Daches aus dem nahen (früheren) Fußballstadion durch die glühend heiße Luft nach Westen sausen …

Vielleicht hilft es zumindest ein bißchen, unseren »Es-wird-schon-irgendwie-weitergehen«-Mechanismus für einige Augenblicke außer Kraft zu setzen. Und vielleicht beginnen wir dann endlich einmal darüber nachzudenken, ob es nicht besser wäre, wenn es erst gar nicht zu den beschriebenen Katastrophen käme.

Die Zeit ist nah, sagen die Prophezeiungen.

Das Sonnenwunder von Fatima

»Es gibt oft merkwürdige Charismen, Berufungen zu recht außerordentlichem Zeugnis prophetischer Aufträge«, behauptet der katholische Reformer und Konzilstheologe, der Schweizer Professor Hans Küng. So wie er denken und dachten die meisten katholischen hohen Würdenträger. Papst Pius X., Pius XII., Johannes XXIII. und Papst Paul VI. – sie alle glaubten an die göttliche Gabe der Prophetie, und sie alle waren gleichermaßen beeindruckt von der geheimnisvollen Marienerscheinung und der Botschaft von Fatima.

Damals, am Sonntag, dem 13. Mai 1917 – der Himmel war blau und beinahe wolkenlos an diesem warmen Frühlingstag –, kam es in der Cova da Iria, nahe dem portugiesischen Dörfchen Fatima, zu einem Ereignis, das rasch weltberühmt werden sollte. Drei Kindern, der zehnjährigen Lucia do Santos und den Geschwistern Francisco (9) und Jacinta Marto (7), erschien, von einem heftigen Blitz und strahlendem Licht begleitet, eine weibliche Lichtgestalt von beeindruckender Schönheit, die sich den Kindern als die Jungfrau Maria zu erkennen gab. Die Gestalt war in einen lichtweißen, golddurchwirkten Mantel gehüllt und schwebte, ein warmes Licht ausstrahlend, dicht über und im Geäst einer alten verkrüppelten Steineiche. Francisco konnte diese Erscheinung zwar sehen, hörte sie jedoch nie sprechen, seine Schwester Jacinta und die ältere Lucia sahen und hörten sie, wobei aber nur Lucia imstande war, mit der beeindruckend schönen Frau zu reden.

Die Heilige Jungfrau, so erzählte Lucia später, habe den Kindern aufgetragen, für den Frieden in der Welt zu beten. Sie berichtete, daß sie voller Schmerz über die frevelhafte Menschheit sei, und sprach von schrecklichen Katastrophen, die über die Menschheit kämen, wenn man sich nicht auf die Liebe zu Gott und seine

Gebote zurückbesinnen würde. Das Ungewöhnliche an dieser Erscheinung war, daß sie den Kindern auftrug, sich an jedem 13. Tag der Folgemonate hier an der gleichen Stelle einzufinden. Sie, die Mutter Jesu, sei gekommen, die Menschheit zur Umkehr zu bewegen, und bei ihrer letzten Manifestation am 13. Oktober würde sie sich mit einem Wunder zu erkennen geben, das alle Menschen sehen würden, die dann an dieser Stelle verweilten.

Die Nachricht, daß angeblich die Heilige Mutter Maria den drei Kindern erschienen war und dies wieder tun wolle, wurde zunächst in der Region um Fatima mit Skepsis aufgenommen. Dennoch waren es 60 Menschen, überwiegend gottesfürchtige Landbewohner, aber auch einige Skeptiker und Spötter, die sich am 13. Juni bei der Steineiche einfanden.

Und wieder leuchtete gegen Mittag ein heller Blitz auf, und die Heilige Jungfrau erschien und sprach etwa zehn Minuten zu Lucia. Die 60 anwesenden Leute aus der Umgebung Fatimas sahen weder den Blitz noch die Erscheinung. Sie konnten nur die drei Kinder beobachten und sahen, wie sich die kleine Lucia niederkniete, wie gebannt in den Baum hinaufstarrte und ab und zu etwas sagte. Ein paar der Anwesenden wollten allerdings beobachtet haben, wie sich einige Äste ostwärts bewegten, als die Erscheinung nach etwa zehn Minuten wieder verschwand und sich die Kinder erhoben.

13. Juli 1917: Die Erscheinungen laufen wie zuvor ab. Lucia wird das »Leiden der Verdammten« gezeigt, zu deren Rettung die Heilige Jungfrau eine Andacht zum unbefleckten Herzen Marias empfiehlt. Wenn dies geschehe, so würde der Friede in der Welt wieder hergestellt.

Der Erste Weltkrieg tobt in diesem Monat praktisch an allen Fronten. Am 13. Juli, während der dritten Erscheinung in Fatima, stürmen die deutschen Truppen der Heeresgruppe Kronprinz Rupprecht unter hohen Verlusten die Höhe 304, und im Osten flackern die Kämpfe zwischen den Armeen des Prinzen Leopold von Bayern und den Russen erneut auf. Ein Ende des blutigen Krieges ist noch nicht abzusehen, und wieder mahnt die Erscheinung, daß die Barbarei kein Ende nähme, wenn die Menschen nicht nach einer geistigen Umkehr strebten.

Die Anwesenden, deren Zahl nun schon erheblich angestiegen, aber nicht genau dokumentiert ist, gewahren deutlich ein Nachlassen des Sonnenlichtes und ein spürbares Absinken der Temperatur. Das Wunder von Fatima macht immer mehr Schlagzeilen. Auch Papst Benedikt XV. scheint von der Botschaft beeindruckt zu sein. Am 1. August mahnt er (vergeblich) mit einer ernsten Note, die »an die kriegführenden Völker« gerichtet ist, das Morden einzustellen.

13. August 1917, die vierte Erscheinung: Nun pilgern schon 18 000 Menschen zur alten Steineiche nach Fatima. Da kommt es zu einem unerfreulichen Zwischenfall, der später noch mehr Schlagzeilen machen wird. Der Bezirksvorsteher des Ortes, der die Sache für einen ausgemachten Schwindel hält, entführt die Kinder unter dem Vorwand, sie zur Eiche bringen zu wollen. Als die drei dort nicht auftauchen, sehen die 18 000 Anwesenden plötzlich einen grellen Blitz über der Eiche, und ein gewaltiger Donnerschlag erschüttert die Luft. Dann erscheint über dem Baum eine glänzende weiße Wolke, die dort zehn Minuten verweilt, um sich dann langsam in die Luft zu erheben und in östlicher Richtung zu verschwinden.

13. September 1917, die fünfte Erscheinung: Fatima, das 2000-Seelen-Dorf, ist verstopft von Pilgern, Wagen und Kutschen. 30 000 Menschen knien um die Mittagszeit bei der Steineiche und beten. Die Sonne scheint sich etwas zu trüben, und dann bewegt sich, für alle sicht-

bar, eine helle Lichtkugel am wolkenlosen Himmel von Osten nach Westen und löst sich am Erscheinungsort praktisch in nichts auf. Danach werden die drei Kinder und der alte Baum völlig von einer weißen Wolke umhüllt, und dicke, große Schneeflocken fallen vom Himmel, ohne aber den Boden zu berühren.

Die Menschen sind fassungslos, beten zur Jungfrau Maria, viele werfen sich auf den Boden, schluchzen, weinen. Als sich das Wolkengebilde, das die Sicht zu den Kindern versperrt, schließlich nach einer Weile auflöst, endet auch der Schneefall in Fatima.

13. Oktober 1917, die sechste Erscheinung: Trotz des strömenden Regens an diesem Tag haben sich 70 000 Menschen bei der Steineiche versammelt. Unter ihnen die Berichterstatter vieler namhafter Tageszeitungen. Man erwartet an diesem Tag das von der Jungfrau Maria angekündigte Wunder.

Für die drei Kinder läuft alles ab wie die außergewöhnlichen Begegnungen, die diesem Tag vorausgegangen waren. Francisco sieht die Erscheinung nur, und die beiden Mädchen hören sie auch sprechen. Die Heilige Jungfrau trägt ihnen erneut die Botschaft auf, die Menschheit zur Umkehr zu bewegen – eine Botschaft zu mehr Nächstenliebe und innerer Wandlung.

Die Erscheinung segnet noch einmal die Kinder, dann verschwindet sie. Als sich die Kinder im gleichen Augenblick erheben, reißt der dichte Wolkenvorhang über den Menschen auf, es hört auf zu regnen, und die Sonne zeigt sich wie eine in hellem Silber glänzende Scheibe am Himmel. Vor den Augen der fassungslosen 70 000 Menschen beginnt sie sich mit rasender Geschwindigkeit zu drehen. Funken und Flammen sprühen nach allen Seiten, und die rotierende Scheibe beginnt nun ständig ihre Farben zu ändern. In allen Regenbogenfarben schimmert die Sonne, und die umhersprühenden Lichterscheinungen scheinen das gesamte

Szenarium an der alten Eiche mal in blaues, mal in rotes, gelbes oder violettes Licht zu tauchen.

Dieses Wunder, das jeder, der es miterlebt hat, nie mehr vergessen wird, wiederholt sich nach kurzen Pausen dreimal, insgesamt etwa zehn Minuten lang. Die 70 000 Menschen an diesem Ort sind wie gelähmt, starren gebannt zum Himmel oder murmeln inbrünstig Gebete.

Das Schauspiel wird immer grandioser. Die Sonne scheint sich plötzlich von ihrem festen Standort zu lösen und stürzt funkensprühend in unvorhersehbaren Zickzack-Kursen scheinbar auf die Erde zu. In einem Umkreis von 40 Kilometern wird die gleiche Erscheinung, von Hunderten bezeugt, beobachtet. Viele, die weitab vom eigentlichen Geschehen die Sonne zu Boden trudeln sehen, berichten später, daß sie von Angst und Panik ergriffen wurden, weil sie glaubten, das Ende der Welt sei gekommen.

Bei der dritten Erscheinung, am 13. Juli 1917, verkündete die Muttergottes jene Botschaft, die später als »Das Geheimnis von Fatima« bekannt wurde. Da die Botschaft in großen Teilen vom Vatikan geheimgehalten wurde (warum eigentlich, wenn es eine Botschaft war, welche die gesamte Menschheit zur Umkehr bewegen sollte und sich daher auch an die gesamte Menschheit richtete?), rankten sich bald die abenteuerlichsten Vermutungen um deren Wortlaut. Aus Rom sickerten Gerüchte in die Welt, daß Papst Johannes XXIII., nachdem er rund 40 Jahre später zum Oberhirten der katholischen Kirche gewählt wurde, beim Lesen der kompletten geheimen Botschaft leichenblaß geworden sein soll.

Seinem Nachfolger, Paul VI., der im Jahr 1963 sein Amt antrat, erging es nicht anders. Auch er soll schokkiert gewesen sein, als er die Botschaft las. Er reiste persönlich nach Fatima, doch die Hoffnung, daß der geheimgehaltene Teil nun doch noch veröffentlicht werden würde, sollte sich nicht erfüllen. Am 11. Februar des gleichen Jahres machte Kardinal Ottaviani bei einer Pressekonferenz deutlich, daß der Vatikan sich nicht genötigt sehe, die zurückgehaltenen Teile freizugeben. Die bisher veröffentlichten Auszüge der Botschaft, so der Kardinal, enthielten alles, was die Welt interessieren könne und wissen müsse.

Der bekanntgewordene Teil der Botschaft war ebenfalls zunächst 25 Jahre zurückgehalten worden. Papst Pius XII. ließ die nachfolgenden Auszüge erst im Jahr 1942 – am 25. Jahrestag der Erscheinung und wohl auch, weil gerade erneut ein noch schlimmerer Weltkrieg die Menschheit auf der Erde dezimierte – durch Kardinal Schuster verlesen. Der Text, der mit Billigung der Kirche freigegeben wurde, lautete:

»Wenn man tut, was ich dir nun sagen werde, können viele Seelen gerettet werden, und es wird wieder Friede herrschen. Der Krieg neigt sich seinem Ende zu (1917), doch wenn man nicht aufhört, den Herrn zu beleidigen, wird ein neuer, noch schrecklicherer Krieg beginnen. Wenn ihr eine Nacht sehen werdet, die von einem unbekannten Licht hell erleuchtet wird, dann wisset, daß dies ein großes Zeichen ist, das euch Gott sendet für die bevorstehende Bestrafung der Sünden der Welt durch Krieg, Hunger und die Verfolgung der Kirche und des Heiligen Vaters. Um das zu verhindern, werde ich euch bitten, Rußland meinem Unbefleckten Herzen zu weihen und künftig alle ersten Samstage die Heilige Kommunion zu empfangen.

Wenn man meiner Bitte Gehör schenkt, wird sich Rußland bekehren, und es wird Frieden sein. Sonst aber werden sich die Irrtümer in der ganzen Welt verbreiten und Kriege und Kirchenverfolgungen verursachen. Unzählige gute Menschen werden gemartert werden, und der Heilige Vater wird viel zu leiden haben. In vielen Nationen wird die Geißel der Unterdrückung herrschen ...«

An dieser Stelle fehlen nun die unveröffentlichten Teile des Geheimnisses. Dann schließt sich folgender vom Vatikan freigegebener Text an:

»… aber schließlich wird mein Unbeflecktes Herz triumphieren, der Heilige Vater wird mir Rußland weihen, und Rußland wird sich bekehren. Danach wird die Welt für einige Zeit Frieden haben …«

Das helle, seltsame Leuchten, das vor der angekündigten neuen Bestrafung der Menschheit eine weitere Warnung darstellen sollte (der Zweite Weltkrieg begann im September 1939), erhellte in der Nacht zum 25. Januar 1938 den Himmel. Unzählige Zeitungen berichteten über dieses Phänomen, und einige von ihnen brachten es mit der Fatima-Ankündigung in Verbindung.

Am 15. Oktober 1963 veröffentlichte die Stuttgarter Zeitschrift *Neues Europa* unter dem Titel »Die Zukunft der Menschheit« einen Text, der angeblich die bis dahin geheimgehaltene Botschaft von Fatima sein sollte. Durch eine diplomatische Indiskretion soll das Dokument, das vom Vatikan an die Großmächte verschickt worden war, um weitere Atomversuche zu beenden, schließlich auf dem Schreibtisch des Verlags gelandet sein. Der Wortlaut dieser Botschaft lautete:

»Sorge dich nicht, liebes Kind, ich bin die Muttergottes, die zu dir spricht und dich bittet, die folgende Botschaft der ganzen Welt zu verkünden. Dabei wirst du stark angefeindet werden, aber wenn du stark im Glauben bist, wirst du alle Anfeindungen überstehen. Höre und merke dir, was ich dir nun mitteile: Die Menschen müssen sich bessern, und sie müssen um Vergebung ihrer Sünden bitten, die sie begangen haben und auch weiterhin begehen werden. Du hast ein Wunderzeichen von mir verlangt, damit alle Welt meine Worte, die ich durch dich zur Menschheit spreche, versteht. Das Wunder hast du soeben gesehen. Es war das große Sonnenwunder! Alle haben es gesehen, Gläubige und Ungläubige, Bauern und Städter, Wissenschaftler und Zeitungsleute und Laien und Priester. Und nun verkünde in meinem Namen:

Über die gesamte Menschheit wird eine große Züchtigung kommen, noch nicht heute und auch nicht morgen, aber in der zweiten Hälfte des 20. Jahrhunderts. Was ich in Salette bereits durch die Kinder Melanie und Maximine zum Ausdruck brachte, wiederhole ich heute auch dir gegenüber: Die Menschheit hat sich nicht so entwickelt, wie es der Herr erwartete. Die Menschheit hat gefrevelt und das Geschenk, das ihr gegeben wurde, mit Füßen getreten.

Nirgends herrscht mehr Ordnung, und selbst in den höchsten Stellen regiert Satan und bestimmt den Gang der Dinge. Er wird es verstehen, auch in die höchsten Spitzen der Kirche einzudringen und die Köpfe der Wissenschaftler zu verwirren. Denn diese werden Waffen erfinden, mit denen man die Hälfte der gesamten Menschheit in wenigen Minuten vernichten kann. Satan wird die Mächtigen der Völker in seinen Bann schlagen und sie veranlassen, daß diese Waffen in Massen erzeugt werden. Sollte sich die Menschheit dagegen nicht wehren, werde ich gezwungen sein, den Arm meines Sohnes fallenzulassen. Wenn die Regenten der Welt und der Kirche dieses Geschehen nicht unterbinden, werde ich es tun und Gott, meinen Vater, bitten, das große Strafgericht über die Menschen kommen zu lassen.

Und siehe, Gott wird dann die Menschen strafen, noch härter und furchtbarer, als er sie einst durch die große Sintflut bestrafte. Und die Großen und Mächtigen werden dabei ebenso zugrunde gehen wie die Kleinen und Schwachen. Und auch für die Kirche kommt eine Zeit schwerster Prüfungen. Kardinäle gegen Kardinäle und Bischöfe gegen Bischöfe. Satan tritt mitten unter sie, und in Rom wird es große Veränderungen geben. Was faul ist, fällt, und was fällt, soll nicht gehalten werden. Die Kirche wird verdunkelt, und die Welt gerät in große Bestürzung.

Der große, große Krieg fällt in die zweite Hälfte des 20. Jahrhunderts. Dann werden Feuer und Rauch vom Himmel fallen, und die Wasser der Ozeane werden verdampfen, und die Gischt wird gen Himmel zischen, und alles, was aufrecht steht, wird umstürzen! Und Millionen und Abermillionen von Menschen werden von einer Stunde zur anderen sterben, aber die, die noch leben, werden diejenigen beneiden, die bereits tot sind. Denn Drangsal und Elend wird sein, wohin man schaut; Elend und Untergang auf der ganzen Erde und allen Ländern. Siehe, die Zeit kommt immer näher, und der Abgrund wird immer tiefer. Aber es gibt keine Rettung, und die Guten werden zusammen mit den Bösen sterben und die Kleinen mit den Großen und die Kirchenfürsten mit den Gläubigen und die Herrscher mit ihren Völkern, weil allenthalben der Tod regiert. Von irrenden Menschen wird er zu seinem Triumph erhoben und von den Knechten Satans, der dann der alleinige Herrscher der Erde sein wird.

Kein König und Kaiser, kein Kardinal und kein Bischof wird die Zeit kennen, wann es passiert, aber dennoch wird diese Zeit nach dem Sinne meines Vaters kommen, damit gestraft und gerächt wird, was nicht sein darf.

Später jedoch, wenn die, die alles überstehen, noch am Leben sind, wird man wieder nach Gott und seiner Herrlichkeit rufen, und man wird Gott dienen wie einst, als die Welt noch weniger verdorben war. Ich rufe daher alle Nachfolger meines Sohnes Jesus Christus auf, alle wahren Apostel der letzten Zeit, denn die Zeit aller Zeiten ist nah und das Ende aller Enden, wenn sich die Menschheit nicht bekehrt und diese Bekehrung nicht von oben, von den Regierenden selbst kommt. Wehe, wehe, wenn alles so bleibt oder alles noch schlimmer wird! Gehe hin, mein Kind, und verkünde dies! Ich werde dir dabei immer helfend zur Seite stehen.«

Diese letzte Botschaft – die angebliche »Geheime Offenbarung der Heiligen Jungfrau Maria« – wurde hier zwar der Vollständigkeit halber abgedruckt, man sollte sie allerdings nur mit größtem Vorbehalt bewerten. Zwar ist die Vorstellung schrecklich, daß sich trotz der von rund 70 000 Menschen bestätigten Naturphänomene am Himmel über Fatima, die zweifellos eine gewisse Authentizität belegen, Menschen an derartig wichtigen Botschaften mit Fälschungen zu bereichern versuchen, doch kann das leider auch bei dieser geheimen Offenbarung nicht völlig ausgeschlossen werden.

Erinnern wir uns daran, daß die vom Vatikan freigegebene Botschaft vom dritten Treffen sein soll, welches am 13. Juli 1917 stattfand. Das sogenannte »Geheimnis von Fatima« stellt einen Teil dieser Botschaft dar. In der vorausgegangenen Version spricht die Muttergottes davon, daß die Kinder eben das große Sonnenwunder mit eigenen Augen gesehen hätten. Dieses Sonnenwunder fand jedoch erst Monate später, am 13. Oktober statt. Auch da hätte die Botschaft anders lauten müssen, denn das Phänomen der trudelnden Sonne, das Zehntausende miterlebten, passierte erst, als sich die Kinder wieder erhoben, gesegnet wurden und die Erscheinung verschwand. Die Muttergottes kann also niemals gesagt haben »Das Wunder hast du eben gesehen …«, da das Wunder erst später stattfand. Entweder drei Monate später (das wäre korrekt) oder zumindest kurze Zeit später (wenn diese Botschaft vom 13. Oktober wäre, was sie jedoch nicht war).

Man darf also durchaus vermuten, daß bei diesem geheimgehaltenen Teil der Botschaft vielleicht irgend jemand nachgeholfen hat. Wie schon erwähnt – das ist sehr traurig, aber Menschen, die derart verantwortungslos mit der Wahrheit umgehen, wird es leider immer wieder geben. Vielleicht sind es gerade jene Menschen, von der die Erscheinung damals gesprochen hat …

Wenn also diese 1963 veröffentlichte Botschaft eine Fälschung ist – was steht in der echten Botschaft, die der Vatikan immer noch zurückhält? Was ließ die Päpste so erschrecken, als sie lasen, was die Erscheinung den Menschen dieser Welt prophezeite, wenn man ohne Reue weiterhin den falschen Weg beschreiten würde? Hat sich der Mensch inzwischen geändert, oder erwartet uns das angekündigte Strafgericht?

Rußland hat sich inzwischen »bekehrt«, und die christlichen Religionen – jahrzehntelang waren sie unter der kommunistischen Herrschaft geächtet und verboten – erleben derzeit einen enormen Aufschwung. Hat die zweite Läuterung der Menschen, der Zweite Weltkrieg, am Ende doch in uns einen Wandel im Denken bewirkt?

Sicherlich leben wir in einer Welt, in der die christlichen Ideale, Demut, Nächstenliebe, Aufopferung und Gottesfürchtigkeit, beim Großteil der Menschen zu Fremdwörtern geworden sind. Doch zumindest hat der Wandel auf den Regierungsebenen – fort von den machthungrigen Erbkriegen der damals in Europa verwandten und verschwägerten Königshäuser, hin zu den überwiegend demokratischen Regierungsgebilden – den früher ständig aufflammenden Kriegen ein Ende bereitet. Auch die Regierungen der großen Blocks haben eingelenkt, sind einsichtiger geworden und haben damit begonnen, Atomraketen, Wasserstoffbomben und chemische oder bakteriologische Waffen wieder abzubauen.

Es gibt noch viel zu beklagen, aber wenn man genau hinsieht, hat sich ein Wandel zum Positiven vollzogen.

Die Frage ist nur, ob der liebe Gott, Jesus und die Heilige Jungfrau Maria das genauso sehen wie der Autor dieses Buches.

Eine Berechnung der »Fatima-Daten« gibt Anlaß zur Hoffnung. Es könnte sein, daß die »göttliche Abrechnung« – für den Fall, daß eine Trendwende zur Besinnung nicht stattgefunden hat – im Jahr 1995 die Menschheit ereilt hätte! Zwei völlig unterschiedliche Berechnungen der vorhandenen Fatima-Daten führen nämlich genau in dieses Jahr.

Grundlage für die nachfolgenden Berechnungen ist die Tatsache, daß die von der Erscheinung angekündigten Treffen jeweils am 13. Tag der folgenden Monate stattfinden sollten. Hier wurden mit Bestimmtheit Daten festgehalten, die deutlich und klar wie eine Bestätigung von Terminen klingen. Es kam zu insgesamt sechs Erscheinungen, die jeweils am 13. eines Monats stattfanden. Rechnet man nun 6 x 13, erhält man als Ergebnis 78. Das Ereignisjahr 1917 + 78 ergibt 1995.

Das gleiche Jahr erhält man, wenn man die sechs Tages- und Monatszahlen addiert. Also 135 für die erste Erscheinung am 13. 5., 136 für die zweite Erscheinung am 13. 6. und so weiter. Von Mai bis Oktober erhält man so diese Berechnung:

135 (13. Mai)
136 (13. Juni)
137 (13. Juli)
138 (13. August)
139 (13. September)
1310 (13. Oktober)
―――――――――
1995

Zufall ...?

Ist die Menschheit in diesem Jahr haarscharf an der Katastrophe vorbeigeschlittert? Oder ist 1995 vielleicht der Countdown unseres Untergangs angelaufen? Wenn ja, dann könnten die sechs Monate des Jahres 1917 nach biblischem Vorbild für sechs Jahre stehen, und die damals aufgetretenen Naturphänomene wie Blitz und Donner, Schneeflocken, die leuchtende Kugel am Himmel und am Ende das Trudeln der Sonne müßten als letzte Warnsymbole angesehen werden für das, was die Menschheit in Kürze erwartet. Auch dieser Gedanke ist es wert, näher beleuchtet zu werden.

1. Erscheinung: 13. 5. 1917 *(Parallelen im Jahr 1995?)*
   Nur Eingeweihte erkennen die Erscheinung. Ein greller Blitz zuckt vom Himmel in den dürren Baum.

2. Erscheinung: 13. 6. 1917 *(Parallelen im Jahr 1996?)*
   Mehr Menschen sind anwesend. Einige sehen, wie sich die Zweige des Baumes nach Osten bewegen. Wieder ein heller Blitz.

3. Erscheinung: 13. 7. 1917 *(Parallelen im Jahr 1997?)*
   Das »Leiden der Verdammten«. Die Temperatur sinkt ab, und das Sonnenlicht wird schwächer.

4. Erscheinung: 13. 8. 1917 *(Parallelen im Jahr 1998?)*
   Alle sehen einen mächtigen Blitz, begleitet von einem Donnerschlag. Die Kinder werden entführt. Eine glänzende weiße Wolke erscheint bei der Steineiche. (Für die Kinder wiederholt sich dieses Ereignis sechs Tage später, am 19. August.)

5. Erscheinung: 13. 9. 1917 *(Parallelen im Jahr 1999?)*
   Die Sonne wird glanzlos, dann taucht eine Lichtkugel am Himmel auf und bewegt sich von Osten nach Westen. Die Kinder werden von einer weißen Wolke verhüllt, und es fallen dicke Schneeflocken.

6. Erscheinung: 13. 10. 1917 *(Parallelen im Jahr 2000?)*

Strömender Regen, dann reißt der Himmel auf und das Sonnenwunder ereignet sich. Die Sonne rast scheinbar wild rotierend und funkensprühend in Zickzack-Linien auf die Erde zu. Die von allen Anwesenden beobachtete Erscheinung wiederholt sich dreimal.

Die Zukunft wird zeigen, ob wir durch markante Ereignisse im jeweiligen Jahr Parallelen zu den Geschehnissen von Mai bis Oktober 1917 ziehen können oder nicht. Die beiden Berechnungen, die ins Jahr 1995 führen, könnten natürlich wirklich nichts weiter als blanker Zufall sein. Aber wenn sie kein Zufall sind? Könnte dann nicht die glänzende Lichtkugel tatsächlich den von so vielen Propheten angekündigten Kometen symbolisieren, der die Erde in ein gigantisches Chaos verwandeln soll? Wenn die Berechnungen stimmen sollten, dann würde dieses Ereignis 1999 eintreten.

Dieses Datum nennt auch der mittelalterliche Seher Michel Nostradamus (1503–1566) in einem seiner prophetischen Vierzeiler. Seine Verse sind meist in einer düsteren biblischen Sprache abgefaßt und enthalten nur in ganz wenigen Ausnahmen Jahreszahlen, die – wohl um Irrtümer und Verdrehungen zu vermeiden – vom Seher in Worten ausgeschrieben wurden. Der Vierzeiler 10/72 gehört zu jenen mehr als dünn gesäten Raritäten, die eine präzise Zeitangabe enthalten. Auch der vorangehende Vers 10/71 behandelt ein Ereignis, das bis heute noch nicht eingetroffen ist. Die beiden Verse könnten zusammengehören:

10/71

Erde und Luft lassen riesige Wassermassen gefrieren,
wenn man damit beginnt, den Donnerstag zu verehren.
Aus allen Himmelsrichtungen kommt man,
um etwas zu bestaunen, das nie zuvor so schön war.

10/72
Jahr Neunzehnhundert Neunundneunzig, siebter Monat,
Vom Himmel kommt ein großer Schreckensherrscher, wiedererweckt,
der große König von Angoulmois.
Vor, nach Mars; Regieren zu guter Zeit.

Hier wird ganz eindeutig über ein Klimaphänomen von einzigartiger Schönheit gesprochen. Ein unerwarteter Kälteeinbruch (Warnung der Fatima-Schneeflocken vom 13. 9. 1917 – ein Symbol für das Jahr 1999?) führt zu einem nie dagewesenen Naturschauspiel. Man darf wohl annehmen, daß die Voraussage einen »normalen« Eisregen, Hagel oder Schneesturm ausschließt. Die Beschreibung weckt eher die Vorstellung von einem mächtigen Eisgiganten, der in den einst gemäßigten Zonen auftaucht.

Im Vierzeiler 10/72 deutet Nostradamus leider nicht an, um welche Art von Schreckensherrscher es sich handelt, nennt aber das Jahr 1999 und den Monat Juli. Was erwartet die Menschen in diesem Monat? Ein gigantischer Komet, der auf die Erde zurast? Atomraketen – das Schreckgespenst unserer Generation? Das Jahr 1999 wird von zahlreichen Propheten als das Jahr der großen »Menschheitsreinigung« dargestellt. Ist das nur Aberglaube, die Furcht vor einer Jahrtausendwende, oder wissen die Propheten wirklich mehr ...?

Göttliche Botschaften

Von einem gigantischen Kometen, der praktisch die Endzeit der Menschheit bzw. deren Reinigung und Auslichtung einleiten soll, sprechen viele Prophezeiungen. Doch nur wenige legen sich dabei, wie Nostradamus, auf ein bestimmtes Jahr oder Datum fest. Einige Hellseher behaupten, daß dieser »feurige« oder auch »mächtige« Himmelskörper am Ende eines kurzen, aber schrecklichen Krieges käme und diesen auch beende. Die Bibel und einige hundert spätere Prophezeiungen verbinden sein Erscheinen fast immer mit einer »Dreitägigen Finsternis«. Von beidem wird später noch die Rede sein.

Doch bleiben wir zunächst bei den Warnungen, die diesem Schreckensgericht vorausgehen sollen. Auch die *Erscheinung von Garabandal* spricht von einer derartigen Warnung, der dann ein Wunder folgen soll.

Der kleine Ort San Sebastian von Garabandal liegt in Spanien, und hier hatten vier Mädchen im Juni 1961 eine ähnliche Erscheinung wie die Kinder von Fatima. Auch die Botschaft der Heiligen Jungfrau lautete ähnlich. Es folgten mehrere Erscheinungen, die dann am 13. Dezember 1968 (wieder der 13. Tag!) endeten. Neben der Muttergottes soll den vier Kindern auch der Erzengel Michael erschienen sein. Auch hier wurde den Mädchen aufgetragen, den Menschen mitzuteilen, daß es höchste Zeit zur Umkehr sei. Um den Menschen in aller Welt zu zeigen, wie ernst es sei, käme (ohne Zeitangabe) zunächst eine ernste Warnung und dann – wieder an einem Donnerstag um 20.30 Uhr! – ein großes Wunder, das alle Ungläubigen bekehren würde; das größte, das Jesus je für die Menschen der Welt erwirkt hätte.

Nach diesem Wunder, der allerletzten Warnung, würde schließlich, wenn die Menschen immer noch nicht einsichtig wären und zu den göttlichen Geboten zurückfinden würden, die Strafe folgen. Eines der Mädchen, die kleine Conchita, sagte ergänzend im Januar 1965 dazu:

»Ich habe die Strafe gesehen. Ich kann versichern,

wenn sie kommen wird, ist es schlimmer, als wären wir vom Feuer umgeben. Schlimmer als hätten wir Feuer über uns und unter uns. Ich weiß jedoch nicht, wieviel Zeit nach dem Wunder verstreichen wird, bevor uns Gott diese Strafe schicken wird.«

Über dieses Vorzeichen, das die letzte Warnung des Himmels an die Menschen sein soll, berichten Propheten und Hellseher praktisch aus allen Jahrhunderten. Bei vielen dieser alten Prophezeiungen könnte jedoch, da eine Zeitangabe fehlt, auch der Erste oder Zweite Weltkrieg gemeint sein. Ob die Voraussagen dem sogenannten »Dritten Weltgeschehen« zuzuordnen sind, läßt sich daher nicht immer genau sagen. In vielen Kriegsprophezeiungen werden aber auch Ereignisse vorausgesagt, die bisher keinem der hinter uns liegenden Kriege zuzuschreiben sind, woraus sich ergibt, daß die Prophezeiungen entweder falsch waren oder daß die Ereignisse noch vor uns liegen. Die kommende Zeit wird uns diese brennende Frage nach dem Wert solcher Prophezeiungen ein für allemal klar beantworten ...

Der Österreicher Franz Kugelbeer, ein einfacher Bauer aus Bregenz, hatte im Jahr 1922 eindrucksvolle Visionen über einen bevorstehenden Krieg. Da zu dieser Zeit der Erste Weltkrieg bereits einige Jahre hinter ihm lag, kämen für die angekündigten Ereignisse nur der Zweite Weltkrieg in Frage oder ein Krieg, der uns noch bevorsteht. Die Voraussagen Kugelbeers schrieb der Pfarrer seiner Heimatgemeinde nieder:

»Die Rheinlande werden zerstört, mehr durch Flugzeuge als durch Heere. Und auch Münster wird genommen ... Die Toten werden zusammengelesen und in Massengräber gelegt. Auf den Straßen ist es still, und in den Fabriken arbeitet keine Maschine mehr, weil niemand da ist ... In Rom kommt es zum Massenmord mit Haufen von Leichen. Der Papst flieht mit zwei Kardinälen in einem alten Wagen bis Genua und dann in die

Schweiz. Dann kommt er nach Köln, wo er im Dom den neuen Kaiser weiht …«

Viele Propheten sahen voraus, daß der Papst aus Rom fliehen würde. Daß er mit einigen Kardinälen nach Köln gehen wird, sagte auch Helena Walraff, eine Bäuerin aus Köln (1790) voraus: »Ein Papst wird fliehen müssen. Von vier Kardinälen gefolgt wird er in Köln seine Zuflucht finden … es wird alles sehr schnell gehen …«

Pius X. hatte im Jahr 1909 während einer feierlichen Audienz eine Vision, die ihn zutiefst erschütterte. Zur Verwunderung der anwesenden Priester schien er für kurze Zeit einzunicken, dann schreckte er auf. Er war leichenblaß.

»Was ich gerade sah, ist fürchterlich!« murmelte er, scheinbar immer noch fassungslos von der Klarheit und der Wucht seiner Vision. »Werde ich das sein oder einer meiner Nachfolger? Ich weiß es nicht, aber ich kann mit Sicherheit sagen: Ich habe soeben den Papst aus dem Vatikan fliehen sehen, und dabei trat er auf die Leichen seiner Priester. Mein Gott, sagt es niemandem, solange ich lebe!«

Erna Stieglitz (1894–1975), eine fromme Nonne aus Augsburg, schrieb unzählige Visionen über einen »schrecklichen Krieg« nieder, in dem unter anderem Prag durch Atombomben völlig zerstört wird. Das Hauptgeschehen solle sich jedoch in Mitteleuropa abspielen:

»Die Russen sind in die Verteidigung gedrängt, aber dann kommt der Gegenschlag gegen die Städte in den USA. Atombomben überall! Dann schlagen die Amerikaner zurück, und der größte Teil der Sowjetunion wird zerstört … Das Regime in Rußland wird von Revolutionären gestürzt, und im September des gleichen Jahres verwüsten die sowjetischen Unterseeboote mit ihren Atombomben Europa. Frankreich und Deutschland, ein Flammenmeer!«

Dietrich Eilert, der »Alte Jasper«, ein westfälischer Schäfer, der Anfang des letzten Jahrhunderts lebte, sah einen »blutigen Krieg, wie es ihn nie zuvor gegeben hat«, voraus. Ein Jahr vorher gäbe es ein fruchtbares Jahr in Deutschland und einen so schönen Frühling, »daß schon die Küh' im April im Gras stehen«.

»Dann bricht der Krieg im Osten aus. Vor dem Osten hab' ich bange! Der Krieg wird schnell kommen, und abends wird man sagen ›Friede, Friede!‹, aber es ist kein Friede, weil sie morgens schon vor der Tür stehen … Kampf, Sieg und Flucht werden so schnell aufeinander folgen, daß es genügt, sich kurze Zeit zu verbergen, um der Gefahr zu entgehen … Einen kurzen Augenblick lang wird der Türke unser Herr sein, aber der wird dann niedergeschlagen, und es werden nur wenige von ihnen wieder heimkehren können …«

Am 21. Januar 1868 schrieb die Nonne Philomena im Kloster Vals (Katalonien) eine Vision nieder, die sie tief beeindruckt hatte:

»Vor vier Jahren sah ich in einem schrecklichen Zweiten Gesicht (alte Bezeichnung für visionäre Erscheinungen) das Unheil und die Strafen, welche die Menschheit bedrohen. Es war wie eine neue Sintflut, jedoch nicht aus Wasser, sondern sie kam mit tausend anderen Katastrophen, die das Ende anzeigten …«

Elena Aiello (1895–1961, Marienerscheinungen vom 7. Januar 1950 bis 1961), eine stigmatisierte und stark prophetisch begabte Nonne aus Cosenza in Süditalien, die unter anderem das Kommen und Wirken des italienischen Diktators Benito Mussolini vorausgesagt haben soll, verkündete im Namen der Heiligen Jungfrau Maria:

»Wenn am Himmel ein außergewöhnliches Zeichen erscheint, dann werden die Menschen wissen, daß die Bestrafung der Welt nahe ist … Nie gesehenes Feuer wird sich über die Erde senken, und ein Großteil der

Menschen wird vernichtet werden ... Blutige Revolutionen, starke Erdbeben, Hungersnöte, Epidemien und schreckliche Orkane, die Flüsse und Meere über die Ufer treten lassen ... Die Welt wird durch einen neuen, schrecklichen Krieg erschüttert werden. Tödlichste Waffen werden die Völker und Nationen vernichten ... und diese schrecklichste aller Menschheitsgeißeln wird siebzig Stunden dauern ... dann wird die Macht des Lichtes über die Macht der Finsternis herrschen ... Die Welt ist wie ein überschwemmtes Tal, voller Abfälle und Schlamm, und bevor dieses göttliche Feuer über der gesamten Menschheit lodert, wird sie den härtesten Prüfungen ausgesetzt sein. Große Katastrophen werden über die Welt hereinbrechen und Verwirrung, Tränen und Schmerz bringen. Starke Erdbeben werden Städte und Länder versenken ... Und wenn die Menschen in diesen Geißeln den Ruf der Göttlichen Barmherzigkeit nicht erkennen und nicht zum christlichen Leben zurückkehren, wird der Krieg kommen. Von Ost nach West, und Rußland wird mit seinen Waffen gegen Amerika kämpfen und Europa überrollen. Und vor allem der Rhein wird dann voller Leichen sein.«

Von einem sichtbaren Vorzeichen und der göttlichen Abrechnung erzählt auch eine weit über tausend Jahre alte Prophezeiung der heiliggesprochenen Schwester Odilie (8. Jahrhundert), Tochter des Herzogs Eticho und Stiftsgründerin des elsässischen Klosters St. Odilien (heute ein Wallfahrtsort). Die heilige Odilie sagte, oft beeindruckend deutlich, auch Dinge voraus, die weit in der Zukunft lagen. Auch die Ereignisse des Zweiten Weltkrieges:

»Man wird einst Germanien die kriegerischste Nation nennen, und der Entfeßler dieses Großen Krieges wird von den Ufern der Donau kommen ... und er wird Siege auf der Erde, dem Meer und in den Lüften (!) erringen.«

Daß jemand aus dem Jahr 710 Luftsiege voraussagt, ist neben dem Hinweis, daß der Entfeßler des Krieges »von den Ufern der Donau« kommen würde, mehr als erstaunlich! Hitler stammte aus dem österreichischen Braunau. Österreich galt schon immer als das »Donauland« schlechthin.

Über die Rückkunft Christi sagte die heilige Odilie:

»Wehe in jenen Tagen all jenen, die den Antichrist nicht fürchten, denn er ist der Vater derer, die kein Verbrechen schreckt. Er wird wieder neue Morde anregen, und viele Tränen werden vergossen werden wegen der üblen Sitten. Die Menschen werden gegeneinander in Streit geraten, und was sie auch tun werden, um die Ordnung wiederherzustellen, es wird ihnen nicht gelingen. Immer schlechter wird es ihnen ergehen. Doch wehe, wenn die Dinge ihren Gipfel erreicht haben und Menschenhand nichts mehr bewirken kann! Dann wird Er seine Hand ausstrecken und eine große Strafe schikken, so furchtbar, wie man sie noch nie erlebte!

Gott hat schon die Sintflut geschickt … aber was er jetzt tun wird, wird etwas Unerhörtes und Schreckliches sein! Wenn die Zeit des Friedens unter dem Eisen angekommen ist, dann wird man sehen, wie sich die beiden Hörner des Mondes mit dem Kreuz vereinen! Und in jenen Tagen werden die erschreckten Menschen Gott wirklich anbeten, und die Sonne wird in ungewöhnlichem Glanz erstrahlen!«

Die Siebte Offenbarung

In fast allen großen Weltreligionen ähneln sich die Botschaften über die Bestrafung und den Untergang der Menschheit. Und immer, wenn von diesem Jüngsten Gericht gesprochen wird, ist es nicht Gott als eine Person, der »auf die Erde herniederfährt«, sondern es sind stets »mehrere«, »viele« oder gleich ganze »Heerscharen«.

Auch im Koran kritisieren die Gottheiten das Treiben, die Überheblichkeit und die Borniertheit der Menschen, die einfach nicht glauben wollen, daß sie das Produkt jener Götter sind, die vom Himmel herabkamen und den Menschen schufen. In der 56. Sure heißt es:

»Wir erschufen euch, und warum wollt ihr nicht glauben? Was meint ihr? Was euch an Samen entfließt, habt ihr es erschaffen, oder erschufen wir es? Wir haben unter euch den Tod verhängt, doch es hindert uns nichts daran, daß wir euch durch euresgleichen ersetzen und euch erschaffen, wie ihr es nicht versteht. Und wahrhaftig, ihr kennt die erste Schöpfung, warum laßt ihr euch da nicht ermahnen?«

In der 77. Sure des Korans heißt es dann:

»Siehe, was euch angedroht wird, wahrlich, es trifft ein: Und wenn die Sterne verlöschen und wenn der Himmel sich spaltet und sich die Berge zerstäuben und wenn den Gesandten ein Zeitpunkt bestimmt wird – für welchen Tag ist der Termin gegeben? Für den Tag der Entscheidung!«

Jener Tag der Apokalypse, so sagt der Koran, sei »in einem Buch niedergeschrieben«. In der christlichen Bibel wird dieser Tag ebenfalls nicht klar benannt, sondern nur umschrieben. In der Offenbarung des Johannes, einem rein prophetischen Bibelteil, heißt es: »Der den Schlüssel Davids hat, der öffnet, so daß niemand mehr schließen kann …«

Und im 10. Kapitel David liest man:

»Und nun bin ich gekommen, um dich verstehen zu lassen, was deinem Volk in den letzten Tagen zustoßen wird. Denn auch diese Vision bezieht sich auf jene fernen Tage … *Wenn der am Ende ist, der die Macht des heili-*

gen Volkes zerschlägt, dann wird sich alles vollenden. Diese Worte bleiben verschlossen und versiegelt bis zur Zeit des Endes ... Von der Zeit an, in der man das tägliche Opfer abschafft und den unheilvollen Greuel aufstellt, sind es 1290 Tage. Wohl dem, der aushält und 1335 Tage erreicht!«

Über »das tägliche Opfer« findet man Hinweise in Daniel 8/14, wo es heißt: »Wie lange gilt die Vision vom täglichen Opfer, wie lange bleiben die Greuel der Verwüstung bestehen? Er sagte zu mir 2300 Abende und Morgen wird es dauern, dann erhält das Heiligtum wieder sein Recht ... die Vision betrifft die Zeit des Endes.«

An diesen drei Zahlenvorgaben beißen sich seit nahezu 2000 Jahren Katholiken, Juden, Protestanten, Orthodoxe und andere Religionen, deren Ursprung in der Bibel zu finden ist, die Zähne aus. Die Zeit, in der das »tägliche Opfer abgeschafft« wurde, interpretieren einige Bibelforscher als die Jahrzehnte des Kommunismus/Atheismus, andere sehen in der Umschreibung einen Hinweis auf die jüdische Verfolgung in der Nazizeit. Um diesem jahrtausendealten Geheimnis etwas näher zu kommen, hilft vielleicht der berühmte Satz aus der Offenbarung des Johannes (13/18):

»Denn hier braucht man Kenntnis: Wer Verstand hat, berechne den Zahlenwert des Tieres. Denn es ist die Zahl eines Menschennamens, und seine Zahl ist Sechshundertsechsundsechzig (666).«

Was damit gemeint sein könnte, habe ich ausführlich in meinem Buch »Das Nostradamus-Testament« beschrieben. Der Seher hat auf dieser biblischen Grundlage vermutlich seinen kompletten Code aufgebaut. Schreibt man nämlich die Zahlen von 1 bis 9 nebeneinander und darunter nun unser gesamtes Alphabet, dann ergeben sich automatisch zwei Buchstabenreihen von je neun und eine Reihe mit acht Buchstaben. Unter der Zahl Sechs dieser Tabelle findet man nun drei Buchstaben (in allen drei Reihen jeweils der 6. Buchstabe = 666!), welche von oben nach unten gelesen unmißverständlich und klar die englische Bezeichnung für ein Tier ergeben. – Ein Tiername, den in den verschiedensten Ländern, auch in Deutschland, viele Menschen als geläufigen Familiennamen tragen *(»… denn die Zahl des Tieres ist die Zahl eines Menschennamens«)*.

In diesem Zusammenhang sollte eine kabbalistische Berechnung nicht unerwähnt bleiben: 666 + 666 + 666 = 1998!

Die Johannes-Offenbarung beschreibt ausführlich die Schicksalsschläge und Warnungen, welche die Menschheit vor der Wiederkehr Christi zu erwarten hat. In insgesamt 22 Kapiteln schildert Johannes ausgiebig und bildhaft sämtliche zu erwartenden Dramen wie Erdbeben, Vulkanausbrüche, Überschwemmungen und so weiter, die er in Form von Sieben Siegeln nach und nach – leider als verschleierte Visionen – öffnet. Das Siebte Siegel schildert wohl die letzten Jahre vor der Apokalypse. Die einzelnen Prophezeiungen darin sind sicherlich als Hinweis für die entsprechende Chronologie gedacht – eine Art Kalendarium des Schreckens.

Hier einige Auszüge aus der Einheitsübersetzung der »Neuen Jerusalemer Bibel« der Katholischen Bibelanstalt GmbH, Stuttgart, die sich, bis auf einige unwesentliche sprachliche Nuancen, mit den Ausgaben der Luther-Bibel decken:

»Als das Lamm das Siebte Siegel öffnete, trat im Himmel Stille ein; etwa eine halbe Stunde lang … Dann machten sich die sieben Engel bereit, die sieben Posaunen zu blasen. Der erste Engel blies seine Posaune, da fielen Hagel und Feuer, die mit Blut vermischt waren, auf das Land. Es verbrannte ein Drittel des Landes, ein Drittel der Bäume und alles grüne Gras.

Der zweite Engel blies seine Posaune. Da wurde etwas, das einem großen brennenden Berg glich, ins Meer geworfen …

Der dritte Engel blies in die Posaune. Da fiel ein großer Stern vom Himmel; er loderte wie eine Fackel und fiel auf ein Drittel der Flüsse und auf die Quellen. Der Name des Sterns war ›Wermut‹, und ein Drittel des Wassers wurde bitter, und viele Menschen starben durch das Wasser, weil es bitter geworden war.«

Der »große Stern«, der vom Himmel fällt, könnte symbolisch für die ehemalige Sowjetunion stehen. Ein Stern, der »Wermut« heißt, wäre sonst recht ungewöhnlich. »Wermut« heißt auf russisch »Tschernobyl«! Sollte hier ein deutlicher Fingerzeig auf den Verfall der Sowjetunion gegeben werden? 1986 gab es die schreckliche Katastrophe im Atomkraftwerk Tschernobyl (!).

Auffällig ist, daß bei allen Katastrophen stets von einem »Drittel« gesprochen wird. Läßt man diese Bezeichnung als mögliches schmückendes (oder absichtlich verwirrendes) Beiwerk weg, wird jede Prophezeiung übersichtlicher:

»Der vierte Engel blies seine Posaune. Da wurden *(ein Drittel der)* Sonne und *(ein Drittel des)* Mond(es) und *(ein Drittel der)* Sterne getroffen, so daß sie *(ein Drittel)* ihre(r) Leuchtkraft verloren und der Tag *(um ein Drittel)* dunkler wurde und ebenso die Nacht.

Und der fünfte Engel blies seine Posaune. Da sah ich einen Stern, der vom Himmel auf die Erde gefallen war; ihm wurde der Schlüssel zu dem Schacht gegeben, der in den Abgrund führt. Und er öffnete den Schacht des Abgrunds. Da stieg Rauch aus dem Schacht auf wie aus einem großen Ofen, und Sonne und Luft wurden verfinstert durch den Rauch aus dem Schacht.

Aus dem Rauch kamen Heuschrecken über die Erde, und ihnen wurde Kraft gegeben, wie sie Skorpione haben … Es wurde ihnen befohlen, den Menschen, die nicht das Siegel Gottes auf der Stirn haben, zu schaden, aber sie nicht zu töten, sondern nur zu quälen, fünf Monate lang. Und der Schmerz, den sie zufügen, ist so stark, wie wenn ein Skorpion einen Menschen sticht.«

Je mehr sich die Offenbarung dem letzten Siegel nähert, desto ausführlicher und länger werden die Prophezeiungen. Hier könnte von Vulkanausbrüchen die Rede sein. 1997 hatten wir ja bereits die ersten Ankündigungen großer Vulkanausbrüche. Die Plage der »giftigen Heuschrecken«, die aus dem Rauch der Schlote über die Menschheit kommt, ist sicher symbolisch gemeint und für mich zu diesem Zeitpunkt nicht deutbar.

Diese Heuschrecken werden im Folgetext als durch die Luft fliegende, dröhnende Monster dargestellt, mit Flügeln und einer Vorderfront, die wie ein eiserner Panzer sei. Sie werden geführt von dem »Engel des Abgrunds«, welcher »Abaddon« (Verwüstung/Zerstörer) heißt. Dann folgt die sechste Posaune:

»Der sechste Engel blies die Posaune. Und eine Stimme sagte, binde die vier Engel los, die am großen Strom Euphrat gefesselt sind. Da wurden die Engel losgebunden, um ein Drittel der Menschheit zu töten. Und die Zahl des Heeres war viertausendmal tausend … Ein Drittel der Menschheit wurde durch Feuer, Rauch und Schwefel getötet … doch die Menschen ließen nicht ab von Mord und Zauberei, von Unzucht und Diebstahl …«

Im gleichen geöffneten Siegel spricht Johannes von Sodom und Ägypten, was symbolisch verstanden werden müsse, da dort auch der Herr gekreuzigt wurde. Dort würden zwei Leichen dreieinhalb Tage auf der Straße liegen, und alle Völker und Nationen wären darüber erfreut und würden deshalb Glückwünsche entsenden. Diese beiden Propheten hätten die Menschheit gequält und würden nach dreieinhalb Tagen wieder zum Leben erwachen und erneut ihr Unwesen treiben. Dann jedoch käme ein fürchterliches Erdbeben, wobei 7000 Menschen umkommen würden.

Dann folgt das siebte und letzte Siegel – die Siebte Offenbarung, die das Ende der Menschheit verkündet:

»Und der siebte Engel blies seine Posaune … und der Tempel Gottes im Himmel wurde geöffnet und die Lade seines Bundes wurde sichtbar. Da begann es zu donnern und zu dröhnen. Es gab ein Beben und schweren Hagel. Dann erschien ein großes Zeichen am Himmel … dann folgte das Tier (Antichrist), und es tat große Zeichen und ließ vor den Augen der Menschen Feuer vom Himmel fallen. Es verwirrte die Bewohner der Erde durch die Wunderzeichen …«

Es folgt der Hinweis mit dem Namen des Tieres (666) und schließlich:

»… und eine laute Stimme rief: Geht und gießt die sieben Schalen mit dem Zorn Gottes über die Erde! Und der erste ging und goß seine Schale über das Land. Da bildete sich ein böses und schlimmes Geschwür an den Menschen.

Der zweite Engel goß seine Schale über das Meer. Da wurde es zu Blut, das aussah wie das Blut eines Toten, und alle Lebewesen im Meer starben.

Der dritte Engel goß seine Schale über die Flüsse und Quellen, da wurde alles zu Blut …

Der vierte goß seine Schale über die Sonne, da wurde ihr die Macht gegeben, mit ihrem Feuer die Menschen zu verbrennen, und sie verbrannten in großer Hitze …

Der fünfte Engel goß seine Schale über den Thron des Tieres, da kam Finsternis über das Reich des Tieres, und die Menschen zerbissen sich vor Angst und Schmerz die Zunge …

Der sechste Engel goß seine Schale über den großen

Strom des Euphrat, und der Strom vertrocknete, daß den Königen des Ostens der Weg offenstand …

Und der siebte Engel goß seine Schale über die Luft. Und es folgten Blitze, Stimmen und Donner; es entstand ein gewaltiges Erdbeben, wie noch keines gewesen war, seitdem es die Menschen auf der Erde gibt. So gewaltig war dieses Beben. Die große Stadt, die Hure, brach in drei Teile auseinander, und die Städte der Völker stürzten ein. Alle Inseln verschwanden, und es gab keine Berge mehr. Und gewaltige Hagelbrocken, zentnerschwer, stürzten vom Himmel auf die Menschen herab …

Die Könige der Erde, die mit der großen Stadt gehurt und in Luxus gelebt haben, werden jammern und klagen … Auch die Kaufleute der Erde weinen um sie, weil niemand mehr ihre Waren kauft … alles, was prächtig und glänzend war, hast du verloren! Die Kaufleute, die durch den Handel mit der Stadt reich wurden, die Kapitäne und Schiffsreisenden … Deine Kaufleute waren die Großen der Erde, deine Zauberei verführte alle Völker.«

Dies alles klingt sehr gegenwärtig. Nach glitzernden Großstädten – einer Finanzmetropole inmitten unserer »Hochzivilisation«! Es fehlen eigentlich nur noch die U-Bahnen, Autos und Flughäfen in dieser Beschreibung, die jede Großstadt der westlichen Welt sein könnte. Von Berlin, New York, Tokio bis Hongkong kann hier alles gemeint sein. Oder die »Hure Stadt« steht sinnbildlich für die gesamte nach immer mehr Profit strebende Zivilisation unserer Zeit.

Die Sprache der Johannes-Offenbarung ist leider oft sehr blumig, düster biblisch, so daß vieles unverständlich bleibt. Ein Mann aus der Mitte des letzten Jahrhunderts, der Österreicher Jakob Lorber, schrieb die gesamte Johannes-Offenbarung neu – ein Diktat aus dem Himmel …

Jakob Lorber – der besondere Prophet

Jakob Lorber (1800–1864), ein Musiklehrer aus Graz, der am 15. März 1840 laut und deutlich eine innere Stimme vernahm, die ihn aufforderte niederzuschreiben, was sie ihm ab jetzt für die Menschheit diktierte, schrieb in seiner zweiten Lebenshälfte auf rund 10 000 Seiten das komplette Evangelium, darunter auch »Das große Evangelium Johannes«, wie er es nannte, um. Diese göttlichen Botschaften – so die innere Stimme – seien eine Anpassung der Heiligen Schrift an die Zeit, in welcher er lebe und für die der Himmel nun viel klarer und deutlicher sprechen könne als vor 2000 Jahren, wo niemand eine exaktere Botschaft verstanden hätte.

Über das Ende der Menschheit, das große Strafgericht, diktierte man Jakob Lorber unzählige Seiten, von denen hier nur einige Auszüge wiedergegeben werden:

»Alles Schlechte, das sich jetzt in der Welt offenbart, ist nicht von mir erschaffen worden, sondern das Produkt des Mißbrauchs des freien menschlichen Willens. Als freie Wesen können sie tun, was sie wollen, müssen sich jedoch auch die Folgen davon selbst zuschreiben …

Die erfinderischen Menschen werden es zunächst mit den Waffen so weit treiben, daß bald kein Volk gegen das andere einen Krieg anfangen wird (die Zeit des Kalten Krieges und das Gleichgewicht des Schreckens). Denn würden sich zwei Völker mit solchen Waffen anfallen, so werden sie sich auch leicht und bald bis auf den letzten Mann aufreiben, was gewiß keinem Teil einen wahren Sieg oder Gewinn bringen würde. Das werden die Könige und Heerführer bald einsehen …

Dann wird sein eine wahre Krämer- und Wechslerzeit, und die Zahl der Guten und Reinen wird sich sehr verringern. Nun wird die Erde abermals beschickt werden mit einem allgemeinen Gericht, in welchem weder Menschen noch die Tiere und Pflanzen geschont werden. Den stolzen Menschen werden nichts mehr nutzen ihre Burgen und ehernen Wege, auf denen sie mit der Schnelligkeit eines abgeschossenen Pfeiles dahinfahren werden, denn es wird ein Feind aus den Lüften angefahren kommen und sie alle verderben, die da allzeit Übles taten. Das ist die Krämer- und Wechslerzeit, und was ich (Jesus) jüngst einmal zu Jerusalem im Tempel den Wechslern und Taubenkrämern tat, das werde ich dann im Großen tun auf der Erde. Ich werde zerstören ihre Krämerläden und Wechselstuben durch den Feind, den ich aus den weiten Lufträumen der Erde senden werde wie in einem dahinzuckenden Blitz mit großem Getöse und Gekrache. Wahrlich, gegen ihn werden die Heere der Erde vergeblich kämpfen, aber meinen wenigen Freunden wird der große unbesiegbare Feind kein Leid antun. Und er wird sie verschonen für eine ganz neue Pflanzschule, aus der neue und bessere Menschen hervorgehen werden …

Es werden entstehen übermäßige Teuerung, Hungersnot, viele böse Krankheiten, Seuchen und Pestilenz bei den Menschen, Tieren und Pflanzen. Dann werden große Stürme und Erdbeben sein, auf dem Lande und auf dem Meere. Das Meer wird an vielen Orten die Ufer überfluten. Da werden die Menschen in große Furcht und Angst versetzt werden, vor der Erwartung dessen, was über die Erde kommen wird …«

Das klingt nicht besonders gut. Dann schreibt Jakob Lorber über ein Land, das bei Berücksichtigung des Panama-Kanals eigentlich nur Südamerika sein kann. Kein anderer westlich gelegener Kontinent bietet ansonsten die angegebenen Voraussetzungen. Ich selbst reiste im Jahr 1985 mehr zufällig in dieses Land und lebe nun seit mehr als zehn Jahren im Herzen Südamerikas. Wenn man die nachfolgenden Zeilen liest, dann bin ich eigentlich recht froh, daß mich das Schicksal in diesen, wie die Einheimischen selbst sagen, »Garten der Welt« verschlagen hat:

»Im fernen Westen gibt es ein großes Land, das von allen Seiten vom großen Weltozean umflossen ist und nirgends über dem Meere mit der alten Welt zusammenhängt. Von jenem Land ausgehend, werden die Menschen zuerst große Dinge vernehmen, und diese werden auch im Westen Europas auftauchen, und es wird daraus ein helles Strahlen und Widererstrahlen entstehen. Die Lichter des Himmels werden sich begegnen, erkennen und sich unterstützen …

Es werden die Menschen gewarnt werden durch Seher und besondere Zeichen am Himmel, woran sich aber nur die wenigen Meinen kehren werden, während die Weltmenschen das alles nur für seltene Wirkungen der Natur ansehen werden … Und Jesus sprach zu seinen Jüngern: Das aber könnt ihr als völlig wahr annehmen, daß nämlich nahezu alle zweitausend Jahre auf der Erde eine große Veränderung stattfindet. Und so wird es auch von jetzt an gerechnet werden … Es werden große Zeichen geschehen auf der Erde, dem Meere und am Himmel …«

Beeindruckende Sätze aus der Mitte des letzten Jahrhunderts, die Lorber (nach eigenen Angaben) durch eine Art mediales Schreiben in völligem Wachzustand aus einer anderen Welt diktiert bekam und die dann von ihm zu Papier gebracht wurden. Vieles in seinen Schriften – nahezu alles – ist deutlich umrissen, und nach der Art der oft sehr bildhaften Schilderungen sollten sich auch Skeptiker dazu durchringen, die Botschaften Jakob Lorbers nicht ausschließlich als das Produkt einer überschäumenden Phantasie auszulegen.

Einige nachfolgende Beispiele seiner beeindruckend klar skizzierten Beschreibungen von Ereignissen und anschaulich dargelegten, inzwischen teilweise eingetroffenen Zukunftsbilder, die für Lorber noch in weiter, weiter Ferne gelegen haben müssen, unterstreichen den Wert und die Glaubhaftigkeit der vorausgegangenen Auszüge, welche meines Erachtens weit mehr sind als selbstausgedachte Phantasiemodelle unserer Welt:

»Die Vierte Art des Feuers wird bestehen in großen natürlichen Erdrevolutionen aller Art und Gattung, und zwar namentlich an jenen Punkten der Erde, auf denen sich die Menschen zu große und prachtvolle Städte erbaut haben werden und hier in größtem Hochmut, lieblos und mit bösen Sitten, falschen Gerichten, Macht, Ansehen und Trägheit leben werden. Denn hier werden auch größte Armut herrschen und allerlei Not und Elend, herbeigeführt durch das hoch emporwachsende Epikureertum (Leben in Genuß und Wohlstand) der Großen und Mächtigen …

In solchen Städten werden aus übertriebener Gewinnsucht auch allerlei Fabriken im größten Maßstab errichtet werden, und in ihnen werden anstelle von Menschenhänden Feuer und Wasser im Verband von tausend kunstvollen, aus Erz gefertigten Maschinen arbeiten. Wenn solches Tun und Treiben einmal seinen höchsten Stand erreicht haben wird, dann wird auf solchen Punkten die Erdluft zu mächtig mit den brennbaren Ätherarten erfüllt sein …«

Dann sagt Jesus in der neugeschriebenen Johannes-Offenbarung von Jakob Lorber zu seinen Aposteln: »Das ist freilich eine Weissagung für eine noch ziemlich ferne Zukunft, die aber nicht unerfüllt bleiben wird.«

Erstaunlich – und hier muß mehr als eine gute Portion Phantasie Lorbers im Jahr 1860 vorausgesetzt werden – ist die Korrektur des nichtssagenden biblischen Satzes: »Ich habe gar viele Schafe, die nicht aus diesem Schafstall sind.« Jakob Lorber schrieb nieder:

»Ich habe gar noch viele Herden, die nicht im Schafstall der Erde wohnen, sondern die da leben nach ihrer Art auf zahllos vielen anderen Erd- und Weltkörpern. Diese müssen alle in den Schafstall des ewigen Lebens geführt werden … Und nun kommt auch die Zeit, wo ich den Bewohnern der größeren Planeten den Blick auf die Erde öffnen und ihnen klarmachen werde den Standpunkt derer, die ausgegangen sind, mich zu suchen, und auf diese Erde kamen. Da werden wohl jene mächtig erregt werden, und diese Erregung wird sich erstrecken von der Venus bis zur Urka. Da kommt es dann, daß die Kräfte des Himmels erschüttert werden, und es wird dann ein mächtiger Ruf von allen Seiten an die Bewohner dieser Erde ergehen …«

Anmerkung des Autors: Ein Gestirn namens »Urka« ist mir nicht bekannt. Vielleicht besteht eine Namensverwandtschaft mit dem »URCA-Prozeß«, bei dem – so vermuten einige Wissenschaftler und Physiker – durch extrem hohe Temperaturen in Massen Neutrinos erzeugt werden, mit deren abgeführter Energie extreme Temperaturüberhöhungen verhindert werden können. Ob diese noch junge wissenschaftliche Theorie inzwischen das experimentelle Stadium erreicht hat, entzieht sich meiner Kenntnis.

Eine ähnlich bildhafte Darstellung eines lebendigen Universums hat es vor Jakob Lorber sicherlich niemals gegeben, und es ist klar, daß er in seiner Zeit (um 1860) mit derartig gewagten Äußerungen auch nicht überall auf Verständnis oder Gegenliebe stieß. Das zeigt aber auch – immer unter der Voraussetzung, daß Lorbers gigantisches Manuskript tatsächlich auf mentalem Weg, von einer nicht irdischen Existenz diktiert, in seine Gedanken floß –, daß offene Worte in einer Zeit, die dafür noch nicht reif ist, allem Anschein nach von jenen Existenzen, die uns diese Botschaften senden, mit sehr viel Sorgfalt ausgewählt werden müssen.

Die Sprache der Propheten

Unsere Sprache ist, man könnte beinahe sagen, dynamischer als der Mensch selbst, der sie spricht. Sie eilt unserer Zeit immer ein bißchen voraus, prägt den Zeitgeist und wird dennoch von ihm mitgeprägt. Sie entwickelt sich unentwegt und ist wohl das Lebendigste, das der Mensch je in seinem Millionen Jahre alten Werdegang erfunden hat – ein anpassungsfähiges und unbeschreiblich vielseitiges Instrument, sich auszudrücken.

Ganz anders verhält es sich mit der Sprache, die den meisten Prophezeiungen zugrunde liegt. Die Botschaften »klingen nach alten Zeiten«, biblischen Worten, meist verschleiert und in der Regel dunkel bis absolut düster. Jene Prophezeiungen, die 100 Jahre oder weiter zurückliegen, können natürlich nicht so klingen, wie wir heute sprechen, aber auch hier fällt auf, daß sicherlich biblische Vorbilder beim Formen der Botschaften Pate standen.

Wenn diese Botschaften also nichts anderes als visionärer Unsinn, Streiche unseres Gehirns, eine Art von verrückten Traumbildern sind, die zwar an die Oberfläche des Bewußtseins treiben, aber keinen Sinn ergeben und wie viele Träume einfach nur einen Reinigungsprozeß unseres randvollen Unterbewußtseins darstellen, dann muß diese einfache Sprache, die jeder versteht und die Wurzeln unserer heutigen Sprache bildet, bewußt gewählt worden sein.

Dies würde dann erklären, warum so viele Prophezeiungen in einem oft sehr schlicht anmutenden sprachlichen Ausdruck ihren Weg zu den Menschen fanden. Es scheint, daß nicht die Präzision in einer Zeit beeindruckt, wo klare Worte an eine künftige Generation absolut nicht angebracht wären, sondern die geheimnisumwitterte, altbekannte Sprache ist es, die in den Köpfen der Menschen weiterlebt, bis man ihren

Sinn endlich deuten kann und frühere Vorhersagen dann in der Regel auch durch neue, klarere und zeitgemäßere Prophezeiungen abgelöst werden.

Auch der Umstand, daß einige Empfänger dieser Botschaften (Kinder, einfache Menschen, fromme Nonnen und so weiter, die mit einem offenen Geist für derartige »Übertragungen« ausgestattet sind) überhaupt nicht verstehen würden, was man ihnen an präzisen, aber weit entfernt liegenden Voraussagen suggeriert, wird bei der Übermittlung künftiger Geschehnisse für die Aussender der Botschaften sicher eine Rolle spielen – ganz gleich, wo der Ursprung derartiger Eingebungen auch zu suchen ist.

Wer etwas nicht begreift – das ist eine logische Konsequenz –, der wird auch nicht präzise wiedergeben können, was man ihm auf den ohnehin verschlungenen Wegen mitgeteilt hat. Ebenso, wie sich diffuse Traumbilder schlechter wiedergeben lassen als realistische starke Träume, fließen einfache und begreifbare Botschaften, die zudem den Puls der Zeit berühren, fehlerloser in die Gesellschaft ein als komplizierte Gebilde, die den Empfänger – in diesem Fall der medial veranlagte Mensch, der Prophet, Hellseher oder Seher – überfordern, weil er sie mit seinem Erfahrungs- und Wissensstand praktisch gar nicht umsetzen kann.

Andererseits – heute, wo wir mit einem relativ hohen technischen Verständnis durchaus in der Lage wären, kompliziertere Botschaften zu begreifen, dürfen die Sender derartiger Botschaften auch nicht »mit der Tür ins Haus fallen«. Man stelle sich einmal vor, Ray Nolan bekäme eine völlig korrekte Vision von einer Schar glitzernder Raumschiffe übermittelt, die die Erde heimsuchen würden. Die Vision wäre so klar, so präzise, daß alles in mir danach drängte, sie niederzuschreiben. Das könnte dann beispielsweise so aussehen:

»Schreckliche Dinge werden sich in Kürze abspielen:

Hunderte von glitzernden Raumschiffen tauchen plötzlich überall auf der Erde auf. Deren Ankunft wird völlig unterschiedlich aufgenommen. Viele Menschen geraten in Euphorie, andere sind entsetzt, weil ihr Weltbild zusammenbricht. Die USA ringen sich schließlich dazu durch, ihre Raketen aus den Silos zu fahren, und beginnen einen blutigen Krieg gegen die fremden Besucher. Jagdflieger-Kommandos feuern die ersten Raketen gegen die Ankömmlinge ab. Dann geht alles Schlag auf Schlag und mit einer nie gekannten Stärke und Schnelligkeit.

Ich sehe Blitze aus dem Inneren der Raumschiffe zur Erde sausen, Sekunden später ächzt der Kontinent unter der Wucht der gigantischen Einschläge. Kalifornien, ohnehin auf unsicherem Fundament erbaut, bricht von der Erdplatte und versinkt innerhalb von Minuten im Meer. New York, Los Angeles, Chicago, Washington liegen in Schutt und Asche. Millionen Menschen sterben, dann fahren die gleißenden Lichtblitze auch auf den europäischen Kontinent herab. Frankreich, Deutschland, das gesamte Mitteleuropa versinkt in einer Wolke aus Staub und giftigen Dämpfen.

Am nächsten Tag werden riesige Kampfroboter auf der Erde abgesetzt, die in Stunden alles niedermachen, was noch steht oder sich bewegt. Fürchterliche, haushohe Maschinen wie aus den Science-fiction-Filmen, die man gesehen hat. Nach drei Tagen existiert die Erde praktisch nicht mehr. Seltsame Kreaturen mit Vogelköpfen entsteigen den Raumschiffen.«

Das also wäre so eine klare, deutliche Vision in unserer Sprache, und sie wäre auch mit unserem technischen Verständnis gut in Erfahrungsbilder umzusetzen. Hinzu kämen noch beeindruckend genaue Daten, Ortsangaben, technische Detailbeschreibungen und alles, was wir uns eigentlich schon immer von einer Prophezeiung erwünscht und erhofft haben!

Nun – weiter zu fabulieren, wie die Menschheit auf diese Botschaft reagieren würde, kann ich mir wohl ersparen. Es ist mit einem Satz gesagt:

»Der Typ hat sie nicht alle!«

Buch zu. Aus der Traum von der wichtigen Botschaft.

Darüber sollten wir mal nachdenken. Es scheint, daß wir uns die diffusen Botschaften – seien sie nun göttlicher oder außerirdischer Natur oder möglicherweise die Versuche unserer zeitreisenden Ur-Ur-Enkel, ihre Opas wieder auf den Pfad der Tugend zu bringen – selbst zu verdanken haben, weil deutlichere Zeichen von den Menschen, auch von jenen an sich gar nicht mehr so vernagelten Leuten aus unserer Epoche, überhaupt nicht ernst genommen werden würden.

Deswegen wäre an sich so ein klitzekleines Wunderchen mit einem deutlich mahnenden Finger hintendran vielleicht die einzige heilsame Lehre für die Menschheit, endlich zu begreifen, daß es da oben scheinbar doch jemanden gibt, für den das *Experiment Erde* inzwischen Formen angenommen hat, die er absolut nicht lustig findet. Die Jungs mühen sich scheinbar wirklich mit uns ab – völlig egal, wer sie sind und wo sie herkommen –, aber wir, die sie gewiß und vermutlich mit Recht als ihre Schöpfung, ihre Kinder betrachten, zeigen uns bockig, selbstherrlich und ungehorsam. Ich denke, sie hatten bisher mehr Geduld mit uns, als mancher Erdenbürger Geduld für seinen Hund aufbringt, der trotz aller Strafmaßnahmen und Prügel immer wieder loszieht, um die Hühner des Nachbarn zu reißen.

Sollte es also so sein, daß wir ein aus der Reihe tanzendes Völkchen sind, dessen Werdegang mit äußerster Besorgnis von anderen, höheren Mächten beobachtet wird, wäre es dringend an der Zeit, den warnenden Stimmen der Propheten zu lauschen. Denn das, was sie fordern, verlangt ja prinzipiell keine großen Kraftanstrengungen von uns, sondern lediglich eine Kehrtwendung zu ethischen Werten. Etwas moralischer zu werden hat noch nie jemandem geschadet. Es tut nicht weh und kostet nichts. Allerdings sollten wir nicht darauf warten, daß andere – die ganz Unmoralischen – damit beginnen. Sie werden es nicht tun. Vielmehr sollten wir bei uns selbst beginnen, damit den Unmoralischen – irgendwann einmal, wenn die Kette der Gewandelten sich unaufhörlich wie beim Schneeballsystem nach oben hin multipliziert – der Nährboden für ihre Aktivitäten entzogen wird.

Die Anfänge werden klein und kaum spürbar sein. Aber ohne die Anfänge geht es nun mal nicht. Nach dem Prinzip von Ursache und Wirkung sind wir, die Masse Mensch und der einzelne Mensch, das Produkt unseres eigenen Tuns. Wir dürfen uns also nicht aufregen, wenn – wie im August 1997 – eine von Millionen geliebte Frau von Sensationsreportern praktisch zu Tode verfolgt wird (der Autounfall von Prinzessin Diana in Paris), wenn eben diese Millionen, Sie und ich mit einbezogen, solche Sensationsblätter kaufen und damit den Grundstein für derartige Jagden legen.

Und wir dürfen uns nicht wundern, wenn sportliche Wettkämpfe immer mehr zum Milliardengeschäft werden; wenn der einst rein sportliche Aspekt dabei immer mehr in den Hintergrund tritt, weil die Einschaltquoten der Fernsehanstalten belegen, daß man mit den Übertragungsspektakeln genau im Trend der Zuschauer liegt!

Da beißt ein Boxer mit einer 30-Millionen-Dollar-Gage seinem Gegner ein Stückchen vom Ohr ab, und keiner fragt sich, wie denn dieses Wunder angesichts eines zentimeterdicken Gummi-Mundschutzes, den zuvor niemand aus dem Mund fliegen sah, bewerkstelligt werden konnte. »It's Showtime« heißt es vor solchen Kämpfen – eine klare Definition und rechtliche Absicherung, die uns deutlich sagt: »Ihr habt eine Show erlebt. Von einem ernsthaften sportlichen Wettbewerb haben wir nichts gesagt!«

Dafür legen wir Geld auf den Tisch und starren fasziniert auf den Bildschirm. Ich bin sicher, es wird zur großen Neuauflage des Kampfes kommen, und wir alle werden wieder dabeisein und darüber staunen, um welch schwindelnde Gagen, Wetteinnahmen und Honorare für die Übertragungsrechte es dann gehen wird. Aber wir dürfen uns dann bitte nicht darüber wundern, daß angesichts solcher Gewinne dem Zufall nur noch ungerne eine faire Chance gelassen wird. Das Spektakel muß stimmen – der Mensch will es so!

Wir essen Hähnchen und Fleisch aus gigantischen Tötungsmaschinerien, sind stolz auf unsere Pelzjacken von erschlagenen Robbenbabys und anderen vom Aussterben bedrohter Tiere, aber wir spenden ab und zu was für Greenpeace oder ähnliche Organisationen! Wir schimpfen über das Ozonloch und kaufen uns am nächsten Tag ein neues Auto. Schadstoffarm muß es sein. Klar. Aber lassen Sie das Wort einmal auf der Zunge zergehen – es heißt nicht schadstoff-frei, dennoch haben wir unser Gewissen damit beruhigt.

Es ist so – ich schließe mich da nicht aus: Wir, die Menschen dieses einst so schönen Planeten mit seinen sauberen Flüssen und der reinen Luft, wir sind eine Milliardenherde von Scheinmoralisten in einer Konsumgesellschaft geworden, in der Sie und ich eigentlich nicht den Anfang machen möchten, auf irgend etwas zu verzichten.

Wir, die Konsumkühe dieser Wegwerfgesellschaft, haben den Markt zwar geprägt, aber nun hoffen wir und warten, daß andere endlich für uns mit den Reparaturarbeiten beginnen. Und allzu leicht vergessen wir dabei, daß jeder einzelne von uns selbst für diese Welt verantwortlich ist – für jene marode gewordene Welt, vor der die Propheten und Hellseher aller Jahrhunderte, verantwortungsbewußte Ökologen und weitsichtige Wissenschaftler gleichermaßen, eben nur in einer unterschiedlichen Sprache, mahnten und immer noch mahnen. Eine Welt, die wir uns selbst zurechtgezimmert haben und die nur wir selbst wieder – hoffentlich im positiven Sinne – verändern können.

2 Apokalypse 2000

Nostradamus – entschlüsselte Zukunft!

Der amerikanische Schriftsteller John Steinbeck schrieb einmal: »Das Merkwürdigste an der Zukunft ist wohl die Vorstellung, daß man unsere Gegenwart später die gute alte Zeit nennen wird.«

Das war wirklich zu allen Zeiten so, und man kann angesichts der immer drastischer werdenden Klimakatastrophen eigentlich nur für unsere Enkel hoffen, daß sich diese Wahrheit nicht mehr allzulange fortsetzt. Denn das, was Mutter Natur und ihre Geschwister im All für uns und die kommenden Generationen bereitzuhalten scheinen, beschreibt der französische Seher Michel Nostradamus (1503–1566) eindrucksvoll in seinen »Wahren Voraussagen«, dem wohl am häufigsten zitierten Prophezeiungsbuch der Welt. Ein unvorstellbares apokalyptisches Drama von bildhaft geschilderten Naturkatastrophen ... In meinem Buch »Das Nostradamus-Testament« (Langen Müller Verlag, München, 1996) widmete ich mich, wie es der Titel schon sagt, ausführlich und ausschließlich dem Gesamtwerk des Sehers Michel Nostradamus, das als Faksimile-Nachdruck (Original-Kopie einer uralten französischen Nostradamus-Ausgabe) im Anhang abgedruckt und komplett mit allen 1166 prophetischen Versen, Nachlaßbriefen und so weiter vollständig neu ins Deutsche übersetzt wurde.

Da im »Nostradamus-Testament« auch alle wichtigen Verse aus der Vergangenheit und unserer unmittelbaren Zukunft ausführlich besprochen wurden, will ich mich an dieser Stelle nur auf einige Ergänzungen und wichtige Prophezeiungen beschränken, die bei der Thematik des vorliegenden Buches »Die Siebte Offenbarung« nicht fehlen sollten.

Mir sei aber eine Anmerkung zu diesem vorangegangenen ausführlichen Nostradamus-Werk gestattet:

Der dort erstmals vorgestellte Schlüssel des Sehers, seine Umsetzungstabelle von Buchstaben in Zahlen, die geheimnisvolle Schlüsselzahl 4713 und der Hinweis, daß jeweils das letzte Wort eines Vierzeilers den Abschluß einer Regierungszeit, den Tod einer Person oder das Ende eines Ereignisses dokumentieren, haben bei meinen Lesern ein weites Echo ausgelöst. Ich bekam und bekomme heute noch unzählige Zuschriften, für die ich mich – sofern ich sie nicht schon persönlich beantwortet habe – recht herzlich bedanke.

Darunter waren auch Hinweise für Berechnungen, die mir beim Schreiben des »Nostradamus-Testaments« entgangen waren, aber durch die wertvolle Hilfe einiger Leser auf den Punkt bestätigen, wie richtig der vorgestellte Nostradamus-Schlüssel ist.

So mußte ich beim Vierzeiler 3/13, der den Untergang des Ozeanriesen Titanic im Jahr 1912 so eindrucksvoll beschreibt, passen, weil ich keine Parallelen zum Untergangsdatum im letzten Wort fand, das, wie oben erwähnt, stets das Ende eines bestimmten Ereignisses symbolisiert. Schuld daran war sicherlich, daß dieses französische Wort nagera (dt.: »schwimmen wird«) mit ERA endete (franz. für »Ära«) und ich diese letzten drei Buchstaben nicht in Zahlen umwandelte und mitberechnete.

Ein sehr aufmerksamer Leser machte mich auf diesen Umstand aufmerksam. Das Untergangsjahr des Luxusschiffes, 1912, errechnete er, indem er die Buchstaben nach der im »Nostradamus-Testament« vorgestellten Tabelle von rechts nach links komplett in Ziffern umsetzte und diese Zahl dann mit der Schlüsselzahl 4713 verrechnete:

NAGERA, von rechts nach links:	A R E G A N
In Zahlen nach der Tabelle:	1 9 5 7 1 5
Minus Schlüsselzahl:	4 7 1 3
Ergebnis:	1 9 1 0 0 2

Also bei Streichung der Nullen: 1912 – exakt das Untergangsjahr des Schiffes! Das gleiche wiederholt sich im Napoleon-Vierzeiler 1/70 (hier wird das letzte Wort, »boucher«, aber ganz »normal« von links nach rechts gelesen. Auf die zu streichende 6 achten und dann noch mal mit 4713 verrechnen!), wo man ins Jahr 1821 geführt wird. Napoleon Bonaparte starb im Mai 1821!

Und hier kommt nun mein Extra-Dankeschön für die vielen aufmunternden Zuschriften und für all jene interessierten Menschen, die nicht nur an der Oberfläche der faszinierenden Voraussagen des Michel Nostradamus kratzen möchten, sondern tief in die verschlüsselte Welt der Daten, Namen und Fakten zukünftiger Ereignisse eintauchen möchten:

Wenn man mit der angegebenen Schlüsselzahl 4713 nicht bei allen Vierzeilern klare Ergebnisse erhält, was vom Seher beabsichtigt war, dann sollte man Ray Nolans Vorwort »Lieber Nostradamus ...« im Buch »Das Nostradamus-Testament« einmal mit den Augen eines Entschlüsselungsexperten lesen. Einige Leser haben erstaunlich rasch selbst herausgefunden, daß der Spruch des Agrippa von Nettesheim, der diesem Vorwort vorangestellt wurde, nichts als ein konstruiertes Phantasiegebilde ist, das man eigentlich so, wie im gleichen Buch auf Seite 54 vorgestellt, lesen muß, um die *richtige Lesart für das Vorwort* zu erhalten.

Im Klartext: Liest man im Vorwort »Lieber Nostradamus …« in *jeder Zeile* nur *jedes vierte Wort,* wird man über einige Briefe, die man im Anhang der Originalausgabe »Das Nostradamus-Testament« findet, tief in das Geheimnis der richtigen Nostradamus-Interpretation eingeführt.

Ich kann Ihnen jetzt schon versprechen – die kleine Mühe lohnt sich!

Darüber hinaus kann man nicht oft genug betonen, daß man, um Nostradamus entschlüsseln zu können, nicht ohne das komplette französische Originalwerk auskommt. Schon wegen der Umsetzung der großgeschriebenen französischen Originalbuchstaben in die entsprechenden Zahlen ist dieses Original für ernsthafte Nostradamus-Forscher absolut unentbehrlich.

Nachfolgend möchte ich nun einige Nostradamus-Verse zitieren, welche künftige Ereignisse beschreiben. Allerdings sollten wir die Prophezeiungen des Michel Nostradamus mit anderen Augen lesen als die Visionen anderer Hellseher. Sie scheinen – so abenteuerlich das auch klingen mag – ihren Ursprung im tatsächlichen Ablauf der Menschheitschronik, in einem Geschichtsbuch der Zukunft, zu haben. Anders sind die entschlüsselten Daten und Ereignisse aus diesem Buch kaum zu erklären. Wie Nostradamus es fertigbrachte, gewissermaßen »die Zukunft anzuzapfen«, kann allerdings nicht Gegenstand dieses Kapitels sein. Das wurde bereits alles im vorangegangenen »Nostradamus-Testament« besprochen.

Betrachten wir also die Botschaften des »Sehers« – zumindest probeweise und auch gerne mit Vorbehalt – zunächst einmal als reale Ereignisse, die irgendwann Geschichte machen werden, um dann in die Chronik der Menschheit – und vielleicht auch in die Centurien des Michel Nostradamus – Eingang zu finden …

Ozonloch, Krieg und Super-Gau

Um aus den geheimnisvoll anmutenden Nostradamus-Centurien einige Vierzeiler herauszufiltern, in denen klar erkennbar zukünftige Ereignisse geschildert werden, braucht man, wenn man auf genaue Daten keinen Wert legt, natürlich weder einen Schlüssel noch andere Dechiffrierhilfen. Die innere Seele des codierten Werkes, also das Schlüsselwort, ist dazu nicht notwendig, da einige Prophezeiungen ganz offensichtlich noch nicht eintrafen und auch ihre Umschreibung auf Ereignisse deuten, die wohl erst noch stattfinden werden.

Der Vierzeiler 10/70 – danach folgen die beiden bereits zitierten Voraussagen über das »Eiswunder« und den »Schreckensherrscher« – beschreibt ein solches Ereignis, das es in dieser Form bisher noch nicht gab. Nostradamus spricht vom einen »Loch«, das sich so enorm ausgedehnt hat, daß danach das Klima verrückt zu spielen beginnt. Man darf wohl davon ausgehen, daß hier das immer weiter aufklaffende Ozonloch gemeint ist:

10/70
Das (Ozon)Loch wird sich vorher wegen des Objektes ausdehnen,
so sehr und heftig, daß Schnee fallen wird,
bewässerte Gegenden schrumpfen und daß jene Gegenden
mit den am höchsten entwickelten Primaten* dem neuen Frost unterliegen.

Die Auswirkungen der immer mehr schwindenden schützenden Ozonschicht sind bekannt: Die energiereichen UV-Strahlen der Sonne, welche in höchstem Maße krebsfördernd sind, unser Immunsystem schwächen

* die höchste biologische Entwicklungsstufe beim Säugetier.

und das Erbgut von Menschen, Tieren und Pflanzen schädigen, gefährden in zunehmendem Maße unsere Existenz.

Die Ursachen für das katastrophale Aufreißen des lebenswichtigen Erdschutzschildes soll von einem »Objekt« ausgehen. Denkbar wäre hier, neben einer nicht sehr segensreichen Erfindung, auch ein gigantischer Vulkanausbruch. So gelangten beim Ausbruch des philippinischen Vulkans Pinatubo (1991) etwa 20 Millionen Tonnen Schwefelgase – sie sind Mitverursacher des Ozonabbaus – in unsere ohnehin schon darniederliegende Atmosphäre. Ähnliches oder Schlimmeres kann sich jederzeit wiederholen.

Mit dem fortschreitenden Abbau der Ozonschicht erleben wir inzwischen immer deutlicher, daß globale Erwärmungen und eine spürbare Verschiebung der Klimazonen längst keine Utopie mehr sind. Heftige Schneefälle und klirrender Frost in den früher gemäßigten Zonen, eisige Kälteschübe in tropischen Ländern, Dürre in einst wasserreichen Gebieten, fürchterliche Überschwemmungen, Orkane und Wirbelstürme – die Erde reagiert bereits.

1/17
Vierzig Jahre wird man keinen Regenbogen sehen,
vierzig Jahre lang nur kraftlose Tage.
Die Erde verdorrt in zunehmender Trockenheit,
dann wieder kommen große Fluten in einem Augenblick.

Eines der traurigsten Kapitel der Menschheit nimmt seinen Anfang um den 18. September 2000, oder es endet im Jahr 2029 (ermittelt durch das letzte Wort im Original-Vierzeiler). Wäre letzteres der Fall, dann beschreibt dieser Vers die zunehmenden Klimakatastrophen seit 1989 für die folgenden 40 Jahre bis 2029. Heiße, trockene

Sommer und dann wieder urplötzlich Massen an Regen, Erdrutsche und Schlammlawinen, die ganze Dörfer unter sich begraben. Mit derartigen Meldungen werden wir inzwischen allmonatlich überschüttet. Politiker und Presse bezeichnen den Kollaps der Erde jedoch immer noch als »Jahrhundert-Hochwasser« oder »Traum-Sommer«.

8/10
Fürchterlicher Gestank liegt über Lausanne.
Niemand erfährt die Ursachen,
die Bevölkerung wird für längere Zeit evakuiert.
Man sieht Feuer am Himmel, ein fremdes Volk, mager
und entstellt!

Auch dieses Ereignis liegt noch vor uns – Alptraum Chemie-Super-Gau für die Schweizer? Oder was wird sonst am Genfer See geschehen? Was immer es auch sein mag, die Folgen scheinen verheerend zu sein! Und die Ursachen werden, wie schon so oft in der Geschichte unseres »Fortschritts«, wieder einmal vertuscht. Die Berechnungen führen ins Jahr 2004. Das »Feuer am Himmel« läßt auf die gigantische Explosion einer kompletten Fabrik oder Fertigungsanlage schließen. Die Nachwirkungen bleiben nicht aus. Die Menschen wirken befremdend und abgemagert. Und die, die das Fiasko überlebt haben, könnten langanhaltende Schäden davontragen. Veränderung des Erbgutes, körperliches Dahinsiechen – ein Menschheitstrauma.

Das mögliche Szenarium – Super-Gau Chemie

Ein normaler Arbeitstag wie jeder andere. Schichtwechsel im Reißverschlußverfahren. In der Chemiefabrik nahe bei Lausanne, einem der größten Arbeitgeber in dieser Region, herrscht ein reges Kommen und Gehen. Hansueli Vetterli schiebt gutgelaunt seine Stechkarte in den Stempelautomaten, und während er auf das gewohnte »Ping« wartet, sieht er sich schon im Geiste am Gartengrill stehen und die Koteletts und Rippchen wenden. Rita hat heute Geburtstag, und es werden eine Menge Freunde kommen …

»Ping!« Im gleichen Augenblick, als wäre seine Stechkarte der Auslöser gewesen, erschüttert eine ohrenbetäubende Detonation die Luft. Sekunden später, seine Hand hält immer noch die Karte im Schlitz des Automaten, fegt eine verheerende Druckwelle über das Betriebsgelände. Fensterscheiben, Glastüren zersplittern, und eine von Staub umhüllte Wolke rast mit einem tödlichen Hagel an Glassplittern, Steinen, zerfetzten Holz- und Metallteilen, Werkzeugen, Gasflaschen und anderen Geschossen auf die entsetzten Leute zu, die sich in diesem Moment im Freien befinden.

Menschenleiber wirbeln durch die Luft, klatschen gegen Mauern und parkende Autos, man hört Schreie, Wimmern, das Bersten und Brechen von Wänden, dann eine neue dumpfe Explosion. In diesem Augenblick wird auch Hansueli Vetterli wie von einer mächtigen Hand emporgerissen und durch die weite Vorhalle geschleudert. Er registriert noch die mächtige Wand, die auf ihn zuzurasen scheint, um vor seinen Augen, wie im Zeitraffer, allmählich in sich zusammenzustürzen. Dann – es kommt ihm vor, als wäre er Ewigkeiten durch die Luft geflogen – knallt er gegen eine der Säulen in der Halle. Der Aufprall ist fürchterlich, und irgendwie begreift er, daß das, was da so schrecklich in seinen Ohren dröhnt und knirscht, seine eigenen Knochen oder sein Rückgrat sein müssen! Aber der Schmerz und dieses entsetzliche Knirschen dauern nur Sekunden. Irgend etwas explodiert in seinem Kopf, dann scheint ihn ein grenzenlos leeres Loch aufzusaugen, und es wird schwarz um ihn.

Hansueli Vetterli ist einer von den ersten Todesopfern. Viele werden ihn später darum beneiden.

Während auf dem Konzerngelände ein unbeschreibliches

Chaos herrscht, Verletzte wimmernd und blind über die Böden kriechen, Sterbende sich brüllend in ihrem Blut wälzen und immer wieder neue Detonationen das Gelände erschüttern; während sich dicke, gelbliche Giftwolken über dem Gelände ausbreiten, Leitungen bersten, Tanks in die Luft fliegen und Behälter mit hochgiftigen Chemikalien zerplatzen, starren die Stadtbewohner entsetzt in die Richtung, aus der die dumpfen Explosionen ertönen und sich wie ein gefährliches Grollen in Sekunden- und Minutenabständen wiederholen.

Beißender Gestank breitet sich aus, die ersten Leute werden von Hustenkrämpfen geschüttelt, andere spüren es zuerst in den Augen, ein paar Fußgänger fallen röchelnd und mit schreckgeweiteten Augen um, wälzen sich auf dem Pflaster, wollen schreien, ihre Angst herausbrüllen, doch aus ihren Kehlen dringen nur gurgelnde Laute. Ein paar Besonnene rennen auf ihre Autos zu, kurbeln die Fenster hoch, versuchen aus der Stadt zu fliehen, dem schleichenden Gift zu entkommen, aber innerhalb von Minuten sind die Straßen verstopft, Autos knallen ineinander, Leute schreien durcheinander. Und jetzt, während sich die giftigen Schwaden immer mehr über der Stadt ausbreiten, heulen die ersten Sirenen über der Stadt auf.

15 Minuten nach den ersten Detonationen kommen die ersten Meldungen über die Radiosender und die Hinweise, die Leute sollten zu Hause bleiben, die Fenster verschließen oder sofort irgendwo Schutz suchen. Mund und Augen solle man durch nasse Tücher schützen – man müsse davon ausgehen, daß in Lausanne größere Mengen von unbekannten Giften in die Atmosphäre gelangt seien. Man solle Ruhe bewahren, nur flach atmen. Und dann folgt wieder die Aufforderung, Türen und Fenster verschlossen zu halten.

Immer noch hört man sporadische Detonationen. Draußen wird der Gestank inzwischen unerträglich, und in den Fußgängerzonen winden sich Hunderte von Menschen auf den Straßen und Plätzen. Die Warenhäuser schalten ihre

Klimaanlagen und Ventilationen aus, nasse Lappen werden an die Leute verteilt. Mütter pressen ihre Kinder an sich, Menschen bekommen Schwächeanfälle, werden ohnmächtig, oder ihr Herz verkraftet die Aufregung und Angst nicht mehr. Einige Leute helfen den am Boden Liegenden, andere starren nur ausdruckslos, starr und wie gelähmt vor Angst vor sich hin. Manche beten still.

In den Schulen geht es drunter und drüber. Die Kinder rennen klassenweise die Treppen in die Keller hinunter, einige winden sich in den Klassenzimmern, wo die Fenster zu spät geschlossen wurden, auf dem Boden, rufen nach ihren Eltern oder sterben, ohne einen Ton über die Lippen zu bekommen. Nach etwa einer Stunde ist es nun eine ätzende weiße Wolke, die sich wie ein feiner Schleier über die Stadt senkt und im Umkreis von mehr als 30 Kilometern Wiesen, Gärten, Ackerflächen und Wälder mit dem tödlichen Gift bestäubt. Das Chaos ist überall.

Nach zwei Tagen – die Krankenhäuser sind überfüllt, das Militär hat Lazarettzelte aufgebaut, wo die Toten untergebracht werden, in Turnhallen und einigen Hotels wurden Notunterkünfte und Krankenstationen eingerichtet – bekommt man allmählich alles unter Kontrolle. Mit Stacheldraht und Militärpatrouillen werden die verseuchten Todeszonen abgeriegelt. Deutsche und französische Militäreinheiten helfen, die Menschen in Lausanne und aus einem Umkreis von 40 Kilometern zu evakuieren. Bei mehr als 30 000 Betroffenen werden Verätzungen der Haut und der Schleimhäute festgestellt, und jeden Tag werden es mehr.

Das Trauma der Nachwirkungen beginnt. Ein Drama, das sich über Jahre hinziehen wird und unzählige Todesopfer fordert. Die Menschen siechen förmlich bis zu ihrem Tod dahin. Ihre Lungen sind angegriffen, ebenso die inneren Organe. Man spricht von mindestens zehn hochgiftigen Substanzen, die tonnenweise freigesetzt wurden und die Luft verpestet haben. Die bedauernswerten Opfer magern ab, sterben an Schwäche, Herzversagen oder an banalen

Krankheiten, weil sie dem Siechtum keine Widerstandskräfte entgegenzusetzen haben. Jene, die das Chaos überlebten, sind gezeichnet von Narben, viele sind erblindet, oder sie leben mit künstlichen Luft- oder Speiseröhren weiter. Die Opfer kann man mit bloßem Auge erkennen – hohlwangige, abgemagerte Menschen mit glanzlosen Augen, die nie mehr lachen können.

Die Opfer der unzähligen Spätfolgen – Krebskranke, behinderte Kinder, Selbstmorde, psychosomatische Erkrankungen, spätere Erblindungen oder Nachlassen der Sehschärfe und so weiter – werden in den Registern nicht mehr aufgenommen ...

Ein übertrieben dargestelltes Schreckensszenarium? Bestimmt nicht. Hier wurden teilweise authentische Berichte von Seveso-Betroffenen (Chemie-Unfall am 10. Juli 1976 in Seveso, Norditalien) wiedergegeben und für einen entsprechend größeren Chemie-Unfall, der allerdings denkbar wäre, hochgerechnet. Die Prophezeiung muß nicht so ablaufen wie oben geschildert, aber so oder ähnlich *könnte* es sich abspielen, wenn die Voraussage tatsächlich eintrifft.

Die zweite Variante wäre eine Art schleichender Tod, ohne größere Explosionsherde, wenn beispielsweise hochtoxinhaltige Stoffe oder Gase unbemerkt entweichen: Man sieht nichts, hört nichts, aber urplötzlich fallen auf den Straßen die ersten Leute um, ringen nach Atem und so weiter. Das in dem Vierzeiler erwähnte Feuer, das man am Himmel sieht, läßt jedoch eher auf die erste Möglichkeit schließen.

Auch ein Vierzeiler aus der dritten Centurie des Nostradamus beschreibt ein Ereignis, das wohl erst noch stattfindet. Hier sind jedoch Ursache (die erste Zeile) und Wirkung (die Zeilen zwei bis vier) dezent in eine rätselhafte Sprache gebettet worden, die im Grunde nur Spekulationen zuläßt:

3/34
Wenn die Zeit des Fehlers an der Sonne kommt,
wird man den ganzen Tag das Monster sehen:
Man wird es vollkommen anders deuten,
niemand sah es voraus/keiner traf Vorsorge.

Einige Autoren sehen in diesem Vierzeiler nichts anderes als den Hinweis auf eine Sonnenfinsternis, doch hier schreibt der Seher ganz unmißverständlich von einem »Fehler der Sonne«, was ein normales Himmelsphänomen sicherlich ausschließt. Davon abgesehen ist das Sammelwerk der 1166 Nostradamus-Verse – ganz gleich, aus welcher Quelle es kommt – gewiß kein Buch, in welches Ereignisse aufgenommen wurden, die man als »ganz normale Geschehnisse« einordnen könnte.

Hier wird auch von einem »Monster« gesprochen, das man zumindest einen Tag lang beobachten kann, wenn es zu einem Fehler an der Sonne kommt. Ein schauriges Naturereignis? Eines, das wir mit unserem inzwischen reichhaltigen Erfahrungsschatz einfach nicht einordnen können? Im gleichen Jahr (es könnte das Jahr 2002 sein) scheint die Menschen dieses Ereignis ziemlich aus der Bahn zu werfen. Der Hinweis darauf, daß »es niemand voraussah« bzw. keiner Vorsorge traf, macht klar, daß das überraschende Eintreffen des Ereignisses auch spürbar negative Nachwirkungen mit sich bringt.

In einem anderen Vierzeiler, 10/89, findet man eine Zahl, die uns ins Jahr 2002 führt. Der Vers beschreibt entweder die Zeit von 1945 bis zum Jahr 2002 oder die Epoche, die nach einem Krieg – sollte er vor der Jahrtausendwende tatsächlich die Menschheit erschüttern – ab dem Jahr 2002 auf die Menschen zukommt.

10/89
Mit Steinen aus Marmor werden die Mauern wieder aufgebaut.

Sieben und Fünfzig Jahre Frieden.
Freude unter den Menschen, die Wasserleitungen erneuert.
Gesundheit, große Früchte, Freude und eine zuckersüße Zeit.

Eigentlich geht es uns doch ganz gut, oder? Gemessen an den rauhen Jahren, die unsere Großväter mitmachen mußten, leben wir in einer Art Schlaraffenland. Daß wir uns diesen Garten Eden unaufhaltsam selbst kaputtmachen, ist eine andere Sache. Aber wir jetten durch die Welt, genießen unsere Freizeit, wie nie zuvor die Menschen ihre Freizeit genießen konnten, und es mangelt uns buchstäblich an nichts.

So gesehen könnte dieser Vierzeiler genau jene Zeit skizzieren, in welcher wir gerade leben. 1945 endete der Zweite Weltkrieg. 57 Jahre Wohlstandsgesellschaft hinzugerechnet führen ins Jahr 2002 – ans Ende dieser schönen Epoche. Diese Voraussage deckt sich im Inhalt mit einer Prophezeiung, die der als *Waldprophet* oder *Mühlhiasl* bekannt gewordene Mathias Lang (1753 bis etwa 1800), allerdings ohne irgendwelche Zeitangaben, machte:

»Kurze Sommer werden kommen, und Winter und Sommer sind kaum mehr auseinanderzuhalten. Dann wird gebaut werden, nix als g'baut! Lauter Rotdachl-Häuser bauen die Leut; alles schneeweiße Häuser und grad so, als wollen's nimmer fort. Dann aber wird abgeräumt! Danach, wenn die Leut' geläutert sind, wird wieder eine gute Zeit kommen. Wer da noch lebt, der kriegt ein Haus g'schenkt und Grund, so viel er mag. Und die Leut' haben alle wieder ihren Glauben …«

Man könnte noch Hunderte solcher Prophezeiungen aneinanderreihen, voran die Schreckens-Vierzeiler des Nostradamus, aber da wir uns bereits nach der kleinen Auswahl von Voraussagen aus diesem und dem vorangegangenen Kapitel nun einem Punkt nähern, der die Bereitschaft in uns weckt, daß wir uns anpassen und uns allmählich an die angekündigten Schreckensbotschaften gewöhnen, möchte ich diesen Abschnitt nun beenden.

Bisher sprachen wir, bis auf wenige Ausnahmen, überwiegend über die von den Propheten ausgesprochenen Warnungen, also über die »Allgemeinen Aussichten« für die kommenden Jahre. Was nun folgt, sind Voraussagen, die eine sehr viel klarere Sprache sprechen – die Beschreibungen dessen, wie diese allerletzte göttliche, vom Himmel kommende Abrechnung nach Aussage der Propheten aussehen soll.

Was da prophezeit wird, sieht leider nicht so aus, daß man damit Zuversicht verbreiten könnte. Und ich schätze, an die nachfolgenden Botschaften werden wir uns nicht gewöhnen können. Dazu bleibt – wenn sie recht behalten, die Propheten – auch gar keine Zeit mehr …

Die dreitägige Finsternis

Teil der »Großen Reinigung«, mit der die gesamte Menschheit nach Meinung fast aller Propheten gegen Ende dieses Jahrtausends zu rechnen hat, ist eine dreitägige Finsternis, verbunden mit allen Begleiterscheinungen, Ursachen, Nachwirkungen und Ereignissen, die sich innerhalb dieser drei Tage abspielen werden. Nostradamus ist hier übrigens der einzige »Prophet«, der aus der Reihe tanzt und das biblische Vorbild der dreitägigen Finsternis nicht aufgegriffen hat. Nur einmal, in einem Nachlaßbrief an den damals regierenden König von Frankreich, Heinrich II., erwähnt er ein ähnliches Naturphänomen, das es seiner Beschreibung nach bisher noch nie gegeben hat, also noch vor uns liegen muß:

»... dann folgt eine Sonnenfinsternis, die dunkelste und schwärzeste, die es seit der Erschaffung der Welt bis hier und heute gegeben hat. Es wird im Monat Oktober sein, daß es zu einem großen ›Wegschaffen‹ an einen anderen Ort kommt. Dies derart, daß man denken wird, die Erde habe ihre natürliche Bewegung verloren und sei in ewige Finsternis versunken.« Da eine totale Sonnenfinsternis nie dunkler sein kann als eine andere vorangegangene totale Sonnenfinsternis, ist hier wohl kaum von einer normalen Finsternis die Rede. Das französische obscur = »dunkel/finster«, aber auch »unverständlich/nicht begreifbar«, könnte also auch so verstanden werden, daß uns eine Verfinsterung der Sonne erwartet, die völlig anders ist als jene, die wir bisher erlebten. Derartig doppelsinnige Wörter benutzt der Seher gerne. Sie existieren praktisch in jeder Sprache.

Die im Jahr 1920 von der Kirche seliggesprochene Anna Maria Taigi (1769–1837), eine Italienerin aus Rom, spricht von zwei großen Strafgerichten, die über die Menschheit kämen. Das erste ginge von den Menschen selbst aus und würde sich in schrecklichen Kriegen und anderen Übeln ausdrücken, das zweite käme dann vom Himmel:

»Über die Erde wird eine ungeheure Dunkelheit hereinbrechen, die drei Tage und drei Nächte halten wird. Man wird nichts mehr sehen können, und die Luft wird stinkend und schädlich sein und den Feinden der Religion großen Schaden bringen. Es wird in diesen drei Tagen unmöglich sein, künstliches Licht anzumachen, nur die geweihten Kerzen werden brennen. In diesen Schreckenstagen müssen die Gläubigen in ihren Häusern bleiben und Gott um Barmherzigkeit anflehen, und wehe dem, der das Fenster öffnet.«

Die Seherin Marie Julie Jahenny de la Faudais, geb. 1850 in Blain (Frankreich), war ab ihrem 22. Lebensjahr stigmatisiert und starb 1941 im Alter von 91 Jahren. Mit 23 Jahren, kurz nach dem ersten Auftreten der Wundmale Jesu, prophezeite sie:

»Es wird zur Zeit sein, wenn in kalter Winternacht der Donner über die Erde rollt, daß die Berge erzittern. Dann schließt schnell die Fenster und Türen und verhängt den Ausblick nach draußen, denn eure Augen sollen das Schrecklichste aller Geschehen nicht durch neugierige Blicke entweihen ... Tag und Nacht sollt ihr ausharren, denn es werden drei Tage andauernder Finsternis kommen, in welchen nur die geweihten Kerzen Licht spenden werden. Eine Kerze wird ausreichen für die drei Tage, doch in den Häusern der Gottlosen werden sie nicht brennen.

Und während dieser drei Tage werden die Dämonen in fürchterlicher, abscheulicher Gestalt erscheinen, und die Luft wird widerhallen von ihren furchtbaren Flüchen. Strahlen und Funken werden in die Häuser der Menschen eindringen, aber dem Licht der heiligen Kerzen können sie nichts anhaben, weil weder Wind noch Stürme, noch Erdbeben sie auslöschen können.

Eine blutrote Wolke wird schließlich über den Himmel ziehen, und das Rollen des Donners läßt die Erde erbeben. Unheilbringende Blitze werden die Straßen durchzucken, und dies zu einer Zeit, wann sie sonst nie vorkommen. Das Meer wird seine schäumenden Wogen weit über die Ufer schleudern, und die Erde wird sich in einen riesigen Friedhof verwandeln. Die Leichen der Gottlosen wie der Gerechten werden den Erdboden bedecken. Die Verzweiflung wird darauf groß sein, denn die ganze Vegetation der Erde wird zerstört sein wie auch der größte Teil des Menschengeschlechts. Die Krise wird für alle unerwartet kommen, und die Strafe wird überall auf der Welt die gleiche sein.

Nach dem Grauen dieser langen Finsternis wird mit dem anbrechenden Morgen wieder die Sonne scheinen, und sie kommt mit ihrem Licht und ihrer Wärme.«

Den Beginn der Apokalypse scheint also ein Erdbeben oder ein anderer mächtiger Donner einzuleiten. Dann bricht die Finsternis über die Welt herein, und »Strahlen und Funken« dringen trotz der geschlossenen Türen und Fenster in die Häuser ein (durch die Wände?). Eine blutrote Wolke (Giftgas, Staub?) zieht dann auf, Leichenberge bedecken die Straßen, und die gesamte Vegetation wird vernichtet – eine schaurige Vision! Seltsamerweise spricht die Seherin zu Beginn von einer »kalten Winternacht«, am Ende erscheint dann jedoch die Sonne »mit ihrem Licht und ihrer Wärme«. Haben sich nach diesem dreitägigen Chaos die klimatischen Verhältnisse auf der Erde verändert? Kommt es gar zu einer Verschiebung der Erdachse? Andere Seher sagten auch das voraus!

Elena Aiello, die süditalienische Nonne, die schon einmal im 1. Kapitel zitiert wurde, sagte ein Chaos voraus, das 70 Stunden dauern werde (also zwei Tage und 22 Stunden, fast drei vollendete Tage):

»... starke Erdbeben, Hungersnöte, Epidemien und schreckliche Orkane sind nahe ... Wolken mit Feuerschein werden am Himmel erscheinen, und ein Feuersturm wird über die Erde fegen. Die schreckliche Geißel der Menschheit wird siebzig Stunden dauern. Die Gottlosen werden zu Staub werden ... dann wird man die Macht des Lichtes über der Macht der Finsternis sehen ...«

Der Bregenzer Bauer Franz Kugelbeer hatte 49 Jahre nach Marie Julie Jahenny de la Faudais nahezu die gleiche Vision wie die stigmatisierte Französin. Wenn er sich nicht an ihrer Prophezeiung orientiert hat, was nie auszuschließen ist, dann läge hier eine phänomenale Übereinstimmung vor. Nach dem fast identischen Anfang seiner Offenbarung fügt Kugelbeer aber am Ende noch einige schreckliche Einzelheiten hinzu:

»... es herrscht allenthalben die Pest, und man sieht große, schwarze Flecken auf den Armen. Schwefeldämpfe erfüllen alles, wie wenn die ganze Hölle los wäre. Dann erscheint ein Kreuz am Himmel, das das Ende der Finsternis anzeigt. Die Erde ist eine Wüste und ein Leichenfeld. Die Überlebenden kommen entsetzt aus ihren Häusern ...«

Einige Jahre vor dem Ersten Weltkrieg machte eine Seherin namens Bianca Gräfin Beck-Rzikowski mit einigen spektakulären Voraussagen von sich reden. Über die letzten Tage der Erde sagte sie: »Die Erde bebt und kracht in allen Fugen. Sie atmet, wälzt sich um, und es werden Erdteile und Inseln vergrößert wieder erscheinen, und andere Teile werden unter furchtbarsten Katastrophen in sich zusammenfallen oder weggeschwemmt ... es herrscht Finsternis.«

Unzählige Prophezeiungen decken sich in der Schilderung der dreitägigen Finsternis, variieren zuweilen aber in der Beschreibung detaillierter Begleitumstände. Nachfolgend stelle ich einige der aufschlußreichsten Voraussagen auszugsweise vor, wobei ich mich nur auf die Informationen beschränke, die in den oben aufgeführten Prophezeiungen fehlen:

»... drei Tage Finsternis: Die Erdachse verschiebt sich, und die Sonne verändert den Lauf am Himmel. Hochwasser bedrohen die Küste; im Inneren (des Landes) herrscht jedoch tödliche Dürre.« (Garcilaso de la Vega, argentinischer Padre, 1982).

»... drei Tage Finsternis: Die Erde wird aus ihrer Bahn geworfen, und die Sonne wird keinen Schein mehr abgeben ...«

Danach folgt wieder die Aufforderung, im Haus zu bleiben, geweihte Kerzen anzuzünden und so weiter (Joseph Stockert, 1897–1975, München).

»… drei Tage Finsternis: Die Druckwelle der chinesischen atomaren Sprengköpfe dauert etwa vierzig Sekunden. Es wird in der ganzen Welt passieren, und die Kraft der Explosionen wird so verheerend sein, daß die Erde aus ihrer Position ins Weltall geschleudert wird und danach drei Tage und Nächte ziellos im Raum treibt. Es folgen Erdbeben und orkanartige Verwüstungen in der ganzen Welt. Die Erde wird ihre Anziehungskraft verlieren.« (Wladislaw Biernacki, polnischer Bauer, 1984).

»… drei Tage Finsternis: Große sengende Hitze, Feuerblitze, dann Finsternis, und die Welt scheint stillzustehen, die Erde sich nicht mehr zu drehen … Eine gewaltige Himmelskugel schwebt dann wie eine glühende Sonne über das Land. Sie zieht einen Feuerschweif nach sich, die Luft ist zum Ersticken.« (Veronika Luekken, USA 1972).

Pater Pio (1887–1968), ein bescheidener Bauernpriester und stigmatisierter Mönch aus dem Kapuzinerkloster in Foggia (Italien), entsprach Zeit seines Lebens stets dem Idealbild eines gutherzigen Ordensbruders. Er wurde von allen als gütiger, frommer Mann geschätzt, zu dessen Tugenden Geduld, Nächstenliebe und Bescheidenheit ebenso gehörten wie die außergewöhnliche Fähigkeit, Kranke durch seine bloße Anwesenheit zu heilen. Er vermied öffentliches Aufsehen und trug, weil es ihm peinlich war, meist Handschuhe, die die Zeichen der Wundmale Jesu in seinen Handflächen verbargen.

Auch Pater Pio hatte das sogenannte »Zweite Gesicht« und sagte zuweilen Ereignisse aus der Zukunft voraus, die von einem Ordensbruder niedergeschrieben wurden. 1961, er war inzwischen 74 Jahre alt und lebte in Rom, prophezeite Pater Pio ebenfalls eine dreitägige Finsternis, die wie aus heiterem Himmel über die Menschen kommen würde – drei Schreckenstage, in welchen sich »Orkane von Feuerstürmen aus den Wolken über die ganze Erde ergießen«.

»Dann werden Sturm und Unwetter, Donnern und Erdbeben aufeinanderfolgen, und unaufhörlich wird der Feuerregen niederprasseln. Der Wind führt Gift und Gas mit sich, das sich auf der ganzen Erde verbreiten wird … Es beginnt, wenn die Nacht sehr kalt ist, der Wind heult und nach einiger Zeit der Donner einsetzt.«

Wenn man den Lebensweg des frommen Paters einmal durchleuchtet, stößt man auch hier auf die Querelen, denen solche medial veranlagten Menschen immer wieder durch ihre »Vorgesetzten«, die höchsten Würdenträger der katholischen Kirche, ausgesetzt sind. Ihre Botschaften, die für die gesamte Menschheit bestimmt sind, werden zurückgehalten, verunglimpft und nur – wenn überhaupt – auf Druck der Öffentlichkeit in Teilen freigegeben.

Bei Pater Pio, in dessen Kloster und Heimatgemeinde auf Grund seiner vielen Wunderheilungen Geldspenden in Millionenhöhe aus allen Teilen der Welt eintrafen (er behielt nichts für sich, aber er ließ 1956 in Foggia ein Krankenhaus bauen, das damals über zehn Millionen Mark kostete!), schien die Kirche erst nachzugeben, als die Spendengelder direkt in den Vatikan flossen.

Vorher hatte man Pater Pio zweimal von seinem priesterlichen Amt suspendiert. Schließlich wurde ein Handel geschlossen, der für alle – insbesondere für den Vatikan – akzeptabel war: Das Armutsgelübde des Paters wurde unter der Bedingung aufgehoben, daß er alle Spendengelder dem Heiligen Stuhl vermachen würde. Danach bekannte sich die Kirche zu Pater Pios Wundern, und nach seinem Tod wurde er einer der aussichtsreichsten Kandidaten für eine Seligsprechung.

Sepp Wudy, ein Bauernprophet, der als Knecht auf

einem Hof in Frischwinkel (Böhmerwald) arbeitete, prophezeite 1910 eine dreitägige Finsternis, in welcher die Luft mit ätzenden und giftigen Stoffen erfüllt sei. Denen, die es »erwischt« hätte, würden danach die Haare ausfallen.

Seine Schilderung: »... drei Tage Finsternis, und es steht gegen Norden ein Schein, wie ihn noch nie einer gesehen hat. Und dann geht alles in Feuer auf ... die Luft frißt sich wie Gift in die Haut. Zieh alle Kleider an, die du hast, und paß auf, daß nicht einmal die Nasenspitz' rausschaut! Setz dich in ein Loch und wart ab, bis alles vorbei ist. Lange dauert's nicht. Aber das Essen vor dir darfst du nicht anrühren, weil es dein Tod wäre! Wenn dir die Haare ausfallen, dann hat's dich erwischt. In Bayern wird es zwar besser sein als anderswo, aber auch hier geht alles drunter und drüber.«

Der menschenscheue Knecht sagte auch seinen eigenen Tod »in Schnee und Eis« voraus (Sepp Wudy fiel im Ersten Weltkrieg als Soldat in den Dolomiten!). Lange vorher hatte er schon prophezeit, daß eine Zeit käme, wo man »seinen Vetter in Wien von der Stube aus sehen könne« (Fernsehen, Bildtelefon o. ä.) und daß der »Vetter in den Zeiten, wenn man in den Kirchen manchmal Tanzmusik spielt, von weitab in einer Stunde hier sein könnte«.

Einer der bekanntesten deutschen hellseherisch begabten Menschen war der aus Freilassing kommende Alois Irlmaier (1894–1959). Von Beruf Brunnenbauer, entdeckte er schon früh seine Sensibilität für das »Rutengehen« *(Radiästhesie,* wird zum Suchen von Wasseradern oder Erdstrahlungen eingesetzt). Seine hellseherischen Fähigkeiten traten ein, nachdem er im Ersten Weltkrieg für einige Zeit verschüttet und schließlich wieder ausgegraben und befreit wurde.

Seine Prophezeiungen über die Ereignisse des Dritten Weltkrieges sind sehr umfangreich und detailliert.

Selbst die Truppenbewegungen von Freund und Feind schildert er ausführlich. Nachfolgend werden daher nur die markantesten Auszüge seiner Visionen vorgestellt:

»Der dritte große Krieg kommt, wenn drei Hochgestellte ermordet worden sind. Danach geht alles ganz schnell. Die Bayern sitzen noch beim Kartenspiel im Wirtshaus, da schauen schon die fremden Soldaten zum Fenster und den Türen rein … Dann regnet es gelben Staub auf einer Linie. Die ›Goldene Stadt‹ (Prag?) wird vernichtet, da fangt's dann an. Wie ein gelber Strich geht's dann hinauf bis zu der Stadt in der Bucht. Eine klare Nacht wird es sein, wenn sie anfangen zu werfen.

Die Panzer, die rollen noch, aber die, die drinnen sitzen, sind schon tot. Dort, wo es hinfällt, lebt nichts mehr. Kein Baum, kein Strauch, kein Vieh, kein Gras. Das Gras wird welk und schwarz, aber die Häuser stehen noch. Dann sehe ich einen weißen Strich, den ich nicht erklären kann. Wer drüber geht, der stirbt, und wer drüben ist, kommt nicht hinüber …

Dann kommt ein einzelnes Flugzeug von Osten und wirft einen Gegenstand ins Meer, bei England. Es gibt ein Erdbeben, und ganz England wird überflutet. Drei große Städte werden untergehen, die eine wird überflutet (London?), die zweite versinkt, die dritte fällt zusammen …

Finster wird es werden an einem Tag unter dem Krieg. Dann bricht ein Hagelschlag aus mit Blitz und Donner, und ein riesiges Erdbeben schüttelt die Erde. Dann geht nicht hinaus! Keine Lichter brennen, außer Kerzenlicht. Der Strom hört auf. Wer jetzt den Staub einschnauft, kriegt einen Krampf und stirbt! Laßt die Fenster zu und verhängt sie mit schwarzem Papier! Offenes Wasser und offene Speisen werden vergiftet, auch die Speisen in Gläsern halten es nicht ab. Draußen geht der Staubtod um, überall Leichen, aber nach 72 Stunden ist alles vorbei. Über Nacht sterben mehr Menschen als in den zwei Weltkriegen zusammen! Dann kommt der Papst nach Köln, und das erste große Tedeum wird gesungen. Er wird noch drei Könige krönen, den ungarischen, den österreichischen und den bayerischen. Der Bayer ist ein alter Mann mit schneeweißen Haaren und trägt eine Lederhos'n. Zuerst ist noch Hungersnot, aber dann kommen die Donau herauf so viele Lebensmittel, daß alle satt werden.

Inzwischen hat sich das Klima verändert. Es ist wärmer geworden, und in Bayern werden's Südfrüchte und Wein anbauen. Und jeder kann siedeln, wo er will ... Und die Würst' hängen über den Teller, so viel gibt's auf einmal wieder. Dann kommt eine lange glückliche Zeit, und wer's erlebt, der kann froh sein.« Soweit die Auszüge aus den Prophezeiungen des Alois Irlmaier, der die Ereignisse – nach eigener Aussage – wie einen Film ablaufen sah. Wie viele andere Propheten vor ihm sah er nach der Apokalypse eine herrliche Zeit anbrechen. Die Epoche einer neuen, sauberen Welt ohne Kriege und Elend, in der die Liebe der Menschen untereinander die Welt prägt und man die Greuel der Vergangenheit bald vergessen würde.

Die vorangehenden drei finsteren Tage, in denen »gelber Staub« auf die Erde fällt, tauchen auch in einer Prophezeiung auf, die die italienische Gräfin Franzisca Maria Beliante (von Savoyen) 25 Jahre vor dem bayerischen Seher machte:

»Ganz Europa wird in einen gelben Dunst gehüllt. Alle, die diesen Dunst einatmen, werden sterben. Die Häuser und die Kirchen werden niederbrennen, und das Vieh auf den Weiden wird an diesem Dunst zugrunde gehen.«

Trostreich ist, daß bei ihr auch die Häuser zerstört werden, während sie bei Alois Irlmaier unversehrt bleiben. Trostreich deshalb, weil so »kleine widersprüchliche Angaben« zeigen, daß sich auch Propheten irren können – hier zumindest einer von beiden.

»Gelbe giftige Schwaden« sah auch die »Seherin von Prag«, die um 1658 gelebt haben soll, aber in älteren Schriften nirgends erwähnt wird – zumindest nicht in jenen Büchern und Niederschriften, die mir zugänglich waren. 1951 tauchten die Prophezeiungen erstmals in Deutschland auf. Teile dieser Prophezeiungen sollen (laut Alexander Gann) aber bereits vor 1900 veröffentlicht worden sein.

Die Schilderungen der »Seherin von Prag« sind besonders drastisch und deutlich und werden daher immer wieder bevorzugt von vielen grenzwissenschaftlichen Autoren zitiert. In den meisten Veröffentlichungen wird jedoch geflissentlich der erste Satz (meinungsumbildend bis sinnentstellend) weggelassen, welcher meines Erachtens nach einen klaren Hinweis auf das Jahr 1955 gibt. Da die Voraussage erst seit 1951 »im Umlauf« ist, kann eine Fälschung nicht völlig ausgeschlossen werden. Vielleicht wollte sich irgend jemand 1951 mit einer selbstgestrickten Voraussage für 1955 interessant machen. Der Vollständigkeit wegen und weil sie zumindest seit dem Jahr 1951 existiert, soll auch diese »Prophezeiung« hier in ihren wesentlichen Teilen vorgestellt werden:

»Wieder hüllen dunkle Wolken die Erde ein, in dem Jahr, wo zwei Fünfen der Neunzehn gegenüberstehen. Am Tag der Heiligen Veronika (am 4. Februar) wird die Menschheit einen Schrei der Angst und des Schauers ausstoßen. Dann wird das Ende Prags nahen. Ein Nichts waren alle Leiden der vergangenen Zeiten gegen diese Schicksalsschläge ... Aus dem Osten wird ein Drache kommen, fürchterlich anzusehen, denn aus seinen neun mal neunundneunzig Augen werden tödliche Blitze schießen, und seinem weit geöffneten Maul entströmt giftiger Atem.

Prag, mein geliebtes Prag, du wirst ein grausames Ende finden! Ein Hauch durchrieselt deine Gassen, süß und warm. Erstaunt werden ihn die Menschen spüren, und mit schrecklich verzerrten Gesichtern legen sich Tausende zur Ruhe und frösteln trotz der Wärme. Es geht dem Ende zu. Zehn dumpfe Schläge der letzten Kirche dröhnen durch die Luft … gelbe Staubwolken und schwere giftige Schwaden nehmen Mensch und Tier den Atem … die Erde bebt, Mauern bersten, tiefe Klüfte öffnen sich und verschlingen Tote und Lebendige … Vom Vysehrad kommt ein Feuerball, Felsen fliegen durch die Luft, und überall ist ein Geschrei und Feuermeer. Das Leben ist erloschen. Ich sehe nur Trümmer und Leichen … Prag, dein Schicksal hat sich erfüllt!« Wie bereits gesagt, die Phrase über das Jahr, »wo zwei Fünfen der Neunzehn gegenüberstehen«, klingt erstens, als ob man sie bei Nostradamus oder anderen Propheten entliehen hätte, und zweitens, als ob hier jemand mit dem Vorschlaghammer auf 1955 hinweisen möchte. Die Sache ist, denke ich – wenn überhaupt –, nur mit Vorsicht zu bewerten.

Eine einfache Frau aus San Damiano de Piacenza in Italien, Mamma Rosa, behauptet, daß ihr in der Zeit von 1961 bis 1970 unzählige Male die Heilige Jungfrau Maria erschienen sei. Hunderte von Pilgern, die alljährlich den kleinen Ort besuchen, berichten, daß auch heute noch »Wunderzeichen« dort zu beobachten sind. Die Botschaften und Warnungen der Erscheinung von San Damiano gleichen jenen der Mädchen aus Fatima, La Salette, Garabandal und Lourdes. Auch hier klagt die Muttergottes über den Verfall der Kirche, der christlichen Ideale allgemein, und rügt die Menschen, die trotz ihres so häufigen Erscheinens nicht auf den Weg der Tugend zurückkehren würden. Nachfolgend eine Zusammenfassung aus drei verschiedenen Botschaften (1967), welche die Finsternis betreffen: »Von einem Augenblick zum anderen könnt ihr euch mitten in furchtbarer Heimsuchung finden. Wenn ihr große Stöße hören und eine große Finsternis sehen werdet, dann erhebt die Augen zum Himmel, breitet eure Arme aus und sagt das Salve Regina und das Credo ... Es werden zahlreiche Zeichen am Himmel erscheinen, Tag und Nacht, bevor die Heimsuchungen kommen werden. Es sind keine Zeichen der Erde, sondern Zeichen des Himmels ... Schaut zum Himmel, schaut oft hinauf! Dort ist ein hell leuchtender Stern mit einer langen Spur. Wenn ihr ihn seht, am Abend oder am Morgen, man wird ihn in vielen Gebieten sehen können, dann nehmt dies als Unglückszeichen.«

Das Ende dieses Abschnitts soll eine andere Marienerscheinung bilden, die am 19. September 1846 zwei Hirtenkinder, der elfjährige Maximin Giraud und die 15jährige Melanie Calvat auf einem 1800 m hohen Alpenplateau bei La Salette in Frankreich (nahe Grenoble) hatten. La Salette ist seit dieser Zeit ein vielbesuchter Wallfahrtsort, und um die Botschaft der Madonna, welche – wie jene spätere Offenbarung von Fatima oder das Debakel um Pater Pio in Italien – lange von der Kirche zurückgehalten oder abgelehnt wurde, ranken die geheimnisvollsten Geschichten.

Erst im Jahr 1880, also 34 Jahre nach der Marienerscheinung (!), veröffentlichte der Bischof Graf Zola, Melanies Beichtvater, einen Teil der Prophezeiung. Er tat es gegen den Willen des Vatikans, weil sich die unheimlichen Ereignisse um das Geheimnis von La Salette so häuften, daß der Bischof nicht mehr bereit war, hier noch an einen Zufall zu glauben. Vielleicht hatte er auch einfach nur Angst, das nächste Opfer in einer Kette von »merkwürdigen Zufällen« zu sein.

Es begann mit dem Bischof von Grenoble. Um zu verhindern, daß Melanie die Botschaft der Heiligen Jungfrau Maria weitergab, ließ er das Mädchen in ein englisches Kloster bringen, wo man sie bestens vor der Öffentlichkeit abschirmen konnte. Kurze Zeit später bekam der Bischof extremste Wahnvorstellungen und wurde schließlich in eine Irrenanstalt eingeliefert, wo er alsbald in geistiger Umnachtung verstarb.

Sein Nachfolger, Bischof Fava, der Melanie ebenfalls mit List und Tücke daran zu hindern suchte, ihre Botschaft der Welt kundzutun (die Marienerscheinung hatte das ausdrücklich gefordert), wurde eines Morgens tot auf dem Fußboden seines Schlafzimmers gefunden.

Den Bischof von Amiens (später von Bordeaux) ereilte ein ähnliches Schicksal. Nachdem er öffentlich bekanntgegeben hatte, daß das Geheimnis von La Salette wahrscheinlich nichts anderes sei als »ein Gewebe von Lüge, Übertreibung und Irreligiosität«, lebte auch er nicht mehr lange. Wie Fava fand man ihn morgens tot auf dem Boden liegend. Bei seinem feierlichen Begräbnis passierte ein weiteres »Mißgeschick«: Sein Sarg stürzte während des Trauergottesdienstes vom Katafalk und schlug krachend auf den Steinplatten auf.

1868 – 22 Jahre nach der Erscheinung – wollte es nun der Erzbischof von Paris genau wissen. Er lud den inzwischen 33jährigen Maximin zu einer Befragung vor, die damit endete, daß er dem jungen Mann auf den Kopf zusagte: »Die Rede dieser ›Schönen Frau‹ war dumm, ebenso wie auch ihre Botschaft dumm sein muß!« Maximin erwiderte darauf: »Die Heilige Jungfrau ist mir in La Salette erschienen! Und daß sie zu mir gesprochen hat, ist ebenso wahr wie die Tatsache, daß Sie in drei Jahren vom Gesindel erschossen werden!«

1871, drei Jahre später, wurde der Bischof dann tatsächlich ein Opfer der Pariser Kommune-Revolution.

Diese Verkettung von seltsamen Ereignissen kann natürlich zufällig und im Laufe der Jahre etwas »zurechtgebogen« worden sein, aber die Geschichte gehört zum Geheimnis von La Salette wie die angeblich im Vatikan verlorengegangene Urschrift der Botschaft selbst. Warum sich der Vatikan so lange gegen eine Veröffentlichung gesträubt hatte, wird klar, wenn man die im Jahr 1880 vom Beichtvater der Kinder veröffentlichte Botschaft liest.

Hier prangert die Muttergottes mit deutlichen Worten die Missetaten von Priestern und gottgeweihten Personen an, welche nur nach der Festigung ihrer Autorität trachteten, mit Überheblichkeit und Stolz regierten und nur darauf bedacht seien, ihre Reichtümer anzuhäufen. Sie prophezeite dann Kriege in England, Italien, Spanien und Frankreich sowie die kommenden französischen und spanischen Revolutionen, welche dann Jahrzehnte später tatsächlich diese Länder erschütterten. Danach gäbe es einen Krieg, der alle Nationen beträfe und der furchtbar werden würde (1914 bis 1918, Erster Weltkrieg)! Die ganze Natur würde vor Schrecken so erbeben, daß die Völker um Erbarmen flehen würden.

Christus würde dem Krieg schließlich Einhalt gebieten, und man würde wieder Frieden haben auf der Welt. Der Friede würde aber nicht lange dauern, und 25 Jahre reicher Ernte würden die Menschen vergessen lassen, daß ihre eigenen Sünden die Ursache allen Übels seien. Dann, nach diesen 25 friedlichen Jahren, würde der Vorläufer des Antichristen kommen und die Welt in ein neues Chaos stürzen (1914 + 25 Jahre = 1939; Adolf Hitler, Beginn des Zweiten Weltkrieges!).

Über das »Ende des Schreckens« heißt es dann:

»Die Jahreszeiten werden sich ändern, und die Erde wird nur schlechte Früchte hervorbringen. Die Sterne werden schließlich ihre Bahn verlassen, und das Innere der Erde wird in krampfhaftes Zucken geraten. Dämonen werden mit dem Antichrist große Scheinwunder erwirken, auf der Erde und in der Luft, und man wird auch Stimmen in der Luft hören. Fürchterlicher Regen wird kommen und Hagelwetter eintreten. Der Blitz wird ganze Städte niederbrennen, und das ganze Weltall wird von großem Schrecken ergriffen werden, bis sich schließlich die Sonne verfinstert und nur der Glaube allein Licht spenden wird. Die Menschen werden ihre Köpfe gegen die Wand schlagen und nach dem Tod rufen, aber der Tod wird ihnen weitere Qualen bereiten. Rom wird des Glaubens verlustig und zum Sitz des Antichrist werden. Doch das heidnische Rom wird verschwinden und durch vom Himmel fallendes Feuer verzehrt werden. Es öffnet sich der Abgrund – seht das Tier mit seinen Untergebenen, das sich ›der Erlöser der Welt‹ nennt! Stolz erhebt es sich in die Lüfte, um zum Himmel aufzusteigen. Doch es wird erstickt werden, durch den Rauch des Erzengels Michael, und wieder hinabfallen. Und die Erde, die sich drei Tage in ständiger Umwälzung befindet, öffnet nun ihren feurigen Schlund und verschlingt das Tier.

Wasser und Feuer wird hernach die Erde reinigen und alle Werke des menschlichen Hochmuts vertilgen, und alles wird erneuert werden.«

Soweit die Botschaft der Jungfrau Maria von La Salette, welche seit nun mehr 119 Jahren dokumentiert ist. Die Erscheinungen von La Salette, Lourdes, Fatima und Garabandal – aus den einst kleinen Örtchen sind weltbekannte Wallfahrtsorte geworden – verbindet eine Kernaussage: Wenn die Menschen nicht einsichtig werden und endlich zu einer Moral finden, die den urchristlichen Vorstellungen von Liebe, Güte, Glauben und Nächstenliebe entspricht, wird der Himmel ein verheerendes Strafgericht senden, um auszutilgen, was faul und madig ist.

Nun zu hoffen, daß die paar guten Äpfelchen, die sicher jede Generation hervorbringt, unversehrt bleiben werden, wird sicher nur eine kleine Hoffnung bleiben. Die Botschaften sprechen da eine deutliche Sprache.

Der Baum des Lebens, der Jahr für Jahr in zunehmendem Maße überwiegend nur faule Äpfel produziert, ist krank. Von den Wurzeln bis hinauf in sein Blattwerk. Jeder Gärtner würde nach dem x-ten erfolglosen Heilungsversuch in diesem Fall vermutlich das gleiche tun:

Den Baum fällen und einen neuen pflanzen!

Die Substanz der Ereignisse

Nach dem Lesen der vorangegangenen Voraussagen könnte man nun auf den trügerischen Schluß kommen, daß das hundertfach angekündigte »himmlische Strafgericht« über die Menschheit gar nicht erforderlich sei, weil diese ohnehin gerade dabei ist, sich selbst umzubringen. Der Selbstmord unserer Gattung sei quasi vorprogrammiert und damit nur noch eine Frage der Zeit.

Und genau hier muß man ansetzen, um zu begreifen, daß das, was da kommen soll – wenn es denn kommen soll –, im »himmlischen Verständnis« notwendig wird, weil der Mensch, ließe man ihm noch dieses bißchen Zeit, nicht nur sich selbst, sondern vermutlich das gesamte komplexe Wesen der irdischen Natur zerstören würde. Vom himmlischen Standpunkt aus – und da soll ja der Ursprung aller Prophetien liegen – ist es also allerhöchste Zeit, der Menschheit einen so gewaltigen Denkzettel (die Strafe Gottes) zu verpassen, daß sie sich – nachdem sie nicht aufhört, ihre Lebensgrundlagen zu vernichten – an die Ursprünge ihrer Evolution versetzt wiederfindet.

Realistisch betrachtet bedeutet das: Ein kleines Häuflein von Übriggebliebenen – gesunde Burschen und kräftige Mädchen, die auch das Siechtum der Nach- und Spätfolgen unbeschadet überstanden – beginnt sich neu auf einer ziemlich menschenleeren Erde, wo das

Unterste nach oben gestülpt wurde, durchzuwursteln. Das riecht nach Ackerbau und Viehzucht, Entbehrungen und Mißernten und nach einer 14-Tages-Reise, um von Köln nach Koblenz zu gelangen, wo man versuchen will, auf dem Markt seine zwei gefangenen Fische gegen fünf Tomaten zu tauschen.

So betrachtet – und das muß man wohl, wenn eintritt, was die Propheten einhellig voraussagen –, gehört der Autor dieses Buches, falls er das Chaos unbeschadet überlebt, sicherlich zur frühen Welle der unzähligen suizidgefährdeten Menschen des ersten Jahres nach der neuen Zeitrechnung. Ich weiß nicht, ob es mir (oder meinen Lesern) gefallen würde, in Lumpen gehüllt und in den abgelatschten Schuhen meines toten Nachbarn über matschige oder staubige Wege zu schlurfen, weil das Gerücht umgeht, in Dortmund gäbe es noch einen verschütteten ALDI-Laden mit unversehrten Dosengerichten …

Die Lebenden werden die Toten beneiden, heißt es, und es gehört sicherlich nicht viel Phantasie dazu, sich auszumalen, wie die Welt *nach* einem solchen Endgericht aussehen wird. Das angekündigte Strafgericht selbst wurde ja durch zahlreiche niedergeschriebene Prophezeiungen und Visionen in den vorausgegangenen beiden Kapiteln vorgestellt. Das aber, was danach kommt, kann eigentlich nur der eigenen Phantasie eines jeden einzelnen überlassen bleiben. Auch hier gibt es klare Voraussagen, aber selbst eine lückenlose Dokumentation, die ausschließlich nur die Endzeit-Prophezeiungen aus den vergangenen 50 oder 100 Jahren vorstellt, würde den Rahmen eines normalen Buches sprengen.

In seinem Buch »Prophezeiungen zur Zukunft Europas« (G. Reichel Verlag, 1997) hat der Autor Stephan Berndt rund 250 prophetische Quellen analysiert und die ihm vorliegenden Voraussagen mittels eigener

Computerprogramme in einer beispielhaft unermüdlichen Fleißarbeit auf Übereinstimmungen hin geprüft. Die Ergebnisse sind beeindruckend:

In den insgesamt 100 Prophezeiungen aus unserem Jahrhundert sowie weiteren 150 aus vorangegangenen Jahrhunderten künden nahezu alle Seher einen »Großen Krieg«, »Dritten Weltkrieg« und so weiter an, wobei Stephan Berndt herausfilterte, daß in 37 Prozent aller Voraussagen zwar der Krieg, jedoch nicht der Ursprung bzw. der Aggressor benannt wird. 39,2 Prozent sehen den Angreifer hingegen »aus dem Osten« oder direkt aus Rußland kommen. Danach folgen mit 10,3 Prozent die Armeen aus der islamisch-arabischen Welt und schließlich – weit abgeschlagen im hinteren Feld – die Chinesen, der Antichrist und die Deutschen selbst.

Ein großer schrecklicher Krieg, der das Weltende einleitet, ist also in nahezu allen 250 von Stephan Berndt ausgewerteten Prophezeiungen vertreten. Das ist ein überraschendes Ergebnis, das einem beim bloßen Lesen der unterschiedlichen Quellen kaum auffällt. Eine andere beeindruckende Zahl: Etwas mehr als 50 (!) Voraussagen aus völlig unterschiedlichen Quellen und Zeiten enthalten, neben den Schilderungen dieses letzten »Großen Krieges«, weitere Hinweise über die dreitägige Finsternis (44), auf verheerende Erdbeben (21), giftige Wolken (20), einen Himmelskörper, der auf die Erde zurast, sich verändernde Gestirne oder die Störungen der Gravitation (15) o. ä. Phänomene.

Kein Wunder also, wenn der Autor angesichts solch massiver Übereinstimmungen felsenfest davon überzeugt ist, daß dieser von den Propheten angekündigte Schreckenskrieg nun unmittelbar vor der Tür steht.

Ich denke, daß die vorangegangenen Auszüge der wichtigsten Prophezeiungen weltbekannter Marienerscheinungen und Propheten aus unserer Vergangenheit eine gute bildhafte Perspektive ihrer vorausgesagten

Ereignisse widerspiegeln, so daß wir nun zu den neuzeitlichen, teilweise bis heute noch nicht veröffentlichten Prophezeiungen der Hellseher aus unserer Gegenwart übergehen können.

Diese Prophezeiungen beziehen sich ausschließlich auf die letzten Jahre des 20. Jahrhunderts. Spätestens am 31. Dezember 2000, wenn in der Silvesternacht die Glocken aller Kirchen hoffentlich das neue Jahr 2001 einläuten, werden wir – was das Thema Prophezeiungen angeht – erheblich klüger sein als heute.

Und sollten sie recht behalten, jene Männlein und Weiblein, die uns das Ende so anschaulich prophezeiten, was wir aber einfach nicht wahrhaben wollten, dann schenken Sie der müden Gestalt, die Ihnen da mit den ausgelatschten Schuhen seines verstorbenen Nachbarn auf der Landstraße nach Dortmund entgegenschlurft, doch mal ein kleines Lächeln.

Ich werde versuchen, zurückzulächeln …

3 Komet und Eiszeit

Das letzte Inferno

Es wurde schon einige Male erwähnt: Die alten Propheten und jene aus unserer Gegenwart kündigen die Kollision eines riesigen Kometen oder Asteroiden mit der Erde kurz vor dem Jahrtausendwechsel an. Karin Nagel, eine Heilpraktikerin aus Moers und die wohl bekannteste deutsche Hellseherin unserer Zeit, berichtet in ihren – von Jesus inspirierten – Botschaften sogar von *drei* gewaltigen Einschlägen!

Daß die Erde irgendwann mit einem derartigen Schicksalsschlag zu rechnen hat, schließen inzwischen auch Wissenschaftler nicht mehr aus – an ihrer Spitze Prof. Immanuel Velikovsky, der Astronom Dr. Duncan Steel (England), Watscheslaw Ernel-Janenko (Rußland) oder die Kometen-Forscher Hale und Bopp, der irische Astronom Prof. Mark Bailey und zahlreiche Astronomen und Wissenschaftler der NASA. Allerdings ist man sich darin einig, daß nur ein immenser und gewaltiger Koloß es fertigbrächte, durch den Schutzmantel der Erde bis zur Oberfläche unseres Heimatplaneten vorzudringen. Das klingt zwar irgendwie einschränkend, jedoch nicht besonders trostvoll. Denn gerade ein so dicker Brocken wäre es ja, der die Ordnung im Gleichgewicht der physikalischen Kräfte gewaltig durcheinanderwirbeln würde. Neueste Sternkarten dokumentieren, daß etwa 100 Milliarden Kometen allein in der Oortschen Wolke am Rande unseres Sonnensystems herumschwirren.

Die größte Gefahr lauert jedoch viel näher, nämlich

zwischen unserem nächsten Weltraumnachbarn Mars und dem Planeten Jupiter. Hier kreisen in einem mächtigen Asteroidengürtel unzählbar viele gigantische Asteroiden und Meteoriten mit Durchmessern bis zu 1000 Kilometern! Ein derartiger Koloß könnte – sollte er aus seiner Bahn ausbrechen – vom Kraftfeld der Sonne angezogen werden und auf dem Weg dorthin gegen die Erde prallen, womit der Untergang der Menschheit nicht mehr zu verhindern wäre.

Mehr als 130 riesige Einschlagkrater, von kosmischen Giganten hervorgerufen, kann man heute auf der Erde nachweisen. Einige davon, so die Kometenforscher, haben vor Millionen von Jahren vermutlich alles Leben auf der Erde vernichtet und uns immer wieder wie aus heiterem Himmel unbeschreibliche Katastrophen beschert. Die Eiszeit und das Sterben der Dinosaurier sind vermutlich auf die Einschläge derartiger Riesen-Asteroiden zurückzuführen. Einschlagkrater mit Durchmessern von mehr als 200 Kilometern (!), darunter auch das Nördlinger Ries in Schwaben, lassen ahnen, warum die Menschheit in ihrer Entwicklungsgeschichte immer wieder um Hunderttausende von Jahren zurückgeworfen wurde: Der *Homo sapiens* wurde schlagartig, praktisch von einer Stunde zur anderen, auf einige wenige Exemplare reduziert.

Im Sommer 1997 machten nun die Astronomen Ernel-Janenko und Prof. Bailey auf einen neuen Kometenhaufen aufmerksam, der »mit Kollisionskurs Erde« auf unser Sonnensystem zurast – etwa 50 schwarze Stein- oder Eisenbrocken mit Durchmessern bis zu 9,5 Kilometern! Würde nur einer dieser Mega-Brocken auf die Erde donnern, dann wäre das etwa so, als würde plötzlich ein Felsmassiv vom Himmel stürzen, das neunmal so groß ist wie die Insel Helgoland.

Zwei ebenso gewaltige Kolosse entdeckten NASA-

Astronomen im April 1997. Die beiden Asteroiden befinden sich ebenfalls auf Kollisionskurs zur Erde, wobei der erste für Mai 2000 erwartet wird. Über eine weitere bedrohliche Entdeckung berichtete im April 1997 der NASA-Wissenschaftler William Purcell in Washington:

In unserer Galaxis, der Milchstraße, treibe eine 4000 Lichtjahre breite (!) Wolke aus Antimaterie ihr Unwesen. Antimaterie sind Teilchen mit ähnlichen Eigenschaften wie die der Materie, aber mit umgekehrter elektrischer Entladung. Überall, wo die unterschiedlich geladenen Teilchen aufeinandertreffen – also Antimaterie auf Materie stößt –, vernichten sie sich und verwandeln ihre Masse in Energie. Praktisch kann diese Wolke ganze Sonnensysteme in einem Sekundenbruchteil verschlingen.

Die gigantische Wolke entdeckten Astronomen bei Energiemessungen im Weltraum mit einem Gammastrahlen-Observatorium der NASA. Diese »Antimaterienwolke« sei zwar vorhanden, sagte William Purcell, ihr Ursprung sei jedoch mysteriös.

Vom größten Teil der Wissenschaftler wird unsere Furcht vor den Himmelsgiganten zwar immer noch gerne als eine Art von unbegründeter »menschlicher Ur-Angst« abgetan, doch die Vergangenheit hat gezeigt, daß die steinernen Ausreißer nicht immer harmlos sind.

Wenn wir Kometen oder Feuerkugeln am Himmel beobachten, vergessen wir oft, daß unsere Erde praktisch nur ein winziges Staubkörnchen in einem dahinrasenden Billionen-Planeten-System ist und wir mit etwa vier Meilen pro Sekunde mit Milliarden anderer »Staubpartikelchen« (ganzen Galaxien und Sonnensystemen) in einer atemberaubenden Geschwindigkeit durch die Weiten des Alls jagen. Bildlich läßt sich das mit einem mächtigen Hurrikan vergleichen, um dessen

»Auge« Milliarden von Teilchen wirbeln, während das gesamte Gebilde, von einer scheinbar dynamischen Eigenkraft getrieben, über die Erde fegt, bis es sich immer mehr abnutzt, an Kraft verliert, sich irgendwann »ausgetobt« hat und sich schließlich in Nichts auflöst. Der Hurrikan ist eine Bilderbuch-Galaxis im kleinen. Ein Mikrokosmos als Spiegelbild des großen Bruders, der durch das Universum tobt ...

Auf dieser ewigen und recht rasanten Reise der Planeten durch die Unendlichkeit kommt es hier und da auch zu Begegnungen und verheerenden Kollisionen mit anderen Himmelstrabanten. Seit jeher löste das Auftauchen solch fremder Himmelskörper Angst und Schrecken unter den Menschen aus. Wie die Geschichte zeigt, nicht immer ohne Grund. So wurde es in der Nacht vom 13. auf 14. November 1866 in Berlin so hell, daß man »draußen die Zeitung lesen konnte«. Etwa 20 Meteore sausten *pro Sekunde* gegen zwei Uhr vom Himmel herab. In Schweden, wo das gleiche Phänomen gegen drei Uhr zu beobachten war, starb eine Bäuerin vor Schreck.

Am 10. April 1812 erschien über Perigueux (Frankreich) eine gigantische Feuerkugel, die nach einer Weile mit erdbebenähnlichen Erschütterungen und einem enormen Knall zerplatzte. Tausende von Gesteinsbrokken sausten herab, durchschlugen Dächer und verletzten und töteten Haustiere. Von einem ähnlichen Ereignis bei Crema (Italien) berichtete schon Cradanus (4. September 1511): Etwa 1200 Steine prasselten damals unter donnerndem Getöse nach dem Zerbersten eines feurigen Meteors auf die Erde. Einer der eisenschwarzen Steine wog 60 Kilogramm, ein anderer, etwas leichterer, erschlug den Dorfpfarrer zu Crema.

Gleich dreimal so viele Brocken fielen – ebenfalls nach einer lauten Detonation – am 26. April 1803 bei l'Aigle (Normandie) am späten Mittag vom Himmel.

Etwa 3000 Steine fand man später, teilweise glühendheiß und nach Schwefel riechend, in den umliegenden Feldern und Ortschaften. Nach einem Steinregen in Juvenas (15. Juli 1821) fanden Kinder einen tief in die Erde eingeschlagenen Brocken, der 110 Kilogramm wog. »Es war ein Geräusch, als wären 500 Teufel in der Luft«, berichtete ein Augenzeuge, Claude Baisse, später. »Niemals werde ich dieses entsetzliche Getöse vergessen.«

So fielen auch 20 Kilogramm schwere eisenhaltige Steine im Juli 1847 in Braunau zur Erde, und am 25. Dezember 1869 gar ein 2,5 Tonnen schwerer Koloß in Murzuk (Türkei). Den größten Überrest eines explodierten Meteors fand man 1870 auf der Insel Disko (bei Grönland). Er wog sage und schreibe 25 Tonnen und konnte später im schwedischen Reichsmuseum bewundert werden. Der bisher dickste Brocken, der in der neueren Geschichtsschreibung »an einem Stück« vom Himmel herabsauste, befindet sich in Namibia. Er wiegt 66 Tonnen.

Wenn derartige Meteor-Niederschläge auch örtlich begrenzte Dramen unter Mensch und Tier auslösen können – eine unmittelbare Gefahr für den Planeten Erde bilden nach Meinung vieler Wissenschaftler aber selbst größere Meteore nicht. Katastrophen von unbeschreiblichem Ausmaß könnten nur Himmelskörper von der Größe mittlerer Kometen oder Asteroide (ab zehn oder mehreren 100 Kilometer Durchmesser) auslösen. Dies jedoch sieht der NASA-Astronom David Morrison völlig anders. Anhand einer Computer-Simulation zeichnet er ein verheerendes Untergangsbild für den Fall, daß ein »Kometen-Winzling« von nur eineinhalb Kilometer Durchmesser auf der Erde einschlüge:

»Der Einschlagkrater hätte einen Durchmesser von 16 Kilometern. Gewaltige Staubmassen würden sich wie ein Leichentuch über die Erde legen und über Monate, wenn nicht über Jahre hinweg eine weltweite Finsternis hervorrufen. Das lebensnotwendige Licht der Sonne würde nicht mehr bis zur Erde durchdringen, und unser Planet würde in einer Art von nuklearem Winterschlaf erstarren. Die Temperatur fiele dramatisch ab, die Agrarwirtschaft bräche völlig zusammen, und in der Folge würden Hunger und Epidemien die Weltbevölkerung dezimieren. Der größte Teil der Menschen würde vermutlich sterben.«

Andere Astronomen und Kometenforscher sehen es gar noch drastischer. Sie vermuten, daß bereits »Kleinst-Meteore« mit einem Durchmesser von 50 bis 100 Metern genügen würden, um ganze Großstädte wie New York, London oder Berlin in Staub und Asche zu legen.

»Durchschnittlich wird die Erde alle 300 Jahre von einem Meteoriten dieser Größenordnung heimgesucht«, behauptet der britische Astrophysiker Paul Davies. »Da man mit bloßen Durchschnittswerten aber keinen Terminkalender aufstellen kann, werden wir einfach weiter dasitzen und abwarten müssen, wann und wo es das nächste Mal passiert.«

Das mögliche Szenarium

Irgend etwas ist plötzlich anders. Es riecht anders, ein merkwürdiges, helles Zirpen erfüllt die Luft, und urplötzlich bricht eine Dämmerung herein, die in nichts einem üblichen Sonnenuntergang ähnelt. Dafür wäre es ohnehin viel zu früh.

Die Menschen bleiben ratlos auf den Straßen stehen, ein paar starren zum Himmel hinauf, deuten entsetzt nach oben. Einige beginnen hysterisch zu schreien, dann sehen es alle:

Eine dunkle, bedrohlich finstere Masse von nach unten gesenkten Bergen, Felsbrocken, Kratern und Tälern hat sich vor die Sonne geschoben. Es ist, als stürzten – das lodernde Inferno eines gelborange glühenden Flammenschweifs und ein Meer von Millionen explodierenden Lavabrocken, Abertausenden Funken und Feuerwerkskörpern hinter sich herziehend – die Alpen vom Himmel auf die Erde herab. Die Menschen erstarren vor Furcht.

Es geht alles rasend schnell, und doch scheint alles irgendwie in Zeitlupe abzulaufen. Es wird zunehmend dunkler, und der auf die Erde zurasende Asteroid scheint innerhalb von zwei, drei Minuten auf die doppelte Größe anzuwachsen. Das helle Flirren geht allmählich über in ein in den Ohren schmerzendes Sausen, bis plötzlich eine ohrenbetäubende Detonation ertönt. Im gleichen Augenblick bricht der auf die Menschen herabstürzende Koloß auseinander und teilt sich in zwei riesige, feuersprühende Bergmassive, die nun in rasender Geschwindigkeit und sich voneinander fortbewegend weiter auf die Erde zufallen.

Der Luftdruck verändert sich. Und obwohl die beiden Kolosse noch viele Kilometer weit entfernt sind, erreicht die Menschen auf den Straßen nun der erste eisigkalte Windhauch, den die breite Front der herabstürzenden Felsmassen aus der Atmosphäre vor sich herschieben. 30 Sekunden später ist der Wind zu einem brüllenden, frostigen Orkan angeschwollen, der die meisten entsetzten Menschen, die immer noch fassungslos dastehen und dem näher preschenden Chaos entgegenstarren, von den Beinen fegt.

Das Inferno beginnt. Kinder, Frauen, Männer, Tiere, Autos, Mülltonnen, entwurzelte Bäume wirbeln durch die Luft, während das Brüllen des Orkans übermächtig wird. Die Luft ist etwa eine Minute lang wie erstarrtes Eis, dann beginnt sie sich ebenso rasch zu erhitzen, bis sie zu kochen scheint. Der näher kommende Feuersturm bringt einen bestialischen Gestank mit sich, den aber niemand mehr riechen kann. Die sengende Hitze verätzt die Schleimhäute jener, die sich noch irgendwo festklammern können, macht das Atmen immer unmöglicher. Wer noch zum Himmel hinaufblicken kann, der sich nun vollkommen durch die Nähe der heranrasenden Kolosse verfinstert hat, kann schemenhaft die gigantischen Bergmassive ausmachen, die sich gegen den roten Feuerschweif abzeichnen, der sich irgendwo hinter einem der Asteroiden im All zu verlieren scheint.

Zwei, drei Kilometer noch ist der heranrasende Gigant entfernt. Gleich, in wenigen Sekunden, wird er mit einer unbeschreiblichen Explosion und der Wucht einer göttlichen Faust über die Stadt hereinbrechen. Die meisten in dieser Region werden diesen Augenblick aber nicht mehr erleben …

Von Kometen, Meteoren und Asteroiden

Unter dem Begriff »Meteor« verstand man bis Ende des vergangenen Jahrhunderts alle festen Körper, die vom Himmel fielen. Heute bezeichnet man als Meteore nur noch die mit Lichtausstrahlung verbundenen Erscheinungen, die durch das Eindringen kosmischer Kleinkörper in die irdische Atmosphäre erzeugt werden.

Meteore, Sternschnuppen und Meteoriten entstehen aus dem staubigen Geröll sterbender oder platzender Kometen. Kleinere, lichtschwache Meteore werden als Sternschnuppen, lichtintensive, größere Meteore als Feuerkugeln bezeichnet. Meteoriten hingegen sind jene Himmelskörper, die die Meteore sichtbar werden lassen, z. B. unverdampfte Reste von geborstenen Feuerkugeln, welche zur Erdoberfläche gelangen.

Kometen sind größere Himmelskörper, oft gigantische, ausgefranste Eiskugeln, sogenannte »schmutzige Schneebälle« mit einer mehr oder weniger stabilen eigenen Umlaufbahn im Kosmos. Man schätzt, daß etwa eine Milliarde Kometen allein unsere Sonne umkreisen und einige von ihnen auf ihren oft langen und veränderbaren Bahnen die Umlaufbahn der Erde kreuzen. Etwa 50mal – so berechneten Wissenschaftler – könnte in der Vergangenheit der Zusammenstoß eines Kometenkopfes mit der Erde erfolgt sein. Der Durchmesser eines solchen Kometenkerns kann zehn bis 1000 Kilometer betragen. Der Zusammenhang zwischen Kometen und Meteorfällen (Kleinkörper aus dem Zerfall des Kometenkerns) ist inzwischen zweifelsfrei erwiesen.

Asteroiden bilden die größte Gefahr. Sie sind meist wesentlich größer als Meteore oder Kometenköpfe. Asteroiden bestehen aus Stein und Metall und sind praktisch kleine Planeten oder Monde, die sich (jene aus unserem Sonnensystem) im Asteroidengürtel zwischen Mars und Jupiter herumtreiben und aus den verschiedensten Gründen aus ihrer Bahn ausscheren können.

Ein solcher Ausreißer war zum Beispiel »Hermes«. Ein Asteroid, der in einem Abstand von nur 800 000 Kilometern (also astronomisch gesehen »um Haaresbreite«) im November 1937 an der Erde vorbeisauste. Hermes war trotz der Gefahr, die er damals für die Erde darstellte, mit einem Durchmesser von ca. einem halben Kilometer nur ein Asteroiden-Winzling.

Die gleichen Ausmaße hatte ein Gesteinsbrocken, der im Sommer 1996 mit einer Geschwindigkeit von 90 000 Stundenkilometern nur um wenige 10 000 Kilometer am Mond vorbeiraste. Der Asteroid mit dem schmucklosen Katalognamen »1996JA1« wurde mehr oder weniger zufällig erst vier Tage vorher von einem Astronomen der Universität von Arizona entdeckt.

»Hätte sich der Asteroid nur um wenige Stunden verspätet«, sagte sein Entdecker Eugene Shoemaker,

»dann wäre es unwillkürlich zum Crash gekommen. Und das wäre dann so gewesen, als hätte jemand alle amerikanischen und russischen Atomraketen auf einen Haufen gepackt und gezündet.«

Man hat ausgerechnet, daß durchschnittlich etwa alle 1000 Jahre mit einem der schweren Asteroidentreffer auf der Erde zu rechnen ist. Dazu muß jedoch auch gesagt werden, daß der Kosmos absolut keine Veranlassung hat, sich an statistische Durchschnittswerte zu halten. Es könnte also durchaus sein, daß im Jahr 2000 gleich drei Asteroide die Erde heimsuchen und wir danach wieder 20 000 Jahre lang Ruhe vor diesen Schrekkenstrabanten haben.

Normalerweise schirmt uns das Magnetfeld der Erde vor derartigen Einbrüchen ab. Doch dieses Magnetfeld unterliegt einem auf- bzw. abbauenden Zyklus. Amerikanische Wissenschaftler haben errechnet, daß wir uns derzeit in einer Abbauphase des Magnetfeldes befinden und wahrscheinlich im Jahr 4000 bei Null angelangt sein werden. Zu diesem Zeitpunkt wäre die Erde dann etwa 500 Jahre völlig schutzlos allen möglichen Himmelskörpern ausgeliefert, und die Polarität der Erde würde sich dann allmählich umkehren. Für das Aussterben der Dinosaurier vor 70 Millionen Jahren könnte, so meinen einige Wissenschaftler, ein solcher Nullpunkt verantwortlich gewesen sein.

Wenn man nun beachtet, daß dieser Zyklus eine Dauer von rund 150 000 Jahren hat, kann man sich unschwer ausrechnen, daß wir – wenn das Jahr 4000 den Nullpunkt bildet – bereits jetzt in einer Epoche leben, die ein äußerst schwaches Magnetfeld aufzuweisen hat. Unser Schutzschild ist praktisch nur ein dünnes Häutchen, und in den kommenden 2000 Jahren (bis Null) und den darauffolgenden 2000 Jahren (bis zu dem Punkt, an dem wir dann mit umgedrehter Polarität etwa stehen, wo wir heute sind) wird es vermutlich immer häufiger zu unliebsamen Überraschungsbesuchen aus dem All kommen.

Denkbar wäre auch, daß ein mächtiger Asteroid gar nicht den Schutzmantel der Erde durchbricht, sondern mit unserem völlig ungeschützten Mond kollidiert und diesen um einige Kilometer aus der Bahn stößt. Die Folgen wären ebenso katastrophal. Die Gravitationskräfte würden sich mit einem Schlag ändern, und nichts wäre mehr so, wie wir es aus der Zeit vor dem Zusammenprall kannten. Ebbe und Flut gerieten aus ihrem mäßigen Gezeitenlauf, und die erste auf der Erde hereinbrechende Katastrophe wäre vermutlich ein »Zusammenschwappen der Gezeiten«, was eine Flutwelle auslösen könnte, die wir uns in Höhe, Breite und Mächtigkeit nicht einmal in den kühnsten Träumen ausmalen können.

Sich also vorzustellen, daß bei einer plötzlichen Stokkung oder Aufhebung der Gravitation lediglich das *face-lifting* für ältere gutbetuchte Damen unnötig wird, wäre ein glatter Trugschluß. Auf der Erde ginge es im wahrsten Sinne des Wortes drunter und drüber. Und was gar passieren könnte, wenn der Mond bei dem Zusammenprall mit einem Asteroiden einen solchen Stoß erhielte, daß er ins All hinaustrudelte oder – noch schlimmer – sich bedrohlich der Erde näherte, ist mit unserer Phantasie kaum noch nachzuvollziehen.

Denkbar ist hingegen, daß die einst unruhige Asteroidenzeit unseres Mondes vor Jahrmillionen ihr jähes Ende durch das starke Magnetfeld der Erde fand. Er »pendelte« sich schließlich auf eine Umlaufbahn ein und wurde so zu unserem Dauertrabanten. Nun jedoch, wo sich die Erde allmählich wieder dem schwächsten Punkt ihres Schutzschildes zu nähern beginnt, könnte ein Stoß in Richtung Erde die katastrophalsten Folgen haben: unvorstellbare Zerstörungen mit Milliarden Toten und verheerenden klimatischen Veränderungen, die in letzter Konsequenz mit einer tödlichen Eiszeit enden müßten.

Dies sind – natürlich – alles nur Hypothesen, die man auch nur unter der Voraussetzung aufstellen kann, daß die von den Hellsehern prophezeiten Dramen tatsächlich eintreffen werden. Hier ein weiteres mögliches Katastrophen-Szenarium zu zeichnen, will ich Ihnen und mir ersparen. Die Wahrheit würde vermutlich entsetzlicher sein, die Folgen um vieles schrecklicher, als man es sich je ausmalen könnte.

Der Blick in die unmittelbare Zukunft

Aus den vergangenen Jahrhunderten liegen uns eine Fülle von Prophezeiungen vor, die sich mehr oder weniger deutlich wohl auf das Ende der Menschheit beziehen, sich aber – bis auf drei dünne Ausnahmen – nicht auf eine bestimmte Jahresangabe festlegen. Die seltenen Ausnahmen, in denen das Jahr 1999 oder 2000 unmißverständlich erwähnt wird, werden nachfolgend jeweils den Prophezeiungen der »zeitgenössischen Seher« vorangestellt.

Bei etwa knapp 50 unterschiedlichen alten Quellen kann man ziemlich eindeutig auf das Ende dieses Jahrtausends schließen. Dazu zählen auch die Marienerscheinungen mit ihrer Auflistung von vorausgesagten Ereignissen ab dem Zeitpunkt der Erscheinungen (z. B. Erster Weltkrieg, 25 Jahre Friede, dann ein noch schrecklicherer Krieg, schließlich das Strafgericht Gottes, das bis heute noch nicht eingetroffen ist und so weiter). Bei etwa 200 anderen Quellen kann man eigentlich nur noch unter Vorbehalt Schlüsse aufgrund von Parallelen zu ähnlichen Prophezeiungen oder, weil die Voraussagen noch nicht eingetroffen sind, auf unsere Zeit ziehen.

Nüchtern betrachtet ist dies also eine magere Ausbeute, die nur Hypothesen und Spekulationen zuläßt.

Nach dem Sichten dieses umfangreich vorliegenden Materials, das von seinen geheimnisvoll angedeuteten Weltuntergangsszenarien zu leben scheint, bot es sich förmlich an, am Ende aller Zeiten, wo sich laut Bibel »die Propheten mehren werden«, eben jene neuen, modernen Propheten aus unserer Zeit zu befragen, was denn nun in den kommenden Jahren auf die Menschheit zukäme und ob überhaupt Außergewöhnliches passieren würde.

Dabei war es nicht immer leicht, die Spreu vom Weizen zu trennen. Wer könnte sich schon anmaßen, ein vorschnelles Urteil über jene zu fällen, die behaupten, mit Christus, der Heiligen Jungfrau Maria oder der UFO-Besatzung einer galaktischen Flotte im geistigen Kontakt zu stehen? Da mußten wohl oder übel auch ein paar Entscheidungen »aus dem Bauch heraus« getroffen werden, mögen sie nun richtig gewesen sein oder nicht.

Wenn nun in den nachfolgenden Voraussagen und Zukunftsbildern der eine oder andere bekannte Hellseher-Name fehlen sollte, heißt dies allerdings nicht, daß Ray Nolan ihn für einen überspannten Geist oder ähnliches hält. Meist liegen trivialere Gründe vor.

An viele Adressen war einfach nicht heranzukommen, andere Hellseher verweigerten ohne Angabe von Gründen ihre Mitarbeit, oder sie waren an einer Zusammenarbeit nicht interessiert. Bei einigen endete der Kontakt bereits nach der telefonischen Bandansage, man möge ein Foto mit einer bestimmten Geldsumme an die nachfolgende Adresse senden; der Meister würde sich dann selbst mit einem in Verbindung setzen. Andere Hellseher, wie beispielsweise die in England lebende Hellseherin Doris Forster, die urplötzlich an einer Lungenentzündung erkrankte, sagten ihre Mitarbeit an diesem Buch zwar zu, waren dann aber aufgrund der widrigen Umstände doch nicht in der Lage, mir ihre Voraussagen zukommen zu lassen. Bei anderen Hellsehern, wie Hans Peter Paulussen aus Münster (er sieht sich als das Tieftrance-Sprachrohr des vor mehr als 400 Jahren verstorbenen Propheten Michel Nostradamus), kann man nur hoffen, daß ihre Voraussagen zuverlässiger sind als ihre telefonisch gemachten Zusagen. Paulussen versprach mir zweimal seine (angeblich von Nostradamus diktierten) Prophezeiungen, aber auf seinen zig-mal erbetenen Rückruf, wo denn seine Prophezeiungen für 1999 blieben, warte ich noch heute.

Und zu guter Letzt: Es gibt sicherlich auf der gesamten Welt noch viele prophetisch Begabte, von denen ich bisher noch nie gehört habe und bei denen ich folglich auch gar nicht anfragen konnte. Es stellt also absolut kein Werturteil dar, in diesem Buch vertreten oder nicht vertreten zu sein.

Am Ende blieb eine kleine Auswahl erlesener Hellseher und Channel-Medien aus unseren Tagen, die in ihrer Heimat oder auch international einen hervorragenden Ruf genießen, oft – als »echtes Phänomen« zitiert – in seriösen esoterischen Publikationen auftauchen oder bei vielen internationalen Kongressen Vorträge halten.

Da es bereits in diesem kleinen Kreis auffallend deutliche Überschneidungen und Übereinstimmungen, aber auch völlig konträre Aussagen in den Prophezeiungen gibt, kann man die nachfolgenden Voraussagen sicherlich als repräsentativen Querschnitt betrachten. Noch mehr Prophezeiungen von noch mehr Hellsehern hätten dieses Buch nur umfangreicher werden lassen, ohne daß sich das allgemeine Bild, das die nachfolgenden, bisher meist unveröffentlichten Voraussagen zeichnen, geändert hätte.

Ray Nolan möchte daher an dieser Stelle noch einmal seinen Dank für die rege Unterstützung aussprechen, die ihm von den vielen national und international bekannten Sehern, Channel Medien, Propheten und Hellsehern aus unserer Gegenwart zuteil wurde. Nur durch deren freundliche Unterstützung wurde es möglich, nun erstmals ein Buch vorstellen zu können, in welchem die kompletten prophetischen Voraussagen – inklusive der Nennung von konkreten Daten, Ereignissen und Namen – für einen genau fixierten Zeitraum, in diesem Fall für die Jahre 1999 und 2000, zusammengefaßt sind.

Ich denke, eine komplexere Sammlung von eindeutig klaren Prophezeiungen für einen bestimmten Zeitraum hat es bisher noch nie gegeben. Eine Sammlung von oft erschreckenden Voraussagen, die uns am Ende dieses Jahrtausends – ob sich die Prophezeiungen nun erfüllen werden oder nicht – hoffentlich klüger gemacht hat.

Die Propheten der Gegenwart: Wer sie sind und was sie tun – Kontaktadressen

Die nachfolgend aufgeführten Hellseher und Botschafter machten konkrete Voraussagen für die kommenden Jahre. Ihre zuweilen sehr präzisen Darstellungen des Weltgeschehens werden ungekürzt in den Kapiteln 4 und 5 zu den »Schicksalsjahren« vorgestellt.

Numerologe und Medium André Heese

André Heese (40) ist heute einer der bekanntesten Numerologen in Deutschland. Zum ersten Mal versetzte er seine Eltern in Erstaunen, als er gerade mal 15 Jahre alt war: Er sagte Dinge voraus, die später dann punktgenau so eintrafen, wie er es »gesehen« hatte. Und wie bei den meisten medial veranlagten Menschen war sein Weg damit gewissermaßen vorbestimmt.

Weltbekannte Medien wie Jennifer Green oder Meldora B. Harden aus den Vereinigten Staaten nahmen sich seiner an und förderten die außergewöhnliche Begabung, die in dem Jungen schlummerte. Später schrieb André Heese für namhafte esoterische Fachzeitschriften, unter anderem für *Esotera, The Crystaball* oder *Die andere Realität.* Mit 28 Jahren moderierte er bereits 15 Folgen der Radiosendung »Der 6. Sinn« und begann zeitgleich seine Arbeit an der Akademie für Esoterik e.V. (Gelsenkirchen), woraus sich die 14tägig ausgestrahlte Sendung *Radiowelle – Die andere Realität* entwickelte.

Nun war es die Esoterik-Autorin Penny McLean, die seine Talente in der medialen Numerologie erweiterte und ausbaute. Heute ist André Heese im In- und Ausland ein gefragter Seminar- und Vortragsleiter bei esoterischen Treffen und Veranstaltungen.

In Berlin finden zur Zeit regelmäßige Numerologiekurse und Beratungen statt, die André Heese in dem Laden DER EDELSTEIN, Krumme Straße 51, abhält.

»Ich habe lange gezögert und mich gefragt, ob ich die numerologischen Voraussagen für dieses Buch machen soll oder nicht«, gestand mir André Heese. »Ich glaube für alle Seher, Magier und Wahrsager zu sprechen, wenn ich behaupte, daß wir lediglich das Material und die Hilfsmittel liefern, damit sich der Mensch dann das ›Haus seines Lebens‹ selbst baut …«

Kontaktadresse:
André Heese, Tel.: 030/312 70 10 (Mo.–Fr., 10.00–18.00) oder außerhalb dieser Zeit über Anrufbeantworter: 030/392 35 62.

Weitere Anfragen, Akademie für Esoterik e.V., Dieter Wiergowsky, Voßstr. 218, D-45966 Gladbeck, Tel.: 02043/282 20, Fax: 28 221.

Heilpraktikerin und Hellseherin Karin Nagel

Karin Nagel gehört zu den bekanntesten deutschen Hellsehern der Gegenwart. Ihre hellseherische Begabung begann im Jahr 1990 mit einer Vision, die sie zutiefst beeindruckte. Da ihre Voraussagen für 1999 ungewöhnlich detailliert sind und äußerst genaue Fakten und Daten enthalten, lasse ich den Hinweis über Quelle und Ursprung dieser Prophezeiungen von Karin Nagel selbst erzählen:

»Es war ein Dienstagabend im Oktober 1990, als ich auf der Couch saß, um mich von der Tagesarbeit zu entspannen. Da passierte etwas, das mir immer deutlich in Erinnerung bleiben wird:

Plötzlich war da eine gewaltige Energie von Liebe um mich herum, und dann tauchte das Gesicht von Jesus vor mir auf. Er fragte mich, ob ich bereit sei, von nun an den Menschen zu berichten, was künftig auf Erden geschehen würde. Aber ich fühlte mich dieser Aufgabe nicht gewachsen, vor allem nicht, zu so vielen Menschen zu sprechen, und ich sagte ihm das.

Doch der Herr machte mir Mut. ›Du mußt dich nicht fürchten‹, antwortete er. ›Ich werde dir Visionen und Botschaften von der Reinigung der Erde und der Zeit danach geben. Siehe, ich werde alles neu gestalten.‹

Dann verschwand er vor meinen Augen, und seine Energie wich von mir, aber seine Liebesschwingungen spürte ich noch stundenlang. In einer anschließenden ersten Vision sah ich dann den Beginn und den Verlauf des Golfkrieges vor mir, was mich tief erschütterte. Und seit jenem unvergeßlichen Tag habe ich immer wieder

Visionen, die zuweilen so klar und deutlich sind, daß ich die Ereignisse wie in einem Film sehe und begreife.«

Kontaktadresse:
Karin Nagel, Taubenstr. 12, D-47443 Moers. Tel.: 02841/ 50 96 22, Fax: 51 75 8 (Naturheilpraxis und Beratungen für alle Bereiche des Lebens, Vorhersagen und Fernwahrnehmungen).

Schamane Prof. Ivan Aristizabal

Geboren in Zaragoza-Antioquia, Kolumbien, im Jahre 1964. Seit frühester Kindheit wurde Ivan von seinem Hindu-Vater Baeshnava in esoterischen und spirituellen Disziplinen unterrichtet und entwickelte sich zu einem seiner herausragendsten Schüler.

Die berühmten kolumbianischen Schamanen, die mit seinem Vater verkehrten, entdeckten, daß Ivan bereits im Alter von fünf Jahren Wahrnehmungen empfing, zu denen andere Personen keinen Zugang hatten. Seine Hellsichtigkeit war damals schon hoch entwikkelt, und seine paranormalen Empfindungen vibrierten auf einer Frequenz, die der des *Großen Anfangs* entsprechen.

Eine Zeitlang lebte er mit den Schamanen im südkolumbianischen Urwald – mit jenen Schamanen, die schon vor Jahrzehnten die Aufmerksamkeit des berühmten französischen Forschungsreisenden Jacques Cousteau erregten. Später setzte er seine Studien fort und beschloß sie in der Dritten Ebene. Danach reiste er – nach eigenen Angaben – zu den Klöstern seiner Vorfahren und »besuchte geheime Orte, die wegen ihrer hohen spirituellen Ebene nicht jedem zugänglich sind«.

Seine hohen technischen und parapsychologischen

Kenntnisse verhalfen ihm dazu, sein Wissen in Budú, Umbanda, Quimbanda, Candoublé und Heiligendeutung zu vervollständigen. So kam er nach Brasilien, um den großen Priestern von Santos, die sofort seine außergewöhnlichen Fähigkeiten erkannten, bei ihrem Kampf gegen das *Macumba* (Schwarze Magie) zu unterstützen.

Heute ist er ein gefragter Ratgeber bekannter Persönlichkeiten aus dem öffentlichen Leben und berät Regierungen in allen Teilen der Welt. Prof. Ivan Aristizabal berät seine internationalen Klienten von seiner Praxis aus, die er in Asunción (Paraguay) unterhält. Regelmäßig fliegt er zu den verschiedensten Plätzen der Erde, um seine Anhänger oder Bedürftige zu besuchen. Ivan, wie ihn seine Anhänger nennen, spricht *Spanisch* und *Englisch.*

Kontaktadresse:
Prof. Ivan Aristizabal, PY-Asunción (Paraguay), Super Centro Asunción, Av. Oliva y 14 de Mayo.

Internationale Telefon/Fax-Durchwahl: 00595/21/49 32 32 Internet: http://wwwuninet.py/clarividente/Cree.htm.

Tarot-Medium Madame Bergier

Die gebürtige Schweizerin blickt mittels der Tarotkarten in die Zukunft, wobei sie (nach eigenen Angaben) je nach Fragestellung und Thematik von Geistwesen aus dem Jenseits unterstützt wird. Dabei handelt es sich oft um prominente Verstorbene, die sich zu ihren Lebzeiten mit der Thematik des Fragestellers beschäftigten. Nur dadurch sei es möglich, behauptet Madame Bergier, daß die Tarotkarten selbst bei komplizierten Fachfragen (Technik, Medizin, Wirtschaft, Politik und so weiter, wo ihr eigener Horizont nicht ausreiche) präzise Auskünfte gäben.

Madame Bergier wanderte 1991 mit ihrer Familie nach Paraguay aus. Sie lebt auf einer kleinen Farm im Osten des Landes. Zu ihren Klienten gehören Politiker, TV-Prominente, führende Köpfe der Wirtschaft, aber auch einfache Leute, die bei ihr Rat suchen.

Kontaktadresse:
Madame Bergier, Casilla de Correo 13010, PY-1449 Asunción (Paraguay).

Schamane und Medizinmann Atuka hé

Sein tatsächliches Alter kennen weder er selbst noch seine Stammesbrüder aus dem 300-Seelen-Dorf der Maká-Indios in Paraguay. Seine Voraussagen machte der inzwischen Dorfälteste Atuka hé in Trance. Sie wurden von einem spanischsprechenden jüngeren Mann aus dem Stamm der Maká übersetzt.

Atuka hé empfängt in der Regel keine Besucher, machte für Ray Nolan, der einige Maká-Familien seit Jahren kennt, aber eine Ausnahme. Er ist also kein kommerziell arbeitender Hellseher. Seine hellseherischen Fähigkeiten und sein Heilwissen kommen ausschließlich seinem Stamm zu. Die Maká siedelten erst vor einigen Jahrzehnten vom trocken-heißen Gran Chaco in den gemäßigten Ostteil Paraguays um. Inzwischen gibt es nur noch etwa 130 reinrassige Maká-Familien.

Tarot-Medium Elfriede Jahn

Elfriede Jahn gehört zu den bekanntesten Medien Österreichs. Sie wurde 1937 in Wien geboren, war Schülerin des indischen Meisters Sudesh K. Walis und wurde bei Dr. Eric Wynant, USA, in Readings und Energiearbeit ausgebildet.

Heute ist Elfriede Jahn in ihrem Heimatland Österreich als Lebensberaterin tätig. Sie liest aus den Handlinien und Karten, referiert in Seminaren und auf Vortragsabenden und veranstaltet Meditationskurse. Durch ihre häufige Präsenz in Rundfunk, Presse und Fernsehen ist sie inzwischen einem breiten Publikum bekannt geworden.

Kontaktadresse:
Elfriede Jahn, Postfach 305, A-1231 Wien; Tel./Fax: 0043/1/667 13 64.

Hellseher und Medium Helmut Szemenik

Der Hellseher, der auch verspricht, durch das Auflegen seiner Hände oft die Gesundung oder völlige Genesung bei kranken Menschen herbeiführen zu können, empfängt seine Besucher meist in einem unterirdischen, fensterlosen »Altarzimmer«. Okkulte Zeichen an den Wänden und zahllose brennende Kerzen verleihen diesem Altarzimmer eine mystische, ja geheimnisvolle Atmosphäre. Hier empfängt der »Meister« auch seine heilenden Kräfte, seine Visionen und die Inspirationen aus der geistigen Welt. Die von ihm behandelten Menschen fühlen sich zuweilen schwerelos oder in eine andere geistige Ebene entrückt. In einem Dankschreiben an Helmut Szemenik heißt es: »Ich betrat mit Schmerzen in meinen Gliedmaßen das Altarzimmer. Kurze Zeit darauf wart mir gänzliche Erinnerung geschwunden ...«

Helmut Szemenik machte für das vorliegende Buch Voraussagen, wobei seine Prophezeiungen für 2000 besonders dramatisch sind.

Kontaktadresse:
Helmut Szemenik, Zum Feldlager 124 a, D-34128 Kassel, Tel.: 0561/880 0 830, Fax: 880 0 880.

Astrologe Peter Gordon

Der 1936 in Los Angeles, USA, geborene Peter Gordon arbeitet seit rund 25 Jahren sehr erfolgreich als Astrologe, wobei Partnerschaftsanalysen, Charakter-Diagramme von Geschäftspartnern und Bewerbern sowie astrologische Zukunftsberechnungen zu seinen Spezialgebieten zählen. Seit sechs Jahren unterhält er auch einen Wohnsitz in Paraguay, wo er ebenfalls für namhafte Firmen und Persönlichkeiten seine astrologischen Gutachten – oft ungeschminkt und mit pikant gewürzter Sprache – erstellt. Er spricht spanisch und englisch, wobei sein Sekretariat seine Horoskope aber auch in andere Sprachen übersetzt.

Für das vorliegende Buch »Die Siebte Offenbarung« schrieb der Astrologe in seiner erfrischenden Sprache die Horoskope.

Kontaktadresse:
Peter Gordon, C.d.C. 2749, PY-1209 Asunción (Paraguay), Fax: 00595/981/40 20 20

(Ausführliche persönliche Jahreshoroskope oder Partnerschaftsanalysen: 190 DM + 10 DM Versand/Porto).

4 Schicksalsjahr 1999

Das wird passieren

Die wichtigsten Ereignisse, die von den Hellsehern der Gegenwart für 1999 vorausgesagt werden, zunächst hier in der Kurzübersicht:

- Kometen stürzen auf die Erde. Die Folge: Unbeschreibliche Katastrophen, Dezimierung der Menschheit, nur wenig Überlebende. *(Zwei Voraussagen: Nostradamus, Nagel. Hingegen behauptet der Schamane Atuka hé das Gegenteil. Kein Komet!)*
- Umwälzende Klimaveränderungen auf der Erde, Polverschiebungen, Ozonloch reißt auf, Flutkatastrophen. Die Folge: nachhaltige weltweite Hungersnot durch Dürre oder Dauerfröste, Millionen Tote auf der Erde, Generationsschäden des menschlichen Erbgutes, Milliarden sterben an den Spätfolgen (Hautkrebs, Unterernährung u. a.). *(Sieben Voraussagen: Nagel, Szemenik, Bergier, Heese, Aristizabal, Jahn und in abgeschwächter Form Atuka hé.)*
- Das weltweite Finanz- und Wirtschaftssystem bricht zusammen. Die Folge: allgemeines Chaos, Geldentwertung bis auf den Nullpunkt, Handel und Gewerbe funktionieren nicht mehr, Dienstleistungen (Telefon, Elektrizität, Tankstellen, Heizöllieferanten, Lebensmittelbranche, Krankenversorgung und andere lebensnotwendige Zweige) stellen nach und nach ihre Versorgung ein. Transportwesen und Kommunikation brechen zusammen, alles wird unüberschaubar. *(Sechs Voraussagen: Nagel, Szemenik, Heese, Aristizabal, Jahn, Atuka hé.)*

• Kriege oder Bürgerkriege in Europa. Die Folge: Aufruhr und Tote unter der Bevölkerung, Angst und Schrecken des Krieges und des Terrors, mögliche Ausweitung der Konfliktherde. *(Drei Voraussagen: Aristizabal, »islamischer Terror in Italien«; Heese, »Bürgerkrieg in Deutschland und Rußland«; Szemenik, »Brutale Kriminalität in einigen Gebieten Deutschlands«.)*
• Ganze Kontinente oder Länder versinken durch Erdbeben. Die Folgen wären, wie bei einer Polverschiebung, katastrophal und kaum auszumalen. Alles in der Welt würde sich verändern. *(Zwei Voraussagen: Nagel, Heese.)*

Weitere vorausgesagte Ereignisse für 1999:
• BSE-Skandal lebt wieder auf *(Aristazabal),*
• Vier Flugzeugkatastrophen *(Atuka hé),*
• Höhepunkt der Arbeitslosigkeit, kometenhafter Aufstieg des Dollars *(Szemenik),*
• Prominente sterben: Michail Gorbatschow *(Aristazabal),* Papst Johannes Paul II. *(Atuka hé).*

Das Jahr des Untergangs

In älteren Prophezeiungen taucht das Jahr 1999 einmal in einer Voraussage des amerikanischen Hellsehers Criswell (1968) auf, der für 1999 eine »magnetische Störung in Form eines schwarzen Regenbogens« sah, welche den Sauerstoffmantel der Erde völlig abziehen würde. Danach, so behauptete Criswell, rase die Erde auf die Sonne zu, und alles würde schließlich in Flammen aufgehen.

Die zweite Aussage liegt einige hundert Jahre zurück und stammt aus dem prophetischen Centurien-Buch des Sehers Michel Nostradamus. Der betreffende Vierzeiler wurde bereits im ersten Kapitel zitiert, soll aber hier zur Vervollständigung noch einmal ungekürzt wiedergegeben werden:

10/72
Jahr Neunzehnhundert Neunundneunzig, siebter Monat,
Vom Himmel kommt ein großer Schreckensherrscher,
wiedererweckt, der große König von Angoulmois.
Vor, nach Mars; Regieren zu guter Zeit.

Auch Rajneesh Osho (Bhagwan) sagte im Jahr 1987 voraus, daß »entweder im Jahr 1999 oder 2000 irgend etwas Entscheidendes geschehen wird«. Was die Menschheit allerdings erwartet, darüber schwieg sich der indische Guru aus.

Weitere konkrete Angaben zum Jahr 1999 konnte ich in älteren Prophezeiungen nicht finden. Einige der neuzeitlichen Channel-Medien und Hellseher malen ein Schreckensszenario für 1999, welches die Ereignisse vergangener Jahre völlig in den Schatten stellt:

Der Untergang der Zivilisation mit Milliarden Toten.

Hellseherin Karin Nagel: Auf der neuen Erde wird die Sonne im Westen aufgehen

»Das Sozialsystem bricht 1999 zusammen, ebenso der Welthandel. Schwere Erdbeben gibt es in Osteuropa (Balkan, Griechenland). Rauch-, Qualm- und Staubwolken verdichten sich über Südostasien, Teilen Nordasiens (China), Australiens und der West-Ostküste der Vereinigten Staaten. Ursachen dafür sind Vulkanausbrüche und gigantische Feuer. Versunken im Meer sind die kalifornische Küste, Bangladesch, Teile Japans und der Philippinen und weite Teile Indiens. Fast überall toben schwere Orkane, welche weite Landstriche verwüsten.

Doch in diesem Schreckens-Szenario naht mit dem Endzeit-Geschehen auch der neue Morgen.

Die Sonne wird nun auf der gereinigten neuen Erde im Westen aufgehen. Irgendwann im kommenden Jahrhundert werden etwa fünf Prozent der heutigen Bevölkerung die Erde wieder neu bewirtschaften und glücklich, in friedvollem Miteinander leben. Die Luft ist klar wie Kristall, das Wasser der Bäche wieder zum Trinken geeignet. Der Erdboden ist ertragreich und fruchtbar, die Tiere leben in Harmonie mit den Menschen.

Der Übergang in diese neue, wunderschöne Zeit wird kurz, aber heftig sein. Denen, die im Glauben und Vertrauen zum Schöpfer stehen, wird das Tor in das Neue Morgen eröffnet. ›Siehe, ich mache alles neu‹, spricht Gott, der Herr. ›Wachet und betet, denn ihr wißt nicht, wann diese Stunde (der Erneuerung) sein wird.‹

Sei getrost, du kleine Herde (Menschen), denn du wirst nicht allein gelassen, sondern du hast den Schutz des Höchsten. Es kann dir nichts geschehen, von dem dein Vater nicht weiß. Deshalb fürchtet euch nicht ob der Dinge, die da geschehen werden, sondern glaubet und hoffet. Den Friedfertigen wird die neue Erde gegeben.«

Prof. Ivan Aristizabal: Islamische Truppen in Italien; Michail Gorbatschow stirbt

»Allgemein: Unter dem Einfluß des Wassermann-Zeitalters wird die gesamte Erde im Jahr 1999 von einer gewaltigen ökologischen Katastrophe erfaßt. Die Natur bäumt sich auf, und die Existenz der Menschheit ist bedroht wie nie zuvor. Damit wird jedoch auch ein neuer Zyklus in der Geschichte unseres Planeten eingeleitet: Ab dem Jahr 2000 beginnt eine lange Epoche des Friedens und der Weisheit.

- Europa: Mit dem Jahr 1999 endet der 20. himmlische Zyklus, womit dieses Jahr zu einem überaus wichtigen Wendepunkt für die Menschheit wird. Auch im Ernährungsverhalten stehen nun große Änderungen an: Neue Fleischskandale machen Schlagzeilen! Aus Angst vor BSE-verseuchtem Rindfleisch werden etwa 90 Prozent der Europäer auf vegetarische Kost umsteigen.
- Italien: Eine grausame, unmenschliche Sekte der Muselmanen versteckt ihre Waffen unter ihren Tunikas. Ihr Führer erobert Florenz, und mit seinen gesetzlosen Anhängern wird er die Stadt zweimal niederbrennen.
- Todes-Vision: Gegen Ende des Jahres 1999 stirbt der sowjetische Ex-Präsident Michail Gorbatschow.«

Tarot-Medium Elfriede Jahn: Wirtschaftliches Fiasko, Viren und Umweltkatastrophen

»Im Wassermannzeitalter muß der Mensch die Materie mit dem Geist verbinden. Leider haben wir das immer noch nicht begriffen, und so wird es 1999 und im Jahr 2000 zu einigen Katastrophen kommen, die uns endlich wachrütteln werden.

Schwere Überschwemmungen, Stürme, größere Erdbeben und Vulkanausbrüche setzen die deutlichen Signale für diese Zeit des Umbruchs. Starke klimatische Schwankungen, die in einer markanten Verlagerung der Klimazonen gipfeln, werden ab 1999 eintreten und unser gesamtes Denken und Handeln beeinflussen und verändern. Die Ozonschicht über Europa wird bedrohlich dünn, und die extremen Ausbrüche der Natur werden weltweit und in einem Ausmaß, wie wir es bisher nicht kannten, Zerstörungen herbeiführen.

Heftige Sonneneruptionen kennzeichnen das Ende dieses Jahrtausends. Sie werden auch optisch und für jeden klar erkennbar auf den heimischen Fernsehbildschirmen in Form von Übertragungsstörungen, Bildausfällen und ähnlichem wahrgenommen werden.

Die Jahre 1999 und 2000 bringen auch wirtschaftliche Umbrüche. Industrien und Börsen unterliegen extremen Schwankungen. Verluste und finanzielle Katastrophen in großem Ausmaß werden die Folge sein.

Weitere Gefahren erwarten uns durch eine weltweit enorme Zunahme von Krankheiten, die durch neue Bakterien und Viren hervorgerufen werden. Dies bedeutet jedoch auch, daß die Menschen endlich aufwachen und wieder ihre ureigenen Selbstheilungskräfte entdecken und aktivieren. Überhaupt werden die Menschen durch all diese Ereignisse wieder enger zusammenrücken und zu einer brüderlichen Nächstenliebe zurückfinden.

Traditionelle Werte, Moral und Ethik werden durch diese Zeit der Prüfungen neue Maßstäbe setzen, und positive Gebets- und Meditationsgruppen, Lichtarbeiten und Friedensbewegungen werden in der Folgezeit auf der gesamten Erde unser Denken und Handeln beeinflussen und bestimmen. Da bekanntlich Licht stärker ist als die Dunkelheit, wird sich durch diese Bestrebungen vieles zum Positiven hin wenden. Familien, Partner, Freunde – sie alle finden wieder mehr zueinander und werden einträchtig in Frieden und Harmonie leben.

Mein Ratschlag für die Zeit der Prüfungen:

Keine Panik! Behalten Sie weiterhin Ihre Ziele im Auge, aber streben Sie eine geistige Bewußtwerdung, das Zusammenschmelzen von Körper, Geist und Seele an. Jeder sollte auf seine innere Stimme und Botschaft hören, denn sie sind die wirklichen Begleiter und Führer für die neue Zeit.«

André Heese: Das Jahr des Schicksalsrades

»Das Jahr 1999 hat eine einzigartige Schwingung. In diesem Jahr werden alle Menschen gezwungen sein, in erster Linie auf sich selbst zu achten. Ein Satz aus der TV-Serie ›Millennium‹ bringt die Schwingung des Jahres auf den Punkt: ›Fürchte deinen Nächsten wie dich selbst!‹

1999 ist das letzte Jahr im 20. Jahrhundert. Ein Jahrhundert der Kriege, des Leids und der Unbotmäßigkeit; ein Zyklus, der weitaus populärer ist als die Lichtpunkte, die es gestalteten: John F. Kennedy, Martin Luther King, Gandhi, Mutter Theresa, Michael Jackson und Diana, Princess of Wales. Liebe, Hilfsbereitschaft, Güte und Harmonie scheinen ›out‹ zu sein. Gewalt, Blut und Tränen liegen 1999 leider in einem sich fortsetzenden, pervertierten Trend, der sich mit fast hundertprozentiger Sicherheit erfüllen wird. Das Jahr wird so heftig werden, daß manchen Leuten die ›Ohren klingen‹ werden. Die Erde holt in diesem Jahr zum Rundumschlag aus, und ihr Bild wird sich völlig verändern. Unser Planet rächt nun unsere Vergehen an der Umwelt durch Erdbeben, Flutkatastrophen und mächtige Tornados. 1999 wird es auch weiterhin Konflikte und kleinere Kriege geben, aber einen Dritten Weltkrieg sehe ich nicht, da die Menschen in Europa nun völlig andere Probleme haben werden.

- Berlin: Numerologisch die *Stadt der Konflikte.*

Ich rate ernsthaft allen friedliebenden Menschen, Berlin im Jahr 1999 zu meiden, denn es werden mit größter Wahrscheinlichkeit Aggressionen freigesetzt, die in vielen Bereichen bürgerkriegsähnliche Zustände erreichen dürften.

- London: Numerologisch die *Insel der Einsamkeit.*

Die britannische Insel wird zu 99,9 Prozent untergehen. Für 1999 sehe ich enorme Flutkatastrophen und Stürme, welche die gesamte englische Küste in Mitleidenschaft ziehen werden.

- Paris: Numerologisch die *Stadt der Bewegung.*

Die französische Hauptstadt wird es in diesem Jahr nicht so hart treffen, jedoch wird es dort politisch und wirtschaftlich turbulent werden. Ich sehe Revolten. Und Demonstrationen, und ich habe das Gefühl, daß sich die französische Revolution wieder in leicht abgewandelter Form wiederholen könnte.

- Rom: Numerologisch der *Tempel des Phönix.*

In diesem Jahr wird eine große Veränderung in der Heiligen Stadt vollzogen werden. Einerseits durch heftige Erdbeben, andererseits werden sich im *Vatikan* (numerologisch *das Gericht)* größere Änderungen und Wechsel ergeben. Ich sehe hier bedeutsame Umwälzungen im kirchlichen Bereich. Zum Thema ›Kirche‹ muß ich noch sagen, daß die Bereiche der Esoterik immer mehr verteufelt werden. Ich sehe hier einen Zusammenschluß von Wirtschaft, Politik und Kirche, der dann eine Art Hexenjagd auf Esoteriker oder spirituell Andersdenkende veranstalten wird. Die Treibjagd wird übrigens von Deutschland aus gestartet werden.

- Moskau: Numerologisch die *Stadt der Löwen.*

Moskau wird wahrscheinlich einer sehr zerstörerischen Schwingung ausgesetzt. Die Zeit des Kommunismus soll wieder emporgehoben werden, und diese Bestrebungen verursachen mit großer Wahrscheinlichkeit den blutigsten Bürgerkrieg in der Geschichte dieses Millenniums – heftiger und blutiger als der Bürgerkrieg in Ex-Jugoslawien.

- New York: Numerologisch die *Stadt der Sterne.*

Die gläserne Stadt wird im wahrsten Sinne des Wortes untergehen. Entweder durch eine furchtbare Umweltkatastrophe oder durch einen ruinösen politischen Anschlag. New York muß nach Ablauf des Jahres 1999 wieder völlig neu anfangen, wird den Aufbau jedoch schaffen und allmählich wieder größer werden.

- Miami: Numerologisch die *Stadt der Insel.*

Tornados, Hurrikans und Überflutungen sind für die Bewohner von Miami nichts Neues, und dementsprechend werden die Menschen in Florida nicht allzu drastisch unter den klimatischen Veränderungen zu leiden haben. Jedoch werden Dis*ney World* und das *Disney Epcot Center* einige Attraktionen einbüßen, aber dieses dürfte dem Konzern nicht groß schaden.

- Tokio: Numerologisch der *Ort, wo sich die Welt dreht.*

Für diesen Ort sehe ich nichts. Es ist, als existiere diese Stadt gar nicht oder aus ihr wäre etwas ganz anderes geworden.

- Hongkong: Numerologisch das *Labyrinth der Süchte.*

Hier werden sich ähnliche Begebenheiten wie in Berlin und Moskau zutragen. Sehr viele Aufstände und Revolutionsversuche. Ich sehe keinen Glanz und Glamour mehr. Hongkong wird 1999 zur Stadt der blutigen Tränen.«

Maká-Schamane Atuka hé:
Das Jahr des bleiernen Schlafes

»Nein – ich spüre, was du denkst. Viele sehen das Ende wie du, aber es wird nicht kommen! Nur bleierner Schlaf liegt über der Welt. Grau, matt. Die weißen Menschen sind müde, sie glauben an nichts mehr, oder sie sind verblendet durch andere und glauben das Falsche. Kluge, aber abgestumpfte Menschen. Nur die Jugend ist lebendig und verlacht die Alten. Alles lebt weiter im Grau dahin, im Dämmerschlaf.

Da sind schlimme Wetter und Stürme und Eis. Und Wasser, bevor das erste Grün kommt, viel, viel Wasser. Es stinkt, und ein paar Menschen ertrinken, nicht viele, nur ein paar. Ich glaube, es sind Kinder unter ihnen – noch sehr klein. Auch wo die silbernen Vögel, die Flugzeuge der Weißen, vom Himmel stürzen, werden Kinder sterben. Einmal sind es 17.

Mehrere kleine, aber auch drei große Flugzeuge mit vielen Menschen darin sehe ich herabfallen. Das eine dicht bei der Stadt, nahe einer breiten Autostraße. Da werden die 17 Kinder sterben. Und viele Erwachsene. Einige sind nicht sofort tot, schreien um Hilfe. Sie quälen sich in den Tod, die Armen! Das andere Flugzeug wird zerrissen, wie von einem Blitz getroffen. Viel Feuer, eine der Frauen im Flugzeug trägt einen Verband oder eine helle Schleife am Arm, irgend etwas Weißes aus Stoff, ja, es ist wohl ein Verband – auch sie wird sterben. Sie ist dick. Ziemlich dick, und sie redet viel in der Halle. In der gesunden Hand trägt sie eine schwere blaue Tasche.

Dann, weißer Mann, nähert ihr euch dem Punkt, der euch ärmer macht, als wir es sind. Du wirst es sehen – zwei, drei Mal passiert es im kleinen, dann kommt der Schock. Ich sehe Münzen, die verschmelzen, brennende Geldnoten in den Händen unzähliger Menschen. Es wird wenig wert sein, das Geld, immer weniger, und keiner will sich davon trennen. Das ist merkwürdig. Ihr beweint das Geld und seht die Früchte nicht an den Bäumen! Du siehst, daß ich darüber lache, aber viele werden weinen. Vieles wird anders mit dem Geld, es bleibt euch erhalten, aber es wird ein neuer Anfang gemacht werden, der viele ins Unglück stürzt. Ziemlich anders ... ziemlich anders ... und erst spät im Jahr.

Der gütige Mann mit dem schelmischen Blick und den schönen weißen Kleidern, euer Gottesmann, hustet und wird schwach. Braucht viel Kraft, der Mann. Ihm ist schwindelig im Kopf, aber er sagt es keinem. Jemand müßte ihm die Hand auf die Stirn legen, aber er will das wohl nicht. Er braucht Kraft, wirklich. Ist zu schwach, sich dagegen aufzubäumen. Ich denke, er wird den Kampf verlieren – ist müde. Danach kommt die schwarze Hose – zwei, drei Jahre nur, denn auch er ist gezeichnet. Sein Vater machte die Hosen, glaube ich. Der neue Heilige Mann hat merkwürdige Augenbrauen ...

Wenn der Kirchenmann der Weißen stirbt, bricht vorher eine riesige Mauer. Zwei andere sterben in der gleichen Jahreszeit. Ich sehe Hunderte hinter einem Sarg gehen und beten und trauern, über den unerwarteten Tod des einen. Er ist dicklich, gut genährt, aber das Gesicht kenne ich nicht. Von einer Woche zur anderen ist er tot. Seine Frau ist kleiner, auch zierlicher. Keine guten Augen hat sie. Wenn es soweit ist, wirst du wissen, von wem ich rede. Ich kenne sie nicht ...

Wenn der *bombéro* (Luftgeist) über Europa fegt, es ist schon kalt und grau, kommt für viele der bleierne Schlaf. Ich sehe die Menschen stumpf vor sich hinblikken, hilflos, ohnmächtig. Kein Blut oder Krieg, nein, es ist Verzweiflung, die die Weißen erfüllt. Drei Jahre. Dann kommt ein anderer *bombéro,* ebenso mächtig, und der wirbelt alle auf. Es wird Tote geben, aber auch das neue Erwachen. Es blitzt. Ich sehe tausend Blitze in dieser Zeit. Wie wenn das Sonnenlicht auf einen Spiegel fällt. Solche Blitze sind das, nicht die eines Gewitters. Sie sind auch ein Stich in die Herzen der enttäuschten Menschen. Viele haben ihren Glauben an das Gute verloren. Der *bombéro* ist kein richtiger Sturm, verstehe ihn als Sog, der die Menschen erfaßt. Ja, ein Sog, der alles herumwirbelt und neues schafft.

Was du eben sagtest, weißer Mann, wird aber nicht kommen. Ich sehe keinen Feuerball vom Himmel fallen, keine Länder im Meer versinken. Aber viel Leid und Enttäuschung. Arme Leute, wo sie warme Mützen tragen aus Fell. Wenn die letzte reife Zitrone in meinem Garten vom Baum fällt (Anmerkung: etwa Oktober in Paraguay), beginnt es in Europa. Keine schöne Zeit, sicher nicht, aber keine Feuerkugel, die vom Himmel stürzt. Man spricht viel über den Tod eines Mannes in dieser Zeit. Dann kommen die drei mageren Jahre für die Weißen...

Ich sehe keine Bilder mehr – weißer Mann. Willst du das wirklich alles in ein Buch schreiben?«

Atuka hé lächelt müde. Dann richtet er sich etwas auf und sieht zu seinen Enkeln, die ein paar Meter weiter im Schatten eines Mangobaumes im Sand spielen ...

Tarot-Medium Madame Bergier: Der Klimaschock kommt unausweichlich

Die Tarot-Frage für das Jahr 1999: »Wird dieses Jahr tatsächlich ein Katastrophenjahr für Europa?« Hier gibt die bekannteste Auslegeart der Karten, das »Keltische Kreuz«, überraschend verblüffende Antworten, die sich ganz klar auf die gestellte Frage beziehen.

»Zusammenfassend erhalten wir eine ernüchternde Perspektive, die zu bestätigen scheint, daß der Mensch, obwohl er das Dilemma einer drastischen Klimaveränderung längst erkannt hat, systematisch den eingeschlagenen Weg in eine eisige unberechenbare Zukunft weitergeht. Frostperioden und ein zunehmend unwirtlicheres Wetter mit einer klaren Tendenz zu katastrophalen Auswüchsen bestimmen das Jahr 1999 und die Zeit danach. Insbesondere werden eine Verschlechterung der Luft und klirrender Frost angezeigt. Die in die Zukunft deutenden Karten verweisen sehr deutlich darauf, daß nur ein radikales Umdenken und (die leider viel zu späte) Einsicht weitere dramatische Verschlechterungen verhindern können. Das Jahr 1999 scheint für diese Bewußtseinsänderung ein entscheidendes Jahr zu werden. Vermutlich gehen diesem Umlernprozeß verheerende klimatische Katastrophen voraus.

Die einzelnen Karten des ›Keltischen Kreuzes‹

- 1. Karte (darum geht es): *König der Schwerter*

Einerseits wird Unbeständigkeit angezeigt, andererseits könnten mit viel Sachverstand und guten Ideen anstehende Probleme beseitigt werden. Ohne Flexibilität und taktische Raffinessen werden wir 1999 aber keine Veränderungen in die Wege leiten können. Der König der Schwerter ist eine Tarot-Karte, die den Einsatz von Geist und Verstand fordert. Ganz allgemein zeigt sie aber auch die Bereitschaft zum Umdenken an.

- 2. Karte (das kommt hinzu): *Zwei Münzen*

Bisher ließen wir alles auf uns zukommen, ohne daß wir uns zu einer eindeutigen Vorgehensweise entschließen konnten oder gar Verantwortung übernommen hätten. Gedankenlos haben wir hingenommen und akzeptiert, was auf uns zukam. Die Karte auf Platz sieben (drei Stäbe, auf dem Kopf liegend) steht in direkter Verbindung mit den zwei Münzen und markiert die Richtung, die eingeschlagen wurde bzw. eingeschlagen werden muß. Allgemein verweist die Karte auf Unentschlossenheit, Unbekümmertheit und willfährige Kompromißbereitschaft. In Verbindung zur siebten Karte sind starke Enttäuschungen und die Zurückweisungen von angebotenen Hilfen durch Arroganz angezeigt.

- 3. Karte (das wird erkannt): *Ritter der Schwerter* – auf dem Kopf liegend

Täuschungen und Auseinandersetzungen werden durch diese Karte symbolisiert, die speziell auf die Beschaffenheit von Wind und Luft hinweist. Eisige Nordwinde und eine Atmosphäre von Frost und Kälte repräsentieren sehr deutlich das vorhandene negative Luftelement. Gewaltige Temperaturstürze und verheerende Unwetter – darauf bezog sich ja unsere Frage – werden die Menschen im Jahr 1999 heimsuchen.

- 4. Karte (das wird gespürt): *Drei Schwerter*

Ein Jahr, das viele Opfer von uns verlangt. Wir müssen uns von Abhängigkeiten und falschen Gewohnheiten trennen. Auch wenn es schmerzhaft ist, wird ein solcher Schritt letztlich unumgänglich sein. Auf dem vierten Platz zeigt diese Karte eine tiefe Lebenskrise, Streitigkeiten und Zerwürfnisse an.

- 5. Karte (das führte dahin – auf dem Kopf liegend): *Das Schicksalsrad*

Das Rad des Schicksals zeigt immer den Beginn eines neuen Zyklus an. In dieser besonderen Konstellation verweist die Karte darauf, daß man dem scheinbar auferlegten Schicksal entschlossen entgegenzutreten hat. In bezug auf unsere Frage ist ein deutlicher Umschwung des Klimas zu erwarten. Die Beeinträchtigungen, die auf die Menschen zukommen, werden ganz sicher längerfristig sein, da wir den klimatischen Veränderungen zunächst machtlos gegenüberstehen und ihnen praktisch nichts entgegenzusetzen haben.

- 6. Karte (so geht es weiter): *Neun Stäbe* – auf dem Kopf liegend

Unpraktische und unproduktive Pläne sowie die Unfähigkeit, Kompromisse zu schließen, zeichnen ein klares Bild von unserer Zukunft. Hindernisse, Katastrophen, Not und Elend sowie der Schicksalsschlag eines weltweiten Klima-Traumas werden wir nicht abwenden können. Es könnte sogar sein, daß wir entscheidende Schritte unternehmen, die falsch sein werden und eine Flucht nach hinten unmöglich machen. Es scheint, daß wir uns mit den gegebenen Umständen abfinden müssen. Diese Karte ist besonders ernst zu nehmen, da sie sich auf unsere unmittelbare Zukunft (so geht es weiter) bezieht!

- 7. Karte (so sehen es die Menschen): *Drei Stäbe* – auf dem Kopf liegend

Entschlußlosigkeit und falsche Entscheidungen führten zu irreparablen Fehlern und versäumten Gelegenheiten. Was uns geblieben ist, sind Enttäuschung, Zurückweisung und Resignation. Andererseits verdeutlicht die Karte die Hoffnung auf ein allgemeines Umdenken. Sie symbolisiert den Blick, eher noch den Wunsch auf eine bessere und sorgenfreiere Zukunft. Die siebte Karte drückt kein Ereignis aus und bietet auch keine Lösungen an. Sie verdeutlicht ausschließlich die Thematik der Frage und wie die Allgemeinheit darüber denkt.

- 8. Karte (so findet es statt): *Vier Münzen*

Eine ganz deutliche Tendenz zum Anstreben von materiellen Vorteilen und Machtzuwachs ist hier gegeben. Gegen jede Vernunft werden Verträge, Gesetze oder Verordnungen boykottiert, um Zeit zu gewinnen, bis eigene gewinnversprechende Projekte und lukrative Lösungen gefunden wurden. Es geht um die irdische

Macht, die eine Lösung unserer Umweltprobleme mit sich bringen könnte. Diese Macht will niemand aus der Hand geben oder einem anderen überlassen.

Die Karte zeigt auch an, daß wir uns unaufhaltsam auf einen Zustand der Erstarrung und Verkrustung zubewegen. Diese starre Haltung einflußreicher Regierungen (ein Ergebnis der Verflechtungen von Politik und Wirtschaft) läßt der Toleranz keinen Spielraum. Im Namen des eigenen wirtschaftlichen Überlebens werden selbst gute Konzepte von Dritten abgeblockt oder lächerlich gemacht. Die Mächtigen dieser Welt verharren lieber im ›vertrauten Elend‹, als für andere den notwendigen Weg frei zu machen, der zu einem gigantischen Wechsel der Machtverhältnisse führen könnte.

• 9. Karte (das erwarten oder befürchten wir): *Der Turm*

Angst vor weiteren Veränderungen (Verschlimmerung des Wetters) und die Furcht vor weitreichenden Auswirkungen, die auch unser persönliches Umfeld berühren (Auswandern in andere Regionen, Verlust von Arbeitsplätzen und so weiter), prägen ab 1999 unser Denken. Die Ausweglosigkeit der Situation wird immer deutlicher erkannt und setzt Angst in uns frei. Not und Verarmung durch weitere klimatische Auswüchse, die Angst vor Bedürftigkeit und vor dem Verlust des eigenen Hab und Guts werden uns immer häufiger beschäftigen. Der Turm symbolisiert die Posaunen von Jericho und den Untergang von Sodom und Gomorrha – und damit werden unsere Ängste deutlich fixiert. Unser Verständnis von einer funktionierenden, ja heilen Welt wird erschüttert, da alles, was uns einmal Sicherheit und Geborgenheit gab, nun in Frage gestellt ist.

Auf diesem Platz ist der Turm eine dramatische Karte, die all unsere Ängste und Beklemmungen widerspiegelt.

• 10. Karte (dorthin führt es): *Der Gehängte*

Diese Karte erschreckt Uneingeweihte zunächst etwas, dabei könnte eine Karte, die klar die Zukunft symbolisiert, weiß Gott schlimmer ausfallen. Hier wird die Bereitschaft angezeigt, sich den neuen Umständen anzupassen und Opfer zu bringen. Vordergründig macht uns die Karte klar, daß wir zwar in der Klemme stecken, durch Umsicht und Umdenken aber auch zu einer Lebensumkehr gelangen können. Speziell auf die Frage der Katastrophen zeigt ›Der Gehängte‹ Stagnation und Verzögerungen an. Die Suche nach neuen erfolgversprechenden Lösungen wird sich zunächst als vergeblich erweisen. Den einzigen Ausweg aus dieser Situation bietet die tiefe Einsicht, falsch gehandelt zu haben, und die Bereitschaft, nun doch endlich umzudenken und umzulernen.

Auch wird der Mensch bestimmte Dinge opfern müssen, um wichtige andere zu erhalten. So betrachtet, mahnt diese überaus wichtige Zukunftskarte zur Einsicht und zum Umdenken. Tun wir das nicht, werden wir ab 1999 die wohl bedrückendste Phase der Menschheit hautnah zu spüren bekommen.«

Hellseher Helmut Szemenik: Zweiklassengesellschaft und hohe Kriminalität

»1999 wird es zu einem Umbruch des ›Sozialstaats Deutschland‹ kommen. Die wirtschaftlichen Investitionen und Expansionen nehmen drastisch ab. Grund hierfür werden ein weiterer fataler Anstieg der Dollar-Leitwährung und eine neue Wirtschaftslage im Ausland sein. Steigende Lohnkosten und immer höhere Arbeitslosenzahlen sind weitere Mosaiksteine für das zu erwartende Wirtschaftsdebakel in Deutschland. Dies hat zur Folge, daß enorme Einsparungen auf dem Bildungssektor und bei den sozialen Einrichtungen vorgenommen werden oder die notwendigen Geldmittel dafür überhaupt nicht mehr bereitgestellt werden können. Das gesamte soziale und finanzielle Gebäude der Bundesrepublik bricht ohne Vorwarnung zusammen.

Es bildet sich nun unweigerlich eine Zweiklassengesellschaft, welche eine Kriminalität hervorruft, die soweit geht, daß in einigen Gebieten Deutschlands immer weiter ausufernde Brutalitäten auf der Tagesordnung stehen. Hungersnöte und ein Überlebenskampf der Menschen werden nun auch in Deutschland eine nicht mehr aufzuhaltende Lawine von Reaktionen auslösen:

- Die Hilfsbereitschaft der Menschen untereinander wird nun einem immer stärker werdenden Egoismus der Individuen weichen.
- Gläubige werden in zunehmendem Maße die bröckelnde Standfestigkeit von Kirche und Gesellschaft betrauern.
- Das ›Recht des Stärkeren‹ wird immer mehr zur Richtschnur der leidgeprüften Menschen.
- Die Leistungsanforderungen an jeden einzelnen werden sich drastisch erhöhen, was eine psychische Erlahmung der Gesellschaft zur Folge hat. Der Überlebenskampf rückt an die erste Stelle, und die vielen Schwachen geben den Kampf auf.

Dann sehe ich eine mächtige Vision von brennendem Wasser, die ich nicht deuten kann. Es könnte vielleicht mit der Verseuchung der Weltmeere zusammenhängen. Ich fühle, daß die Klimakatastrophen, wie wir sie bereits kennengelernt haben, nur eine Ankündigung für neue vernichtende Waldbrände sein werden, die die Menschen fürchten sollten.

Das Jahr 1999 ist der Beginn einer Zeit, die von Chaos und Angst geprägt sein wird. Ja, das sehe ich deutlich …«

Astrologe Peter Gordon: Ihr Jahreshoroskop für 1999

»Das ›Große Planetenkreuz‹ vom August 1999 – eine eigenwillige Konstellation von Gestirnen auf der astrologischen ›Himmelskarte‹ – soll nach Meinung der klassischen Astrologie schlimmes Unheil für die gesamte Menschheit verkünden. Wir werden sehen …

Ich persönlich halte absolut nichts von derartigen Hokus-Pokus-Spekulationen, da eine optische Kuriosität absolut nichts mit astrologischen Berechnungen und den Deutungen dieser Berechnungen zu tun hat. Es gab schon häufig ähnlich markante oder noch ›schlimmere Warnzeichen‹, aber die Welt drehte sich, ohne auch nur aufzumucken, ruhig weiter.

Die letzte astrologische Kuriosität deutete sich für den 2. Februar 1962 an. Sechs Planeten tummelten sich in einem einzigen Sternzeichen, und für die Mittagszeit zwischen 12.05 Uhr und 12.15 Uhr errechneten damals indische Astrologen, daß sage und schreibe acht Planeten in einer eindrucksvollen, ja tödlichen Konjunktion zueinander stehen würden. Dies, so die Astrologen, sei das furchtbare Zeichen für den unausweichlichen Weltuntergang.

Es passierte auch in diesem Jahr nichts Aufregendes, und Jane Dixon, die bekannte amerikanische Hellseherin, die für den 2. Februar 1962 die Geburt des ›neuen Messias‹ voraussagte, hat sich wohl auch geirrt. Seit 1980 soll der Junge aktiv sein, und ab 1990 soll er seine Macht voll und für jedermann klar erkennbar ausspielen. Missis Dixon hat vermutlich – um es auf einen einfachen Punkt zu bringen – astrologisch unhaltbaren Schwachsinn übernommen und den dann als eigene Vision an die Menschen ihrer Zeit weitergereicht.

Damals, am 2. Februar 1962, beteten in Indien Hunderttausende zum Himmel und flehten Gott an, daß er sie vor der letzten Apokalypse verschonen möge. Und ebenso viele machten sich wohl an diesem Februartag vor Angst in die Hose. Als schließlich nichts passierte, fielen sich die Leute um den Hals und dankten den Göttern, daß diese ihre Gebete erhört und das schlimme Schicksal deshalb noch einmal von den Menschen abgewendet hatten. So herum geht's also auch – ein weises Volk lebt da am Ganges.

Sind also die Astrologen abergläubische Verrückte, oder darf man Horoskopen vertrauen? Gute Frage. Ich denke, wir sind alle ein bißchen verrückt, und unseren Horoskopen kann man – vorausgesetzt, sie wurden seriös erstellt – trotzdem glauben.

Allerdings – das ist die Einschränkung – ein ›herkömmliches Horoskop‹ für alle Sternzeichen wird niemals ein individuelles Horoskop ersetzen können, da hier nur einige wenige Planetenstände berücksichtigt werden, die in einem bestimmten aussagekräftigen Winkel zur Sonne (zum jeweiligen Sternzeichen) stehen. Andere wichtige Aspekte oder Transite (z. B. die Winkelbeziehung Venus-Saturn zur Erde oder Merkur zu Mars und so weiter – davon gibt es Hunderte in einem persönlichen Horoskop) müssen bei derartigen astrologischen Voraussagen schon aus Platzgründen unter den Tisch fallen.

Zudem läßt sich ohnehin nur ein astrologisches Top-Gutachten erstellen, wenn Tag, Stunde, Minute und Ort der Geburt bekannt sind.

Was bleibt, sind also die Deutungen der stärksten

Einflüsse und Tendenzen, die jedoch durch die vielen, möglicherweise völlig anderen Aspekte aus Ihrem Geburtshoroskop – ob sie nun gut oder schlecht sind – verändert werden können. Abgeschwächt oder verstärkt, je nachdem.

Wer also ganz genau wissen will, wann ihm demnächst seine Schwiegermutter eine Bratpfanne über den Schädel knallen wird, wann endlich der langerwartete ›Sechser‹ im Lotto kommt oder alle Top-Models dieser Welt verrückt nach ihm werden, der wird nicht umhinkönnen, sich mit seinen (möglichst genau bekannten) Geburtsdaten an einen fähigen Astrologen zu wenden. Das ist zwar meist etwas teurer, als sich eine ›Astro-CD‹ für den Heimcomputer zu kaufen, aber auch wesentlich informativer. Vielleicht gibt es ja 1999 oder 2000 schon preiswerte und gute Software. Was ich bisher an Computerprogrammen so testen durfte, war gerade gut genug für einen kräftigen Lacher.

Wie die deutschsprachige CD ›Astrologie für Windows‹. Da brach in einer schweißtriefenden Nacht mehrmals mein Computer zusammen, und als es dann endlich doch funktionierte und ich mit den angebotenen Musterdaten Helmut Kohl mit Marylin Monroe verheiratete, merkte die ständig dazwischenquatschende Frauenstimme nicht einmal, daß Helmut Kohl seit 30 Jahren scheinbar mit einer Leiche zusammenlebt. Dafür aber erfuhr ich, daß Boris Becker und Inge Meysel beim gemeinsamen Shopping und Schaufensterbummel ihre Erfüllung finden und ›Ihre Anziehungskraft, Inge Meysel, die gefühlsmäßigen Bedürfnisse Ihres Partners, Boris Becker, nach Innigkeit und Intimität berührt ...‹

So sei es denn. Lustig sind solche preiswerten CDs allemal. Ich empfehle trotzdem den Weg zu einem guten Astrologen. Astrologie, richtig angewendet, hat nämlich was.«

Widder (21. 3. – 20. 4.)

Was sich Ihnen 1999 präsentiert, könnte so eine Art von Jahr werden, wie Sie es zwar gewohnt sind, aber wie Sie es eigentlich überhaupt nicht lieben: Durchmurksen ist zeitweilig angesagt. Aber beschweren Sie sich nicht. Für die meisten Widerstände werden Sie vermutlich selbst sorgen, und außerdem werden Sie zwischendurch mit traumhaften Erfolgsphasen rechnen können! Und Sie wissen es vermutlich selbst: Zum Improvisieren und Überwinden von Hindernissen sind Sie praktisch prädestiniert. Die Widder sind seit Jahrtausenden die Wegbereiter der Nation. 1999 ein paar Steinchen aus dem Weg zu räumen sollte Ihnen daher nicht allzuviel ausmachen.

Eine ebenso schöne und kreative Erfolgsphase beginnt für *alle Dekaden* im November und setzt sich von da ab bis zum Jahresende (und darüber hinaus) fort. Jetzt sollten Sie besonders in Sachen Liebe (da kommen hocherotische Stündchen auf Sie zu!) wirklich nichts anbrennen lassen! Schnappen Sie sich die süßen Früchte, die da scheinbar speziell für Sie an den Bäumen wachsen, und verschlingen Sie sie, bis Ihnen der Bauch oder eine andere Stelle weh tut! Es ist die Zeit der schönen Träumereien, der verliebten Ferkeleien und des Fremdgehens oder – was ja auch nicht zu verachten ist – eine Zeit, in der Ihr Lebenspartner plötzlich wieder überaus attraktiv für Sie wird. Erst im nächsten Jahr werden Sie dann wieder eines Nachts erwachen, und *er* liegt dann wieder neben Ihnen …

Nun jedoch ebnet Ihnen Ihre Ausstrahlung des glücklichen und höchst zufriedenen Eroberers und Siegers noch alle Wege – im Beruf, auf künstlerischem Sektor besonders und (mit drei dicken Pluspunkten) in Ihren partnerschaftlichen Beziehungen – wie viele das auch sein mögen. Sie sind der Hahn (oder die begehrte Henne) im Hühnerhof. Und, lieber Widder, Hand aufs

Herz: Genau das ist es doch, nach dem Ihr Ego so oft und lauthals schreit. Also ran an den Speck – das ist Ihre große Zeit!

Stier (21. 4. – 21. 5.)

Besonders den Stieren der *1. Dekade* scheinen in der zweiten Jahreshälfte engelsgleich Flügel zu wachsen, mit denen sie sich über alle Hindernisse hinwegschwingen können. Berufliche Erfolge und alles, was jetzt wohldurchdacht und besonnen in die Wege geleitet wird, steht unter einem sehr positiven Stern. Der könnte allerdings ab der ersten Novemberwoche wieder erlöschen und Ihnen Hindernisse, schleppende Geschäfte und Trennungstendenzen auf den weihnachtlichen Gabentisch packen.

Diese aufreibende Winterzeit bleibt (»Gott sei Dank!« werden die anderen sagen) allerdings nur der *1. Dekade* vorbehalten. Für die Stiere der 2. und *3. Dekade* sind keine tiefgreifenden negativen Einflüsse sichtbar. Für sie dürfte das Jahr relativ ruhig und harmonisch enden. Freuen Sie sich darüber.

Und was Ihr Horoskop fürs kommende Jahr angeht: Lesen Sie's erst gar nicht, oder lassen Sie sich ein individuelles Gutachten, ganz persönlich auf Sie bezogen, erstellen. Der heißeste und preiswerteste Tip: Glauben Sie nicht an so was, verstopfen Sie den Abfluß Ihres Klos mit diesem Buch und lassen Sie sich einfach vom Leben überraschen.

Zwillinge (22. 5. – 21. 6.)

Na so was! Da haben die ohnehin so wibbligen Zwillinge, die, ohne Streßsymptome zu zeigen, auf fünf Hochzeiten gleichzeitig tanzen können, ein Jahr vor sich, welches von drei hyperpositiven Tendenzen begleitet sein wird: Glück auf der ganzen Linie, Schaffensfreude und berufliche Erfolge und schließlich: jede Menge Liebe und Schweinkram (je nach Veranlagung)!

Überhaupt trüben keinerlei negative Aspekte dieses hervorragende Jahr, in dem Sie Bäume ausreißen könnten (und auch ein paar ausreißen werden!) und in dem das Glück fast immer auf Ihrer Seite sein wird. Das gilt auch für die Liebe, wo herrliche Stunden erwartet werden dürfen. Je nach Geburtshoroskop reicht hier die Palette von den zärtlichsten Kuschelstunden bis hin zu den verwegensten Ferkeleien. Was immer Sie mögen – in diesem Jahr werden Sie in Sachen Zweisamkeit voll auf Ihre Kosten kommen, wenn Sie die Sache richtig anfangen und aufbauen. Ihrem Tempo sind andere jetzt nicht immer gewachsen, also lassen Sie sich und Ihrem Partner etwas Zeit.

Eintrübungen, die aber nur kurz sind und rasch überwunden werden können (Streit, Arbeitsunlust oder innere Ruhelosigkeit und ein paar Problemchen): In der zweiten Septemberwoche für die *1. Dekade;* in der dritten Septemberwoche für die *2. Dekade* und in der zweiten Oktoberwoche für die Geborenen der *3. Dekade,* wo auch eine deutliche Tendenz zu Unfällen besteht und der eine oder andere Zwilling den schon längst überfälligen Herzinfarkt bekommen könnte. Also bedachter handeln und kürzer treten in dieser Phase! Danach können Sie dann wieder Ihren Körper knechten – sofern Vitalität und Ihr individuelles Geburtshoroskop mit mir einer Meinung sind. (Für eventuelle Nebenwirkungen befragen Sie bitte Ihren Arzt oder Therapeuten.)

Achtung für die *1.* und *3. Dekade:* Ab 7. November bis Jahresende erwartet Sie Liebe und Glück pur. Den Tippschein für die Weihnachtslotterie sollten Sie vielleicht gemeinsam unter der Kuscheldecke mit Kreuzchen bemalen. Es könnte was draus werden. So oder so.

Krebs (22. 6. – 23. 7.)

Krebse krabbeln meistens rückwärts durchs Leben. In diesem Jahr sollten sich die Astro-Krebse aber auf eine andere, wesentlich flottere Gangart umstellen, die einen starken Trend nach vorne zeigt. Ein sehr unternehmungslustiger Mars ist es, der überaus schwungvolle Phasen in dieses Jahr bringt. Da heißt es, die Ärmel hochkrempeln und mit viel Elan und Arbeitsfreude die Stufen der Erfolgsleiter hochzuklettern. Davon bleiben die Krebse der *3. Dekade* leider ausgeschlossen. Hier wird wohl alles etwas zähflüssiger ablaufen, und die Arbeitsfreude könnte in Überarbeitung und Streß ausufern. Man wird in diesem Jahr immer wieder mit Hürden, Rückschlägen und Hemmnissen rechnen müssen, so wie auch in der Partnerschaft Disharmonie und Gereiztheit zum Alltag gehören werden (»Hast du nach vier Jahren immer noch nicht geschnallt, daß ich weiche Frühstückseier hasse? Da kann ich ja gleich Schnodder trinken!«). Für die Krebse der *3. Dekade* wird 1999 sicherlich nicht gerade das Top-Jahr der glücklichen Fügungen. Vielmehr muß alles mit Bedacht und Fleiß erarbeitet werden. Ausgleichend und positivierend wirken sich vielleicht die Transite und Aspekte aus Ihrem ganz persönlichen Geburtshoroskop aus. Da mir diese Daten jedoch nicht bekannt sind, habe ich an dieser Stelle nichts Besseres für 1999 zu bieten.

Dafür schlagen die Krebse der *1.* und *2. Dekade* in diesem Jahr voll zu! Das Barometer steht auf Erfolg, wobei Ihnen – über das gesamte Jahr verteilt – der zielstrebige Mars, ein glücksbringender Jupiter und ein äußerst wohlgesonnener, erfolgsebnender Saturn zur Seite stehen. Da Sie 1999 auch mit viel Liebe, Zärtlichkeit und Harmonie und mit ebenso vielen zahlreichen Höhepunkten und Überraschungen in Ihren partnerschaftlichen Beziehungen rechnen dürfen, gibt es am Ende, wenn Sie Bilanz ziehen, an diesem Jahr wirklich nichts auszusetzen. Sie werden voll auf Ihre Kosten kommen!

Daß Sie sich Anfang November ein paar Tage lang mit merkwürdigen Geschichten interessant machen wollen, stört dabei niemanden. Sie sind nun mal ein Krebs, und damit kann man leben.

Löwe (24. 7. – 23. 8.)

Das wird ein Jahr, das man nur mit einer Fahrt auf der Achterbahn vergleichen kann, bei der die Betreiber vergaßen, wo der Knopf zum Ausschalten ist: In schwindelndem Tempo wird es ohne Aufenthalt rauf und runter gehen in diesem Jahr. Zeit zum Verschnaufen wird Ihnen dabei kaum bleiben. Die sonst mit dem Flair eines Sonntagskindes behafteten Löwen erfahren plötzlich, was es heißt, gar nicht mehr so beliebt zu sein. Es kann zu Rückschlägen kommen, zu bösen Kritiken und sogar zu Anfeindungen. Dies bewirkt in der Folge, daß Sie vielleicht viel zu schroff reagieren, womit das Ping-Pong-Spiel von Angriff und Gegenangriff dann eröffnet wird.

Davon werden nur die Löwen der *3. Dekade* verschont bleiben, die – bis auf ein paar miese Dezembertage – ein ausgesprochen positives (und gewohnt erfolgversprechendes) Jahr erwartet. Beförderungen, Karrieresprünge, vielversprechende Geschäfte und ein hoher Beliebtheitsgrad sind hier die Garanten für ein wirklich tolles Löwe-Jahr.

Die Geborenen der *1.* und *2. Dekade* sollten – das meine ich durchaus ernst – dieses Horoskop am besten gar nicht weiterlesen oder darüber nachdenken, ob es nicht besser wäre, sich irgendwo ein gut ausgearbeitetes persönliches Horoskop erstellen zu lassen.

Es wird ein aufreibendes Jahr, besonders für die *1. Dekade.* Am besten, Sie verlagern Problemfälle in die zweite Jahreshälfte. Ab da geht's nämlich rasant aufwärts, und die Kerben der Vormonate werden sich wieder schließen. Ihr Gespür für die Feinheiten ist zurückgekehrt, und Ihre angeborene gute Intuition wird Ihnen nun wieder den richtigen Weg zeigen. Diese Zeit ist bestens geeignet, um verlorengegangenes Terrain wieder zurückzuerobern, so daß die Bilanz am Ende des Jahres (alles noch *1. Dekade*) gar nicht mehr so übel aussieht. Es war halt nur aufreibend, dieses Jahr 1999 …

Die Löwen der 2. *Dekade* werden eine ähnlich turbulente Zeit haben. Bis Mitte Oktober können sich heftige Auseinandersetzungen, privat und beruflich, ausdehnen.

Danach könnten noch einige üble Überraschungen auftauchen, vor denen Sie bis zum Jahresende eigentlich nie ganz sicher sein werden. Betrug und Diebstahl, exzentrisches Verhalten, unzufriedene, nörgelnde Ehehälften und Ihre oft zu schroffe Reaktion auf all diese Vorfälle bringen viel Unruhe in die Herbst- und Wintermonate, die zwischen dem 12. und 15. Dezember für die Löwen der 2. *Dekade* wohl ihren Höhepunkt erreichen werden. Mehr ist zu diesem allgemeinen Horoskop für 1999 nicht zu sagen. Wenn Sie wider Erwarten damit zufrieden sein sollten, empfehle ich den Besuch eines guten Psychiaters. Kein normaler Mensch kann mit solch einem Horoskop zufrieden sein!

Jungfrau (24. 8. – 23. 9.)

Ein Top-Jahr, das wohl insbesondere die Jungfrauen der *1. Dekade* nie mehr vergessen werden! Ebenso positiv, aber doch in abgeschwächter Form gelten die nachfolgenden Prognosen für die Geborenen der *2.* und *3. Dekade.* Beschreiben wir also die zweite Jahreshälfte für die *1. Dekade,* und die anderen Jungfrauen ziehen von der Hyper-Bilanz 1999 etwa 50 Prozent der Erfolgserlebnisse wieder ab. So ist es, und so wird es vermutlich eintreffen.

Ihre Ideen sind hervorragend, die Argumente stimmen, und der Erfolg gibt Ihnen recht. Das beeindruckt auch andere, und so greift ein Rädchen ins andere. So, wie Sie es eigentlich immer wollten. In den ersten Septembertagen sollten Sie vielleicht eine kurze Verschnaufpause einlegen. Nervosität, die ersten Streßanzeichen und ein bißchen Groll vermischen sich mit den positiven Tendenzen. Vielleicht war es das arbeitsintensive Jahr? Treten Sie in diesen Tagen ein bißchen kürzer und legen Sie einen Schongang ein, um dann ab dem 10. Oktober noch einmal Ihrem Zukunftsschiff die richtige Richtung zu geben. Bis Ende Oktober werden Sie intuitiv die richtigen Entscheidungen treffen, Ihren Gefühlen vertrauen können und Ihrem Partner Dinge ins Ohr flüstern, die er bisher noch nie von Ihnen gehört hat. Vielleicht beginnt in diesem Monat auch das, was im kommenden Jahr unaufhaltsam über Sie hereinstürmen wird: die ganz große Liebe oder das Auflodern, der frische Wind in Ihrer bestehenden Beziehung. 1999 wird ein Jahr, an dem es nichts auszusetzen gibt. Ein Erfolgsjahr, ganz so, wie es die kühlen und sachlichen Jungfrauen gerne mögen! Ein seltenes Jahr, das schwungvoll Ihren beruflichen Aufstieg fördert. Ein Jahr, das – wenn Sie die sich bietenden Gelegenheiten am Schopf fassen – entscheidend für Ihre Zukunft sein kann. Machen Sie was draus!

1999 zeigt sich für Sie von der schönsten Seite. Sie sind begeisterungsfähig, hoch motiviert und sensibel. Liebe und Zärtlichkeit, künstlerische Ambitionen, das Gefühl für Ästhetik, Charme und Einfühlungsvermögen werden besonders bei den Waagen der *1. Dekade* gefördert.

Die Geborenen der *2. Dekade* werden etwas aktiver sein als die der *1. Dekade*. Originalität, Unternehmungslust und Ehrgeiz begleiten Sie in dieser positiven Phase, aber auch – da ist besonders bei den weiblichen Waagen der *2. Dekade* etwas Vorsicht angebracht – spontane Bindungen (Heirat nicht ausgeschlossen) oder andere verrückte Einfälle, die – nach den astrologischen Erfahrungen dieser »Entsprechungslehre« – trotz fördernder Aspekte meist nicht gut ausgehen. Ihr Uranus zeigt sich etwas kopflos. Er macht stürmisch verliebt, überdurchschnittlich begeisterungsfähig, aber er ist nicht in der Lage, den möglichen Scherbenhaufen später wieder zu kitten. Die notwendige Vernunft müssen Sie also selbst ins Spiel bringen, gerade wenn Ihnen Ihre Gefühle ab Oktober bis zum Jahresende Flügel verleihen. Die Waagen der *2. Dekade* sollten in diesem Jahr also besonders auf der Hut sein und sich nicht leichtfertig in Abenteuer stürzen, die sie später wahrscheinlich bereuen würden.

Mit dieser rosaroten Brille müssen sich die Geborenen der *1. Dekade* nicht herumschlagen. Die Zeit zwischen Mitte November bis weit ins kommende Jahr hinein wird durch ein gutes Einfühlungsvermögen geprägt, wobei auch Gefühl und Romantik nicht zu kurz kommen und künstlerische oder kreative Berufe und Tätigkeiten besonders gefördert werden. Ihr Leben wird bestimmt von positiven Aspekten, die sich harmonisch auf Ihre partnerschaftlichen Beziehungen und Ihr persönliches Umfeld auswirken. Geselligkeit, Freunde,

Harmonie, Liebe geben und nehmen – es wird Ihnen gefallen …

Die Waagen der *3. Dekade* werden das letzte Jahr in diesem Jahrtausend etwas ruhiger erleben, wobei sich Auf und Ab im Laufe des Jahres die Waage halten werden. Kein Jahr zum Jubeln, aber auch keines, in dem einem graue Haare wachsen. Ein schlappes, hundsgewöhnliches Jährchen mit Höhen und Tiefen. Das allgemeine Horoskop wirkt ausgeglichen, kann jedoch durch die Aspekte Ihres individuellen Horoskops (dazu sind Ihre genauen Geburtsdaten notwendig) stark beeinflußt werden. Positiv oder negativ. So ist sie nun mal, die gute Astrologie!

Skorpion (24. 10. – 22. 11.)

Tja, Freunde, das ist so ein Horoskop, das man eigentlich gar nicht schreiben möchte, weil man sich damit absolut keine Freunde machen kann. Das gilt insbesondere für die Skorpione der *1. Dekade* (total beschissenes Jahr) und in abgeschwächter Form für die *2. Dekade* (ziemlich beschissenes Jahr). Das gilt aber überhaupt nicht für die Geborenen der *3. Dekade,* die 1999 eine Schaffensfreude an den Tag legen werden, die beinahe schon unheimlich ist. Hier sind, verteilt über das komplette Jahr, Dynamik, Arbeitseifer und Unternehmungslust (bis hin zu der wilden Entschlossenheit, nun endlich auch am Kuchen der Großen knabbern zu wollen) angezeigt. 1999 wird für die Skorpione der *3. Dekade* ein Jahr, wo man Bäume ausreißen kann und sich dabei wie Obelix fühlt (das ist der starke Bursche aus dem kleinen gallischen Dörfchen, der nie am Zaubertrank schlabbern darf, weil er sowieso schon viel zu stark ist). Unerschrocken werden Sie sich auf neue große Aufgaben stürzen und diese mit viel Elan zu Ende führen. (Unter diesem Aspekt zieht Obelix immer los, um eine Horde Römer zu verhauen!)

Die vom Himmel Gestraften sind 1999 die Skorpione der *1. Dekade,* denen viel Phantasie abverlangt wird, um in diesem Jahr »durchaus noch etwas Gutes zu sehen«. Die Grundtendenz (ohne Kenntnis Ihrer korrekten Geburtsdaten) sieht etwa so aus: eine einzige Pechsträhne und Trennungstendenzen, die sich ab 11. November bis zum Jahresende hin verschärfen werden. Ab der letzten Novemberwoche fügt sich dann noch einmal – als ob das alles nicht schon genug wäre – ein Verleumdungs-, Suff- und Ferkeltransit ins astrologische Geschehen dieses Jahres.

Sie wollen etwas Trostreiches hören? Okay, heißer Tip: Glauben Sie ab heute nicht mehr an astrologische Horoskope, und verbrennen Sie dieses Buch. Machen Sie aber kein offenes Feuer in Ihrer Wohnung, denn bei Ihren Astro-Tendenzen könnte es sonst passieren, daß Ihnen das Haus über dem Kopf wegbrennt.

Diese Strapazen – allerdings etwas abgeschwächt und ohne den zum Alkoholismus treibenden Neptun-Einfluß – gelten auch als Jahresvorschau für die Geborenen der *2. Dekade.* Ihnen allen wünsche ich heute schon, daß die Aspekte Ihres persönlichen Horoskops die vorausgegangenen Aussagen unwahr werden lassen und sich alles am Ende doch noch in Wohlgefallen auflösen wird. Versuchen Sie, ein bißchen Humor in die Sache reinzubringen, und lesen Sie ab heute nie mehr solche Horoskope. Es kann ja wirklich alles ganz anders, viel, viel positiver kommen …

Schütze (23. 11. – 22. 12.)

Der Blick in die Sterne, lieber Schütze, könnte keine besseren Perspektiven für die Jahrtausendwende bringen!

Es wird ein vielversprechendes Jahr 1999, und besonders bei den Schützen der *1.* und *2. Dekade* trübt kein auch noch so kleines Wölkchen den Ausblick in Ihr absolutes Erfolgsjahr.

Über die Schützen der *1. Dekade* schüttet im Herbst und Winter das Glück mit aller Macht sein Füllhorn aus. Liebe und Partnerschaft sind nun bestens bestrahlt, und eine unermüdliche Schaffenskraft, unterstützt durch einen kraftvollen Mars, ebnet Ihnen jetzt viele Wege im Berufsleben. Ab Oktober bis zum Jahresende können sich zahlreiche Glücksfälle, viel Neues und unvergeßliche Abenteuer für die Geborenen der *2. Dekade* voll entfalten. 1999 wird also niemals langweilig werden, wobei sie das Glück für sich gebucht zu haben scheinen! Aber: Trotz der zahlreichen neuen Eindrücke und Abwechslungen sollten Sie jetzt darauf achten, sich nicht zu verzetteln und auch Ihre beruflichen Ziele nicht aus den Augen zu verlieren. Es wäre eine Sünde, so viele hervorragende Chancen ungenutzt zu lassen!

Schützen der *3. Dekade* sind beruflich hochmotiviert, und sie werden mit viel Freude und Schwung ihre hervorragenden Ideen in die Tat umsetzen können. Diese erfolgversprechende Dynamik, die bei jeder Art von geschäftlicher Tätigkeit zum Tragen kommt, wird Sie um die Weihnachtszeit bis zum Jahresende hin in Atem halten. Und wenn Sie nun die Bilanz ziehen, werden Sie wohl zufrieden auf ein recht erfolgreiches Jahr zurückblicken können.

Steinbock (23. 12. – 20. 1.)

Wenn Sie der Typ sind, für den Beruf und Geschäfte – sollten die Voraussetzungen stimmen – eine Art Hobby sind, und es Ihnen Freude bereitet, in die Hände zu spucken und den Dynamo in Ihnen so richtig durchzustarten, dann dürfte 1999 ganz nach Ihrem Geschmack verlaufen. Für Schlappis und Drückeberger kommen hingegen schlechteste Zeiten!

1999 bringt Ihnen nämlich über das gesamte Jahr verteilt immer wieder neue Schübe an Vitalität, Schaffenskraft und kraftstrotzender Gesundheit. Ein inneres Feuer scheint sich in Ihnen zu entfachen und an die Oberfläche zu drängen.

Dazu gesellen sich dann noch viel Optimismus, ein hohes Maß an Entschlossenheit und Organisationsfreude und eine einzigartige Motivation, begonnene Dinge zu einem erfolgreichen Abschluß zu bringen. All diese dynamischen Tendenzen, die Ihnen ein feuriger Mars in diesem Jahr beschert, müßten eigentlich – wenn Sie nicht alles falsch aufziehen oder andere aus Ihrem Tätigkeitsbereich ausklammern – hervorragende Chancen sowie neue Einstiege und Märkte schaffen. Sie sprühen jetzt vor Temperament, was andere mitreißen oder erschrecken kann, und werden in der Lage sein, Ihre guten Ideen auch richtig umzusetzen. Diese positive Jahrestendenz hat schon viele Menschen zum Superstar emporgehoben. Popularität, ein wachsender Bekanntheitsgrad und ein rascher Aufstieg auf Ihrer Karriereleiter dürfen also getrost eingeplant werden.

Diese positive Tendenz zeigt sich für die Steinböcke aller Dekaden. Ein astrologisch hervorragend bestrahltes Jahr also für alle im Zeichen des Steinbock Geborenen, in dem Sie unermüdlich von Erfolg zu Erfolg eilen werden.

Wassermann (21. 1. – 19. 2.)

Das wird, liebe Wassermänner und Wasserfrauen, gewiß kein langweiliges Jahr! Es ist gleich eine ganze

Sammlung von unterschiedlichen Aspekten und Transiten, die Ihr Leben in diesem Jahr bestimmen werden und auch deutlich unterschiedliche Lebensumstände innerhalb der drei Dekaden aufzeigen. Dieses Horoskop muß also etwas »sortierter« als gewöhnlich geschrieben werden.

1. Dekade: Bis in den November hinein sorgt ein äußerst liebenswerter Pluto für hervorragende Chancen, beruflich und im Leben ganz allgemein entscheidend weiterzukommen. Karrieresprünge, Popularität und große Verdienstmöglichkeiten durch Öffentlichkeitsarbeit sind angezeigt. Ab 21. November (bis über das Jahresende hinaus) kommen weitere fördernde Aspekte hinzu, so daß Sie in diesem letzten Monat des Jahres eigentlich ein gutes Gespür für die richtige Situation und den richtigen Zeitpunkt entwickeln müßten, Ihrem Leben den Kick zum Erfolg geben zu können.

2. Dekade: Die Zeit ab der letzten Oktoberwoche bis über das Jahresende hinaus wird von den Schwankungen Ihres Lebensschiffleins geprägt sein. Ein Jahr voller Trubel und Umbrüche erwartet Sie also, wobei die Aspekte Ihres individuellen Geburtshoroskopes die Tendenzen mildern oder völlig umdrehen können. Dazu müßte man aber Ihre korrekten Geburtsdaten kennen.

3. Dekade: Ein paar trübe Wölkchen sind zwar in Sicht, dennoch: Schiff ahoi – segeln Sie los, in dieses turbulente Jahr 1999! Die dynamischste Phase mit den besten Erfolgsaussichten fällt für Sie eindeutig in die erste Jahreshälfte, wobei Ihnen jedoch auch das zweite Halbjahr sporadisch gute Ideen, Sachverstand und geschäftliche Erfolge bringen wird. Alles in allem müßte das Jahr zu Ihrer Zufriedenheit verlaufen.

Fische (20. 2. – 20. 3.)

Für die Fische der *1.* und *2. Dekade* ist – bis auf ganz wenige Abstriche – ein berufliches Erfolgsjahr angezeigt. Schaffensfreude, Tatendrang, die gute Umsetzung neuer Ideen, ein Paket voller Vitalität und ein unerschütterlicher Glaube an die eigenen Fähigkeiten könnten den Markstein für eine gesicherte Zukunft setzen.

Ihre Umwelt erlebt Sie hoch motiviert und ständig nach vorne stürmend – alles ein wenig ungewohnt bei den Fischen, die alles immer ein wenig ruhiger und ausgeglichener angehen. Doch in diesem Jahr packt Sie ein Wind, der Sie ständig antreibt und – Voraussetzung ist, daß Sie zumindest die ersten vier Schulklassen mit »ausreichend« abgeschlossen haben – Sie von einer erfolgreichen Schlacht in die andere führt. Ein Jahr für Eroberer und Gewinner. Ein ungewöhnlich potentes Jahr.

Für die Fische der *3. Dekade* gilt prinzipiell das gleiche, doch hier ist es weniger die schwungvolle innere Antriebsfeder, die Ihnen Erfolge beschert, sondern eher Ihr brillant arbeitender Verstand. Hier und da werden Sie zwar ein wenig trotzig reagieren, ansonsten werden Sie sich jedoch auf Ihr Urteilsvermögen verlassen können. Ein hervorragendes Jahr für Menschen, die ihr Geld mit dem Schreiben von Briefen, Büchern und Werbungen (auch durch Redegewandtheit) verdienen. Propagandisten, Moderatoren, Rechtsanwälte, Politiker, Vereinsvorsitzende und so weiter (Reihenfolge und Zusammenhang wurden zwanglos aufgeführt und sind rein zufällig) werden 1999 durch eine bestechende Argumentation und Redegewandtheit ihre Siegesfähnchen hissen können.

5 Schicksalsjahr 2000

Das wird passieren

Die wichtigsten Ereignisse, die von den Hellsehern der Gegenwart für 2000 vorausgesagt werden, zunächst hier in der Kurzübersicht:

- Weitere Klimakatastrophen in der Welt. Die Palette der Voraussagen reicht vom Untergang Japans und anderen Kontinenten bis zu einem Erdbeben, das Paris erschüttert. *(Vier Voraussagen: Heese, Aristizabal, Szemenik, Le Royer)*
- Wende zum Guten. Mit dem Jahr 2000 beginnt eine neue Zeit. Die Menschheit hat aus ihren Fehlern gelernt. Moral und Ethik nehmen einen neuen, hohen Stellenwert ein. *(Zwei Voraussagen: Bergier, Nagel)*
- Wirtschaftliches Chaos, wachsende Volksarmut und Staatspleiten. Die Folge: Große Umwälzungen in der Welt oder innerhalb einzelner Nationen, Hunger und Armut breiten sich aus und bringen auch einen massiven Anstieg der Kriminalität mit sich. *(Vier Voraussagen: Szemenik, Heese, Aristizabal, Le Royer)*
- Kriegsbedrohung in Europa. Die Folge: Millionen Tote, verwüstete und unbewohnbar gewordene Regionen, weltweites Chaos. *(Zwei Voraussagen: Szemenik, Le Royer)*
- Weitere Voraussagen: blutiges Attentat in Frankreich *(Aristizabal)*; neue Seuchen und Krankheiten *(Szemenik)*; in Spanien ETA-Terror *(Aristizabal)*; neue Weltreligion kommt aus Italien *(Heese)*.

Ende und Neubeginn

Eine ältere Prophezeiung, in der das Jahr 2000 klar genannt wird, wurde nur einmal niedergeschrieben. Sie stammt von der französischen Laienschwester Jeanne Le Royer (1732–1798), deren Vision die Nonnen aus einem Kloster in der Bretagne zu Papier brachten. Jeanne Le Royer sagte für das Jahr 2000 den »schrecklichen Untergang des Papsttums« voraus, mit dem auch das Ende der Welt käme. Vorher, so prophezeite die Schwester, werde es Erdbeben, soziale Unruhen und schließlich einen Krieg geben, aus dem der Antichrist hervorginge, der die Welt in das letzte Inferno stürzen würde.

Der Deutsch-Amerikaner Richard Kieninger behauptete 1963 in seinem Buch »The Ultimate Frontier«, von einer uralten Geheimorganisation ausgewählt worden zu sein, um einen Teil der Menschheit vor dem Jüngsten Gericht zu bewahren, welches am 5. Mai 2000 herniederführe. Gigantische Flutwellen, Erdbeben, Vulkanausbrüche und verheerende Überschwemmungen würden an diesem Tag die Erde heimsuchen.

Seine gläubigen Anhänger begannen 1973 die kleine Stadt Stelle (160 Kilometer südwestlich von Chicago) aus der Erde zu stampfen. Von dort aus will man am Tag der letzten Katastrophe mit leichtflügeligen Luftfahrzeugen und Ballons über dem Chaos dahinschweben, bis man eine Stadt namens Philadelphia gefunden hätte, die inmitten des Pazifiks aus dem Meer auftauchen würde. In der Nähe von Dallas (Texas) bildete sich 1976 eine zweite Gemeinde, deren Gründer Richard Kieninger selbst ist. Auch hier werden am 5. Mai 2000 Luftfahrzeuge aufsteigen und dem Rettung und Segen bringenden Philadelphia entgegenfliegen.

Weitere ältere Prophezeiungen, die sich konkret auf

das Jahr 2000 beziehen, konnte ich bei meinen Recherchen nicht finden. Und leider wurden auch die Voraussagen der in diesem Buch aufgeführten Hellseher der Gegenwart für das Jahr 2000 zunehmend dünner, dürftiger und unpräziser. Oder sie blieben völlig aus. Der Grund dafür ist wohl darin zu suchen, daß viele der vorher zitierten Hellseher und Channel-Medien nach dem Jahr 1999 keine Zukunft mehr für die Welt sehen.

So schwor André Heese während eines Telefonats, das er im November 1997 mit mir führte, spätestens im Januar 1999 Berlin zu verlassen, um an einen Ort überzusiedeln, »der relativ sicher ist«. Und Helmut Szemenik, der heilende Seher aus Kassel, hat heute bereits ein beeindruckendes Vorratslager an Lebensmitteln, Trinkwasser und Konserven für »die Zeit danach« in seinem Keller, direkt neben dem Altarzimmer, angelegt.

Hier nun die wenigen »Rest-Prophezeiungen«, die mir für das Jahr 2000 zugesandt wurden.

André Heese: Der Beginn der neuen Zeit

»Das Jahr 2000! Viele Autoren der Vergangenheit sahen in dieser Zahl den Beginn einer neuen Zeit des Friedens und des Fortschritts in Wissenschaft und Technik. Der Mensch wird den Weltraum erobern! (Ich hoffe, daß der Mensch wenigstens im nächsten Jahrhundert merkt, daß ›Eroberung‹ eine der destruktiven Veranlagungen der ›Rasse Mensch vom Planeten GAYA-Erde‹ ist, und allmählich damit beginnt, den Begriff der ›Eroberung‹ in ›Erforschung‹ zu ändern.) Wie sieht nun das Jahr 2000 für die Länder und Staaten dieser Welt aus?

- Europa, numerologisch: *Hiob*
  Alles illusorisch! Keine Chancen! Wenn eine Vereinigung der Staaten von Europa stattfinden sollte, dann unter einem anderen Namen, da Europa ab dem Jahr 2000 völlig anders aussehen wird.
- USA, numerologisch: *Die Macht*
  Die Macht der USA dürfte ab 2000 gebrochen sein. Ich kann nicht sagen, ob politisch, wirtschaftlich oder wie auch immer, aber der Stellenwert, den die Vereinigten Staaten von Amerika zur Zeit haben, wird enorm angegriffen sein.
- Rußland, numerologisch: *Der Hort der Zerstörung*
  Die ehemaligen Ostblockstaaten, inklusive Rußland, werden einen sehr unruhigen Jahrtausendwechsel durchmachen, aber ich sehe eine enorm positive Veränderung für das 21. Jahrhundert. Ich weiß nicht warum, doch auch wenn es sich verrückt anhören sollte, wird der Friede der Menschheit vermutlich in diesem geographischen Bereich entstehen.
- Japan, numerologisch: *Die Insel des Untergangs*
  Wie die numerologische Bezeichnung des Minikontinents Japan, so wird sich sein Schicksal im wahrsten Sinne des Wortes erfüllen – es wird untergehen!
- Deutschland, numerologisch: *Die Erlösung*
  Ich weiß nicht, in welcher Form diese Erlösung zu suchen ist. Ich nehme an, daß sich Deutschland isolieren wird, aber nicht in der Form des damaligen Dritten Reichs. Ich nehme an, daß Deutschland einmal politisch neutral wird. Warum und durch welche Anlässe kann ich partout nicht sagen. Aber es wird keinerlei Gefahr von Deutschland ausgehen. Die ›Geschichte‹ wird sich nicht wiederholen.
- Italien, numerologisch: *Die Lehre der Meister*
  Spirituell wie ökologisch wird aus Italien ein neues

Licht entstehen. Es wird sich eine Art von neuer Religion entwickeln – eine Symbiose aller Weltreligionen, welche mit der Konzentration auf den einen universellen Gott einhergeht. Eine neue Art von Führungsperson entsteht dabei, die sich markant von der jetzigen Form des Papsttums unterscheiden wird.

- Israel, numerologisch: *Das Land des Jahwe*

Aus Israel werden wir mit sehr viel Wissen versorgt. Die wahren Hintergründe der ›Quabbalah‹ werden offenbart, und es werden neue spirituelle Beziehungen an die Öffentlichkeit kommen, die für die Menschheit von großer Bedeutung sein werden. Dies hat eine enge Beziehung zur biblischen Bundeslade und zu einem Stab oder einem Speer. Wie dieses von mir empfangene Bild allerdings zu deuten ist, kann ich zur Zeit nicht erklären.

- Australien, numerologisch: *Das Land des Narren*

Australien wird uns ab dem Jahr 2000 sehr überraschen. Das Bild, das ich sehe, ist das eines Till Eulenspiegel, der die Bevölkerung immer und immer wieder genarrt hat. Ich habe das amüsierende Gefühl, daß wir von Australien ganz schön zum Narren gehalten wurden. Dieser Kontinent wird jedoch einmal sehr wichtig für die gesamte Menschheit werden.

Wie gesagt, eine Prognose für die Zukunft ist immer sehr schwer. Die Menschen entscheiden letztlich selbst, welchen Weg die Zukunft für sie bereithält. Hoffen wir, daß das Kollektiv der Erdbevölkerung endlich gelernt hat, daß unser Planet eigentlich kein schönes Bild im Universum abgibt, und wenn es so etwas wie intelligentes Leben auf anderen Planeten geben sollte (eine, sagen wir mal, ›StarTrek‹-orientierte Föderation oder Allianz der Planeten), dann fällt das Bild, das wir, die Erdenmenschen, zur Zeit abgeben, doch etwas dürftig aus – oder?«

Hellseher Helmut Szemenik: Millionen Tote nach einem Atomkrieg

»Die Klimakatastrophe nimmt kein Ende. Auch im Jahr 2000 werden riesige Brände entstehen und werden weiter Millionen Hektar an Regenwald abgeholzt. Dadurch entstehen klimatische Veränderungen in großem Ausmaß. Ganze Landstriche werden überschwemmt, einige werden sogar für immer verschwinden!

Auch werden neue Seuchen – künstlich hervorgerufen oder durch unbekannte Infektionskrankheiten ausgelöst – ausbrechen und die an der Erde und Umwelt herumexperimentierenden Menschen allmählich dezimieren.

Meine furchtbarste Vision für das Jahr 2000 bezieht sich jedoch auf den Krieg zwischen dem Irak und den Vereinigten Staaten von Amerika. Ich sehe fünf todbringende und abschußbereite Raketen im Land Saddam Husseins. Sie sind auf Paris gerichtet! Doch die USA werden auf Grund ihrer modernen Satellitentechnik den furchtbaren Angriff umleiten können, was das Auslöschen des gesamten Orients und des Abendlandes bewirken wird. Es werden Gebiete entstehen, wo der Grad der atomaren Verseuchung nicht nur Tausenden, sondern Millionen das Leben kosten wird! Die Auswirkungen dieses kurzen Krieges werden um ein Vielfaches schlimmer sein als jene, die wir noch von Tschernobyl her kennen.

Auch diese Katastrophe hatte ich lange vorher vorausgesagt, aber damals wollte mir niemand diese Prophezeiung glauben! Auch das Jahr 2000 wird uns entsetzliche Katastrophen bringen, obwohl ich mir wünschen würde, unrecht zu haben. Doch ich weiß, daß es passieren wird. Und so bleiben für mich eigentlich nur noch zwei Fragen offen:

Wer könnte uns helfen? Und wie kann man diese schrecklichen Entwicklungen aufhalten?«

Tarot-Medium Madame Bergier: Ein Trend zum Positiven

Die Tarot-Frage für das Jahr 2000 wurde allgemein gehalten und lautete: »Wie wird es *nach* 1999 weitergehen?«

»Zusammenfassend würde ich sagen, daß mit dem Jahr 2000 von den Führern der Welt nun doch ernsthaft ein Trend eingeschlagen wird, der deutlich auf das Allgemeinwohl ausgerichtet ist. Es werden immer noch Fehler gemacht, und das Erbe der Vergangenheit: unser Streben nach Macht und Erfolg, eine marode Umwelt und unsere Gleichgültigkeit gegenüber den Mitmenschen – dies alles belastet uns auch weiterhin, doch es wird ein deutlicher Sinneswandel stattfinden. Die Karten sind nicht leicht zu deuten, weil die Frage eher allgemeiner Natur ist und die Antworten somit auch schwer einzuordnen sind.

Klar scheint mir jedoch der positive Umschwung, hin zu einer höherwertigen Moral zu sein. Wenn uns das Tarot für das Jahr 2000 dies sagen will, dann, so denke ich, wird der Mensch nun doch einen entscheidenden und vor allem lobenswerten Schritt in eine lebenswertere Zukunft unternehmen.

- 1. Karte (darum geht es): *Zwei Kelche*

Hier wird ein versöhnlicher Ausdruck zu vergangenen Fehlern und falschen Entscheidungen angezeigt. Das, was uns an Veränderungen oder dem Aufbau neuer Verbindungen beschäftigt, wird hier positiv herausgestellt. Grundsätzlich symbolisieren die zwei Kelche die Liebe und die Bereitschaft zur Versöhnung zwischen zwei gegensätzlichen Polen.

- 2. Karte (das kommt hinzu): *Der Hohepriester*

Der Hohepriester steht für die Welt des Glaubens und gilt als eine Schutzkarte des Tarots. Das ist eine positive Karte, die den Verlauf einer Angelegenheit grundsätzlich günstig beeinflußt. Symbolisch verweist diese Karte auf den Weg der Ethik und auf unsere moralischen Grundwerte. Auf dem zweiten Platz zeigt der Hohepriester an, daß wir unsere Einstellungen zu überprüfen haben und wir uns nun fragen müssen, ob wir früher vielleicht zu gutgläubig handelten und alles zu kritiklos hinnahmen. Gleichzeitig offenbart uns die Karte, daß wir unsere moralischen Vorsätze wahren und uns nicht in unsauberen Machenschaften verstrikken sollten.

- 3. Karte (das wird erkannt): *Der Stern*

Die Karte bedeutet Zuversicht und Weitblick (nach dem alten Orakel wird hier auf die ›Säulen der Weisheit‹ verwiesen). Sie ist eine Karte der Hoffnung und des Einblicks in tiefere Zusammenhänge. Allgemein wird hier auf Planungen und Neubeginne verwiesen, die unter Umständen auch in eine entferntere Zukunft deuten können. Es bedarf somit einiger Zeit, um die Saat aufgehen zu sehen und die Auswirkungen der Handlungen zu erkennen.

- 4. Karte (das wird gespürt): *Drei Kelche*

Die drei Kelche setzen deutliche Akzente dafür, daß wir inzwischen etwas Wesentliches erreicht haben. Dieses erreichte Ziel ist immerhin so groß, daß es Grund zum Feiern und zur Dankbarkeit gibt. Auf Platz vier steht die Karte in enger Verbindung zu jener Karte auf dem fünften Platz.

- 5. Karte (das hat dahin geführt): *Der Teufel* – auf dem Kopf liegend

Im Tarot symbolisiert der Teufel die dunkle Macht, die Verfinsterung des Lichts. Er zeigt das gemeinsam Erlebte, unsere Erfahrungen und oft auch das Scheitern von guten Vorsätzen oder Handlungen. Er verkörpert ebenfalls das Streben nach Macht, die Maßlosigkeit und die Gefahr, sich die Finger an einer Sache zu verbrennen. Auf dem fünften Platz offenbart uns der Teufel, in Verbindung mit der Frage, die gestellt wurde (»Wie wird es *nach* 1999 weitergehen?«), die dunklen Seiten unserer Existenz. Auf dem Kopf liegend ist hier der Mißbrauch von Macht und die Gier nach gehobenen Positionen angezeigt; das Streben nach Geld, Besitz und unkontrolliertem Ehrgeiz. All diese Eigenschaften beherrschten in der Vergangenheit die Entscheidungen der Mächtigen (das hat dahin geführt).

- 6. Karte (so geht es weiter): *Drei Münzen* – auf dem Kopf liegend

Leider scheint immer noch ein ausgeprägtes Streben nach Macht und Gewinn vorzuliegen. Einerseits zeigen die drei Münzen an, daß wir erfolgreich unsere Prüfung bestanden und aus der Erfahrung gelernt haben. Andererseits stehen weitere Prüfungen bevor, da unverändert ein eigennütziges Gewinndenken in vielen Köpfen herumspukt. Zudem werden unsere Handlungen von der Angst geprägt, Konkurrenten oder Mitbewerber könnten am Ende als Sieger hervorgehen.

- 7. Karte (so sehen es die Menschen): *Neun Kelche* – auf dem Kopf liegend

Selbstgefälligkeit der Verantwortlichen, Mißwirtschaft, Fehlinvestitionen und Verschwendung von öffentlichen Geldern schaffen in zunehmendem Maße Unzufriedenheit. Skandale und Auseinandersetzungen auf der einen Seite und Trägheit und Vetternwirtschaft auf der anderen Seite könnten in diesem Jahr trotz einiger vielversprechender Ansätze und Änderungen die versprochenen Ziele in weite Ferne rücken lassen.

• 8. Karte (dort findet es statt): *König der Schwerter*

Die Karte verweist auf einen klugen Sachverstand, auf geistreiche Ideen und auf Problemlösungen, wobei aber Unbeständigkeit und Zweideutigkeiten zu einer zynischen Kritik Anlaß geben können. Sie warnt vor Übertreibungen, vor Geschäftemachern und vor eiskalter Raffinesse, mit der das Volk getäuscht werden könnte. Generell symbolisiert der König der Schwerter den Richter, der – in bezug auf die gestellte Frage – den einzuschlagenden Weg offenzulegen versucht.

• 9. Karte (das erwarten oder befürchten die Menschen): *Der Herrscher*

Beständigkeit, Schutz, Hilfe und Vernunft sind gefragt. Das Verlangen nach Stabilität und Sicherheit rückt immer mehr in den Vordergrund. Ganz klar umreißt diese Karte den Wunsch der Menschen, daß endlich Ordnung geschaffen wird und die guten Vorsätze und Pläne tatsächlich verwirklicht werden. Der Herrscher verlangt nach klaren Konzepten und Beharrlichkeit, und er drückt deutlich den Willen aus, selbst Verantwortung zu übernehmen.

• 10. Karte (dorthin führt es): *Der Wagen*

Der Wagen, eine Art Vorsehungskarte, die unter Umständen auch einige Schwierigkeiten anzeigt, bedeutet einen gewagten Sprung nach vorn. Er setzt dabei ganz deutliche Akzente, die uns bedeuten, sich von Vertrautem zu lösen und eigene neue Wege zu gehen. Dies ist eine Karte, die Zuversicht und Optimismus ankündigt, aber auch eine gewisse Unerfahrenheit, da wir uns jetzt in einem neuen Umfeld bewegen müssen. Der Wagen warnt somit auch vor zu hoher Selbsteinschätzung und Euphorie. Er mahnt zu mehr Verantwortung bei größeren Aufgaben, stellt aber ganz klar fest, daß wir uns auf einen Erfolg zubewegen. Ob Wunsch und Wirklichkeit in Einklang gebracht werden können, wird somit am Verantwortungsbewußtsein der Menschen und ihrem aufrichtigen Streben hin zu einem moralisch vertretbaren Konzept liegen.«

Karin Nagel: Nach der großen Katastrophe

»Still ist die Welt, die Stimmen der Menschen sind verstummt. Die Katzen haben die Wohnhäuser verlassen. Gottes und der Menschen Welt ist gereinigt. Die Atmosphäre ist klar und frisch. Raumschiffe senken sich zur Erde, um sie wieder zu bevölkern – Heimkehrer aus anderen Welten. Ein Lobgesang geht durch die Lüfte, lobet den Herrn und den Retter der Erde! Froh sind die Menschen der neuen Erde, tief ergriffen von ihrer Zuneigung zum Schöpfer; Liebe zu allem, was lebt, beseelt sie. Harmonie ist die Basis des Lebens, voller Freude und Hingabe an alles Lebendige. Die Engel der Himmel weilen unter den Menschen – Helfer und Trostspender für alle. Die Not ist vergessen, alles Leid hat ein Ende. Vor den Menschen liegt die Heimkehr zu Gott. Der Aufstieg der neuen Rasse, die im Licht wandeln wird, Tag und Nacht, und die Helfer sind an ihrer Seite und die Meister unter ihnen. Ein Gefühl von kosmischem Sein und Bewußtsein erweitert die Sinne, getragen von Fröhlichkeit und der Leichtigkeit des Lebens. Ewiges Bewußtsein entfaltet sich in jedem.

Die Erde ist Partner der anderen galaktischen Planeten, fern und nah im gesamten Spiralnebel. Die Weiten des Kosmos grüßen den Menschen und laden ihn zu Erkundungsreisen ein. Wartet ab, noch ein Weilchen! Habt Frieden in eurem Herzen, bleibt zuversichtlich! Ihr benötigt nur noch wenig Ausdauer, um dies alles selbst zu erleben. Die neuen Lebensgrundlagen werden für euch bereitet. Euer Vater, der kosmische Schöpfer, ist mit euch. Eure Mutter, göttliche Liebe, stärkt eure Herzen. Allumfassende Liebe durchströmt euch und verbindet euch mit dem Sein.

Geliebte Kinder und Geschwister, wisset dies und hoffet. Alles geschieht bald. Seid getrost bis zum Wiedersehen.

– In Liebe, euer Gabriel.«

Prof. Ivan Aristizabal: Ein Tag der völligen Finsternis

»In diesem Jahr sehe ich große politische und wirtschaftliche Schwierigkeiten auf Europa zukommen. Der Kontinent befindet sich in einem Zustand großer Umwälzungen, von denen nahezu alle europäischen Staaten erfaßt werden. Frankreich gerät schließlich in die Schlagzeilen. Bei einem spektakulären, blutigen Attentat wird eine wichtige Person des öffentlichen Lebens getötet. Ein entsetzliches Verbrechen!

Und erneut trifft es Frankreich! In Paris verwüstet im Juli 2000 ein furchtbares Erdbeben die Stadt. Es kommt unerwartet, völlig überraschend. Ich sehe Sterbende, Verschüttete, Eingeschlossene – schreckliche Tage für die Betroffenen …

In Spanien führt die baskische Terrororganisation ETA im Jahr 2000 ein von höchster Kommando-Ebene befohlenes Attentat gegen eine kulturelle Einrichtung durch. Diese Repressalien werden sich über das ganze Jahr hinweg fortsetzen.

Dann kommt das Schockerlebnis für alle Europäer: Ich sehe deutlich das Datum des 28. Juli. Alles ist schwarz und dunkel. Keine Sonne, kein Lichtstrahl. Ganz Europa und ein Teil der übrigen Erde wird sich völlig verfinstern. Einen ganzen Tag lang wird die Sonne nicht scheinen, und unzählige Menschen auf der Erde werden glauben, daß nun das Ende der Welt gekommen ist. Etliche werden vor Furcht einem Herzinfarkt erliegen, und die Kirchen werden sich an diesem Tag der Finsternis mit Menschen füllen. Es ist ein Schock, ein dramatischer Schock, plötzlich die Sonne nicht mehr aufgehen zu sehen!

Hört, was ich euch sage, meine Brüder: Zum Beginn des neuen Jahrtausends müßt ihr euch mit einem großen Vorrat an geweihten Kerzen der ›Neun Kirchen‹ ausstatten. Und damit ihr nicht verzweifelt, sondern euren inneren Frieden findet, nehmt dies in euer Bewußtsein auf: Dies alles ist keine Bestrafung, sondern eine göttliche Demonstration, damit wir Menschen endlich erkennen, daß es eine hohe und absolute Macht gibt, die über uns wacht. Fürchtet euch nicht, meine Brüder, denn das Ende ist noch längst nicht gekommen. Es wird nur ein kosmisches Lichtwunder sein, das euch erschreckt. Eine Mahnung, die ihr nie vergessen sollt und auch niemals vergessen werdet.

Der Untergang der Menschheit wird erst im Jahr 3500 erfolgen, denn das Ende eurer Existenz kommt an jenem Tag, den Gott für euch bestimmt hat. Es kommt, wenn Gott es so will …

In Liebe, euer Ivan.«

Astrologe Peter Gordon: Ihr Jahreshoroskop für 2000

Ein Wort vorweg …

»Wenn Sie Ihr nachfolgendes Horoskop irgendwann im Laufe des Jahres 1999 oder 2000 lesen, dann leben Sie noch, und ich gehe davon aus, daß entweder die von vielen Hellsehern prophezeiten Katastrophen ausgeblieben sind oder (das wäre der schlimmste Fall), daß Sie dieses Buch irgendwo unter dem Schutt eines Hauses gefunden haben und nun wissen möchten, wie es weitergeht.

Sollte – was ich eher glaube – die Welt immer noch ruhig vor sich hintickern, darf ich Ihnen jetzt schon versprechen, daß Sie zumindest auf die nachfolgenden Horoskope bauen können. Das, was ich an Ereignissen und Tendenzen für Sie berechnet und herausgefiltert habe, wird Sie also wirklich kalt oder rosarot erwischen! Seien es nun positive oder negative Tendenzen. Aber: Allgemeine Horoskope können nicht einmal im Ansatz so präzise sein, wie das reale Geburtshoroskop eines Menschen. Das leuchtet ein, wenn man davon ausgeht, daß es rund 30 verschiedene Geburtstage für ein Sternzeichen gibt, mehr als 10 000 anders zu berechnende Geburtsorte (allein in Deutschland) und 43 200 verschiedene Geburtsminuten pro Sternzeichnen. Allein diese beiden Faktoren – Geburtsort und Geburtsminute – ergeben 432 Millionen völlig unterschiedliche Geburtshoroskope pro Sternzeichen, wobei hier nur die in Deutschland Geborenen Berücksichtigung fanden.

Ein individuelles Horoskop muß also zwingend viel exakter sein als ein herkömmliches ›Zeitungshoroskop‹, das auf sehr einfachen Strukturen aufbaut. Das bedeutet: Wie toll oder mies Ihr nachfolgendes Horoskop auch ausfallen mag – die tatsächlichen Aspekte und Tendenzen Ihres individuellen astrologischen Lebensablaufes werden ganz sicher vieles von dem, was Sie hier vorfinden, beeinflussen, abschwächen, verstärken oder gar ins Gegenteil umkehren. Das ist so, und da beißt die Maus keinen Faden ab.

Wenn Ihr Horoskop in diesem Jahr also nicht Ihren Erwartungen entsprechen sollte, gibt es dennoch keinen einzigen Grund, einem weiteren Leben auf dieser

Welt Deckenhaken und Strick vorzuziehen. Ihr individuelles Jahresdiagramm kann völlig harmonisierend auf die globalen Tendenzen einwirken. Es wäre also reiner Schwachsinn, sein gutes Geld in einen Kälberstrick zu investieren, nur weil man im Grunde nicht weiß, daß es eigentlich doch ein recht schönes Jahr hätte werden können.

Noch ein heißer Tip am Ende: Wenn Sie sich mit Scheidungs- oder Trennungsgedanken herumschlagen sollten, lesen Sie nicht nur Ihr eigenes Horoskop, sondern auch das Ihres Partners. Sollte der die eindeutig besseren Karten in diesem Jahr haben, vergessen Sie die Sache! Was, bitte schön, ist schon ein Wartejahr mehr in einem langen Leben? Im kommenden Jahr werden die Astro-Karten neu gemischt. Vielleicht haben Sie dann alle Trümpfe in der Hand, und nun ist es Ihre bessere Hälfte, die in die Röhre guckt! Solche Horoskopvergleiche sollten Sie übrigens auch bei Kollegen, bei Ihrem Boß und bei allen anderen anstellen, die z. B. Ihren beruflichen Weg kreuzen.

Es ist äußerst wirksam, zu wissen, wie es astrologisch um andere bestellt ist. Glauben Sie mir, ich weiß, wovon ich rede! Derartige Partnerschafts- oder Vergleichshoroskope sind meine Spezialität. Wissen ist Macht – jedenfalls meistens.

Für das kommende Jahr wünsche ich Ihnen nun alles Gute – krempeln Sie die Ärmel hoch! Die meisten Horoskope aus dem Jahr 2000 sind ausgesprochen erfreulich, und einige davon könnten ein sicheres Fundament für einen erfolgreichen Neuanfang bilden …«

Widder (21. 3. – 20. 4.)

Gehen Sie jetzt schon davon aus, daß dies genau das Jahr werden wird, auf das Sie schon immer gewartet haben! Erfolg in Beruf und Partnerschaft auf der ganzen Linie – was wollen Sie mehr?

Das Jahr beginnt bereits mit einer positiven Wende, und diesem so angenehmen Umschwung folgen Monate, in denen keinerlei Beeinträchtigungen Ihre Hochstimmung trüben werden. Das Top-Jahr der Widder! Schwung, Elan, positive Überraschungen, Gewinne und Erfolge in allen Lebensbereichen sind angezeigt! Das Jahr 2000 entschädigt Sie im wahrsten Sinne des Wortes für alle Entbehrungen und Hürden, die Sie bisher in Kauf nehmen mußten! Sie müssen Ihre Chancen nicht einmal am Schopfe fassen – das Glück kommt praktisch von ganz alleine ins Haus!

Auch der wohlgesonnene Neptun und die erfrischenden Impulse eines positiv aspektierten Uranus stärken das Fundament für ein erfülltes Jahr. Erfolgserlebnisse und Ihre positive innere Einstellung stabilisieren nun Ihr ohnehin sehr ausgeprägtes Selbstwertgefühl, mixen eine Portion Charme und Liebenswürdigkeit hinzu, und schon führt Sie Ihre gewinnende Art zu neuen Erfolgen! Die Impulse dafür sind zuhauf vorhanden – Sie müssen sie nur noch ankicken.

Das Jahr 2000 ist IHR Jahr! Sie erobern die Herzen Ihrer Mitmenschen im Sturm, und dazu zählen natürlich auch die Herzen des anderen Geschlechts. Nur hier sollten Sie nicht vergessen, daß nicht nur Sie als das absolute Nonplusultra angebetet werden möchten (Gott, diese Widder!), sondern auch Ihr Partner ab und zu spüren will, daß er die Nummer 1 in Ihrem Leben ist. Ein bißchen um seine Gunst zu werben und ihn spürbar auf einen Sockel zu heben (auf dem normalerweise ja nur Sie Platz haben) tut Ihnen nicht weh und ihm sehr gut. Tun Sie's einfach. Er wird es Ihnen danken – besonders in diesem großartigen Jahr, in welchem die Begriffe wie »Sorgen«, »Entbehrungen« oder »Alltagshürden« ohnehin zur Vergangenheit gehören!

Wenn Sie nicht verschüttet wurden oder sonst irgendwie durch die zerstörte Welt krebsen müssen, dann ist 2000 genau das richtige Jahr, in dem Sie hurtig den Grundstein für eine solide Zukunft legen sollten!

Stier (21. 4. – 21. 5.)

Zugegeben – es gab schon bessere Jahre in Ihrem Leben als das, was nun auf Sie zukommt. Am besten, Sie sehen das Ende dieses Jahrtausends auch als den Abschluß einer astrologisch turbulenten Zeit an, die ansatzweise ja schon im vergangenen Jahr spürbar wurde. Danach kann's eigentlich nur noch besser werden …

Saturn ist es in der Hauptsache, dem Sie all die netten Widrigkeiten, Hürden und Spannungen zu verdanken haben, die nun auf Sie zukommen könnten. Im Zusammenspiel mit den Mondkräften beschert der Planet Stimmungsschwankungen, eine depressive Lebenseinstellung, Lustlosigkeit und jede Menge strapazierende Hemmnisse in Beruf und Alltag. Besonders der Mai könnte in diesem Jahr einen Berg von Unannehmlichkeiten vor Ihnen auftürmen – Probleme, die Sie nicht auf die leichte Schulter nehmen sollten. Andererseits wäre es falsch aufzugeben – kämpfen Sie, wursteln Sie sich durch und versuchen Sie, in Ihrem Partner oder in einem guten Freund eine Stütze, einen fairen und uneigennützigen Ratgeber zu finden.

Wenn der liebe Gott Sie allerdings mit einem Partner gestraft haben sollte, der weder auf Sie eingehen kann noch in der Lage ist, Sie aufzubauen – wenn Haussegen, prickelnde Liebe und Erotik nicht mehr im Vokabular Ihrer Ehe oder partnerschaftlichen Beziehung enthalten sind –, ab Mai wäre eine gute Zeit (je nach Geschlecht und Besitzverhältnissen), den Koffer zu packen, sich sinnlos zu betrinken oder um der maroden Lebensgemeinschaft ein für allemal Lebewohl zu sagen. Dieses Jahr werden vermutlich nur intakte Stier-Beziehungen halbwegs unbeschadet überstehen. Der Trost: Bald beginnt ein neues Jahrtausend, und mit ihm auch ein neuer Lebensabschnitt für Sie. Vielleicht warten ja schon ein paar knackige Stuten oder feurige Hengste hufescharrend auf Sie – je nachdem, ob Sie dem weiblichen oder männlichen Geschlecht angehören oder zu den schwulen Stieren gehören.

Also lassen Sie den Kopf nicht hängen! Kämpfen Sie oder ziehen Sie die Konsequenzen, aber geben Sie sich keinen Illusionen hin. Für Luftschlösser ist in diesem kurzen Lebensabschnitt kein Platz. Zudem können – was in diesem allgemeinen Horoskop keine Berücksichtigung finden kann – durchaus positive Aspekte aus Ihrem persönlichen Geburtshoroskop die negativen Tendenzen abschwächen. Betrinken Sie sich also nicht im voraus, wenn Sie diese Zeilen lesen, sondern warten Sie ab, was sich da am Himmel über Ihnen zusammenbraut, und nehmen Sie – falls wirklich alles Miese einzutreten beginnt – den Kampf gegen die Widrigkeiten auf. Ich denke, mit etwas Kraftanstrengung sollten Sie diese kurze, aber beschissene Lebensphase ganz gut meistern können …

Zwillinge (22. 5. – 21. 6.)

Sie dürfen aufatmen! Vater Saturn hat sich weit von Ihrem Geburtshoroskop zurückgezogen und wird Ihnen in der Zeit bis ins Jahr 2001 absolut keine Steine mehr in den Weg legen. Der Planet, der in der Regel bei schlechter Aspektierung Hemmungen, Verzögerungen, Einbußen und Ärger zuhauf und auf lange Sicht beschert, scheint die Zwillinge in diesem Jahr zu mögen.

Er macht den Weg frei für viele andere sich ständig abwechselnde, positive und fördernde Kräfte.

Das klingt gut, und es ist auch tatsächlich so. Die ohnehin stets rührigen Zwillinge – unter ihnen gibt's leider auch eine Menge windiger Geschäftemacher und Halsabschneider – werden sich in diesem Jahr voll entfalten können! Nun kommt das Jahr des »richtigen Riechers« und der aus dem Bauch heraus getroffenen, meist absolut richtigen Entscheidungen! Improvisation und viel Geschick, das richtige Gespür für die Märkte, neue Ideen und Konzepte – was immer Sie jetzt beginnen, wird goldene Früchte tragen!

Das Jahr 2000 sollte demnach nicht damit vergeudet werden, stundenlang beim Friseur, der Pediküre oder in Ihrem Stammlokal zu »relaxen«. Jetzt heißt es, ran an den Speck und nichts anbrennen lassen! 2000 wäre ein hervorragendes Jahr, in dem Sie ein für allemal die Weichen in eine recht sonnige Zukunft stellen können. Am besten, Sie tun das auch, eben, weil sich auch die Folgejahre hervorragend für den Aufbau und die Festigung neuer Projekte eignen. Eine derart selten ungetrübte Phase ungenutzt verstreichen zu lassen wäre jetzt glatt eine Todsünde!

Also nutzen Sie dieses hervorragende Jahr. Es wird sich auszahlen!

Krebs (22. 6. – 23. 7.)

Im vergangenen Jahr hatten Sie viel Gelegenheit, Ihre partnerschaftlichen Beziehungen zu optimieren. Wenn Sie diesen Zug nicht verpaßt haben, müßte nun für Sie wieder alles im Lot sein, da Sie jetzt verstärkt einen glückversprechenden Jupiter als Liebesboten an Ihrer Seite haben.

All das, was die Krebse so mögen, kuscheln, Zärtlichkeiten, sich anlehnen können und ein harmonisches Zusammensein, dürfte sich nun, ohne daß Sie Abstriche machen müssen, erfüllen. Genießen Sie diese Zeit, verliebter Kater oder Schmusekätzchen zu sein – in puncto Liebe erwartet Sie ein wunderschönes Traumjahr.

Leider neigen die Krebse – warum eigentlich »leider«? – dazu, mehr zu geben als zu nehmen. Dadurch könnten sich einige Partner etwas erdrückt und eingeengt fühlen. In diesem Jahr nun, wo Liebe, Zärtlichkeit und Erotik bei Ihnen ständig überschwappen, sollten Sie sich trotz aller Sehnsüchte bemühen, Ihrem Partner etwas Freiraum zum Durchatmen zu lassen. Sehen Sie es einfach so, daß ständiges Kuscheln und verliebtes Säuseln auch nicht das Gelbe vom Ei sind. Verlieren Sie sich also nicht in Ihren Gefühlen und bringen Sie hier und da auch ein bißchen nüchternes Denken in die Beziehung ein. Um so toller wird dann der Abend danach …

Ein äußerst wohlgesonnener Saturn bringt Ihnen im Jahr 2000 praktisch in allen Lebenssituationen (wenn neben dem ständigen Herumgeknutsche noch Zeit für den Alltag bleibt) stabilisierende, festigende Einflüsse. Langfristige Berufsziele, sichere Geldanlagen und Geschäfte mit gutem Fundament stehen unter einem günstigen Stern. Gegenströmungen sind so gut wie keine angezeigt.

Schön, nicht?

Wenn Sie nun auf das bittere Wermutströpfchen warten, welches Ihnen das sich so harmonisch darstellende Jahr vergällt, muß ich Sie enttäuschen. Es sind keine negativen Einflüsse im Grundhoroskop angezeigt – Ihr eigenes, individuelles Geburtshoroskop könnte zwar noch ein paar Fallstricke für Sie bereithalten, aber mit den oben beschriebenen prächtigen Tendenzen von Jupiter und Saturn müßten Sie diese Problemchen im Handumdrehen meistern können. Ihr Charme, Ihre Liebenswürdigkeit und Toleranz besiegen in diesem tollen Jahr jeden und alles. Bleiben Sie am Ball – es ist mal wieder IHR Superjahr!

Löwe (24. 7.- 23. 8.)

Tja, Sie »cooler«, vom Erfolg verwöhnter Zeitgenosse – da stehen Sie nun und staunen über das, was sich da fast unbemerkt über Ihnen zusammengebraut hat! Nach einem doch ziemlich quirligen Jahr 1999 könnte Ihnen jetzt die Rechnung präsentiert werden. Was war es? Chancen nicht erkannt? Den Partner nicht mehr wahrgenommen? Haben Beruf und Streß Sie die kleinen, schönen Dinge des Lebens nicht mehr erkennen lassen? Im letzten Jahr durften Sie sich kräftig austoben, und vieles lief irgendwie – zumindest phasenweise – wie von selbst. Aber nun bittet man Sie zu einem ernsten Gespräch.

Das Leben spielt zuweilen seltsame Spiele, und Sie sind nun mittendrin in diesem Auf und Ab von astrologischen Einflüssen. Von dem einen oder anderen Geschäft oder Vorhaben (vielleicht auch von der Lebensgefährtin oder Freundin) werden Sie sich in diesem Jahr unter Umständen trennen müssen. Im privaten Bereich bedeutet dies, die Flucht nach vorne anzutreten, ernste Gespräche, die Zukunft neu zu überdenken und zu planen, um dann möglicherweise doch – nach dem zwanzigsten Versuch, die Beziehung zu kitten – Abschied zu nehmen.

Besonders zum Jahresbeginn könnte sich bei Ihnen die Tendenz zeigen, alles hinwerfen zu wollen und neu zu beginnen. Von derartigen vorschnellen Entscheidungen kann ich aber nur abraten, da Sie sonst möglicherweise von einem Sog erfaßt werden könnten, der Sie immer weiter in die Tiefe zieht. Im Klartext: Das wäre die Zeit der teuren Scheidungen und Trennungen mit Verlusten. Wenn Sie also solche Absichten hegen, versuchen Sie die Sache hinauszuziehen, zu verzögern. Vertragen Sie sich noch ein-, zweimal mehr in Ihrem Leben, beißen Sie in den sauren Apfel und ziehen Sie die Sache – wenn es dann überhaupt noch notwendig ist – im nächsten Jahr durch, wo Sie alles sehr viel unbeschadeter überstehen werden.

Aber: Verstecken Sie dieses Buch im letzten Winkel hinter der Regalwand, denn Partner neigen dazu, auch die Horoskope des anderen zu lesen! Nicht auszudenken, wenn er Ihre Hinhaltetaktik hier schwarz auf weiß abgedruckt wiederfindet! Und noch ein Tip: Lesen auch Sie mal das Jahreshoroskop von Ihrer besseren Hälfte. Wenn Ihr Partner in diesem Jahr auf der Gewinnerseite steht, vergessen Sie die Sache mit dem Auseinandergehen wieder ganz rasch. Sie würden jetzt mit Sicherheit den kürzeren ziehen.

Am Ende noch ein kleines Trostpflästerchen: Ihr individuelles Geburtshoroskop weist vielleicht positive Aspekte auf, die in einer allgemeinen astrologischen Betrachtung keine Berücksichtigung finden können. Je nachdem, wie gut oder negativ diese Tendenzen sind, können ausgleichende Kräfte die Trennungsanzeigen und Verlustbotschaften mildern oder – mein Gott, nichts ist unmöglich! – zu einem finsteren Jahr werden lassen, für das es nur ein Wort gibt, das ich aber hier nicht hinschreibe, weil es der Verlag eh wieder streichen würde: Es beginnt mit »besch...« und endet mit »issen«.

Jungfrau (24. 8. – 23. 9.)

Ordentlich, gerecht, eine Vorliebe für lange Zahlenkolonnen und das Leben so perfekt wie möglich im voraus planen – diese Grundeigenschaften der Jungfrau-Geborenen werden in diesem gut bestrahlten Jahr bei den Singles und standhaften Junggesellen des Sternzeichens arg ins Wanken geraten. Jetzt können Sie den Bleistift spitzen und sich auf Familienplanung, Haushaltskasse und ähnliches konzentrieren, denn es scheint, daß Sie ab nun eine feste Bindung einkalkulieren müssen!

Jemand hat erkannt, daß Sie eigentlich gar nicht geizig sind, sondern lediglich wohlüberlegt (und dreimal durchkalkuliert) mit Bedacht jede einzelne Mark ausgeben. Daß diesem Jemand das gefällt, gefällt Ihnen auch und – schwupps: Es hat Sie regelrecht erwischt! Die Voraussetzungen für diese neue Bindung scheinen zu stimmen, und der steuerliche Vorteil liegt für Sie auf der Hand. Für die Jungfrau kann es kaum eine bessere Konstellation geben.

Für alle, die bereits im Hafen der Ehe eingelaufen sind, zeigen sich stabilisierende Einflüsse, die die Herzen enger aneinander binden. Es scheint, daß die Zeit der Prüfungen vorbei ist und ein warmer und frischer Wind in Ihre Herzensangelegenheiten kommt, was Ihr Partner sicherlich dankbar honorieren wird. Die große Liebe ist angesagt! Geborgenheit, Harmonie und viel Gefühl überwiegen nun jedes angeborene Vernunftdenken, und Sie werden sich dabei erstaunlicherweise auch noch wohl fühlen!

Gefährlicher ist es, wenn ein verheirateter Partner diese Gefühle nun unbedingt an einen Dritten weitergeben möchte. Hier könnte diese junge oder neue Liebe dann zu Trennungen von Heim, Hof und dem halben Rentenanspruch führen. Der Drang, eine gleichgesinnte Seele zu finden, ist in diesem Jahr sehr groß – ebenso die Tendenz, diesem Drang nun auch wirklich nachzukommen. Die Liebe weht wie frischer Schnee in Ihr Leben – und genau das wird es sein, worum sich bei Ihnen (fast) alles drehen wird in diesem schicksalsverändernden Jahr 2000.

Waage (24. 9. – 23. 10.)

Nach einer relativ unruhigen Zeit von nunmehr anderthalb Jahren empfängt Sie das Jahr 2000 endlich wieder mit offenen Armen in Sachen Glück, Liebe und Partnerschaft! Und ich denke, nach dieser turbulenten Zeit haben Sie das große Glück auch redlich verdient. Der rabiate Saturn, der über Jahre hinaus beharrlich Erschwernisse in Ihr Leben brachte, hat sich für einen Zeitraum von vielen Jahren verabschiedet, womit wieder Ruhe und Harmonie in Ihr Leben tritt.

Auch die lange Phase der inneren Unsicherheit ist nun vorüber. 1999 wurde es schon spürbar, aber nun werden Sie recht schnell und nachhaltig wissen, wo Sie hingehören, was gleichermaßen für Beruf und Liebesbeziehungen gilt. Alle Weichen sind jetzt auf Erfolg gestellt, und das werden Sie mit tiefstem Wohlwollen im Laufe des Jahres registrieren können. Ein regelrechtes Glücksjahr kommt dann (ein kleines bißchen Geduld müssen Sie noch aufbringen) im Jahr 2001 auf Sie zu – genießen Sie es!

Diese positive und langanhaltende Tendenz spüren Sie am deutlichsten, weil nun allmählich die bedrükkenden und hemmenden Saturneinflüsse unwirksam werden. Das macht Sie frei für neue Aufgaben und Ziele und bringt frischen Schwung in alle Unternehmungen. Selbstbewußtsein und ihr ohnehin liebenswürdiger Charme öffnen Ihnen nun wieder (wie gewohnt aus alten Zeiten) Tür und Tor. Ein Jahr, das Ihnen viel Freude bringen wird, auch wenn der absolute Top-Erfolg erst 2001 verbucht werden kann! Die Richtung dorthin wird aber jetzt schon deutlich.

Skorpion (24. 10. – 22. 11.)

Wie vor einiger Zeit (einige Widrigkeiten aus dem Jahr 1999 werden Ihnen sicherlich noch in Erinnerung sein) wird auch 2000 von Ihnen verlangen, daß Sie die Kanten Ihrer Skorpion-Scheren feilen, um sich den Weg in die Zukunft freizubiegen. Es könnte ein unruhiges Jahr werden – so, wie es die sensiblen Skorpion-Naturen eigentlich gar nicht lieben.

Trotzdem – da müssen Sie durch! Spannungen entladen sich auch wieder, und da Sie ein erstaunliches Durchhaltevermögen haben, werden Sie diese Phase sicher heil überstehen. Wichtig ist, daß Sie nicht zu rasch aufgeben, dann können selbst verlorene Schlachten am Ende zum Sieg führen.

2000 ist auch ein Jahr der heftigen Leidenschaften, wobei sich die abwechselnden Hochs und Tiefs in der ganzen Bandbreite – von der Ekstase und Verzückung bis hin zur mordlüsternen Eifersucht – entladen können. Dazu gehören leider auch völlig unberechtigte Eifersüchteleien, mit denen Sie Ihren Partner möglicherweise permanent attackieren und zur Weißglut bringen. Genau an diesem Punkt sollten Sie aber eine kleinere Gangart einlegen, denn in diesem Jahr könnte Ihr Partner die wichtigste Stütze in Ihrem Leben sein – das Licht am Ende des Tunnels, welches Sie jetzt möglichst nicht aus den Augen verlieren sollten.

Daß sich derartig aufwühlende Tendenzen, die sicherlich auch einige physische und psychische Stärken von Ihnen abverlangen, nicht nur auf die eigenen vier Wände beschränken, liegt auf der Hand. So zeigt sich das Jahr 2000 generell als nicht besonders geeignet für Umbrüche, Orts- oder Berufswechsel und vorschnelle Entscheidungen. Auf alte Werte setzen und den geschäftlichen Zug auf der traditionell bewährten Schiene mit halber Gangart dahinrollen lassen, wird sich am

Ende als die beste Alternative erweisen. Dies ist kein Jahr der großen Sprünge, sondern eines der mäßigen Erfolge, die erarbeitet werden müssen. Nichts Tolles, aber auch kein Jahr, in dem Ihnen graue Haare wachsen werden.

Die Tendenzen Ihres persönlichen Geburtshoroskopes können darüber hinaus besänftigend und fördernd auf die Aspekte einwirken, die dieser sehr allgemeinen Beschreibung zugrunde liegen. Grund zum Verzagen gibt es also nicht …

Schütze (23. 11. – 21. 12.)

Haben Sie sich im Himmel eingekauft, oder was ist los? 1999 war doch schon ein echtes Erfolgsjahr, in dem alles wie geschmiert lief, und nun geht das schon wieder los! Gott, was würden andere Sternzeichen in diesem Jahr für Ihre positiv aspektierten Tendenzen geben!

Eigentlich würde für Ihr Horoskop ein Satz genügen: Die Glückssträhne geht weiter! Das Jahr 2000 beschert Ihnen eine anhaltend lange Phase, in welcher Ihnen der Erfolg praktisch in den Schoß fällt. Einfach so!

Sie lächeln, sagen was Nettes, und das Geschäft ist perfekt. Das ist wirklich ein goldenes Jahr für alle geschäftlichen und beruflichen Entwicklungen! Geld, Glücksfälle, Liebe, Ideenreichtum und das Gespür für den richtigen Augenblick stehen unter einem guten Stern. Jetzt wäre ein guter Zeitpunkt, an morgen zu denken, etwas auf die hohe Kante zu legen oder erfolgversprechende Geschäfte mit einem soliden Fundament aufzubauen! Ein Jahr mit Seltenheitswert – irgendwann wird Ihnen nicht mehr alles in den Schoß fallen, und dann werden Sie froh sein, vorgebeugt zu haben.

Ein besonderes Jahr zeichnet sich auch für neue und

alte Liebesverhältnisse ab. Es knistert wieder im Gebälk, und bald wird es Funken sprühen und hell auflodern! Ihr Partner hat nun ja auch allen Grund, bewundernd zu Ihnen aufzuschauen. Und – Sie werden ihm viel an Liebe zurückgeben können, in diesem leidenschaftlichen und stürmischen Jahr! Zuviel vielleicht – hiervor warnt Pluto in bescheidenem Maß. Bürden Sie sich und anderen also nicht zuviel auf, sonst wird es Phasen geben, in welchen sich Ihr Partner (oder Sie selbst) doch irgendwie erdrückt und unfrei fühlen.

Grundtendenz für die Schützen in diesem Jahr: Wünsche erfüllen sich wie von selbst, und Sie sind immer »bestens drauf«.

Steinbock (22. 12. – 20. 1.)

Haben Sie eigentlich schon gemerkt, wie sich im Laufe des vorangegangenen Jahres die Wogen geglättet haben und die Hindernisse immer mehr schrumpften? Wenn nicht, dann wachen Sie auf und sehen Sie mit offeneren Augen in diese Welt, die im Jahr 2000 überwiegend Positives für Sie bereithält!

Saturn, der Trübsal bringende Hemmschuh im Leben, dieser oft ziemlich übelgelaunte Bursche am Himmel, hat sich nun endgültig verabschiedet und wird Sie bis zum Jahr 2003 nicht mehr behelligen. Das bedeutet: Eine lange Phase von beruflichen Erfolgen kündigt sich ebenso an wie hervorragende finanzielle Verbesserungen und eine hohe Fähigkeit für sinnvolle Entscheidungen, welche mittel- und langfristig goldene Früchte tragen werden. Auch echte Glücksfälle, beschert von Jupiter, werden nun nicht durch den muffigen Saturn abgeschwächt und könnten sehr rasch voll zur Entfaltung kommen.

2000 wird ein Jahr des beständigen Erfolgs werden. Andere bewundern Sie, und an neuen Freundschaften und netten Kollegen oder Geschäftspartnern wird es Ihnen nicht mangeln. Sie sind »Mister Erfolg« schlechthin, haben keine finanziellen Probleme, sind beliebt und beim anderen Geschlecht begehrt. Könnten Sie sich etwas Besseres wünschen?

Bauen Sie also weiterhin Ihre Zukunft aus. Die Fundamente stimmen, da Sie alles wohlüberlegt, umsichtig und besonnen angehen werden. Ruhig und ohne Hast werden Sie in diesem Jahr von einer erfolgreichen Etappe zur anderen marschieren. Und ein Ende dieser Hyper-Zeit ist erst 2003 wieder abzusehen. Wenn Sie derzeit Ihr Leben nicht gerade in einer Trinkerheilanstalt fristen, sollten Sie bis dahin eigentlich Ihre Schäfchen ins trockene gebracht haben. Denn nehmen Sie mich beim Wort – da ist niemand (außer Ihrem behandelnden Arzt), der Sie jetzt noch aufhalten könnte!

Wassermann (21. 1. – 19. 2.)

Tja, Sie liebenswerter und einfühlsamer Wassermann – nach dem möglichen Liebesglück im letzten Jahr könnte es hier und da einmal zu ein paar Tränchen oder trübsinnigen Stunden in dieser letzten Phase der Jahrtausendwende kommen. Was soll's? Selbst wenn Sie nun möglicherweise Ihr Leben total umkrempeln wollen (oder es vielleicht tatsächlich tun), Sie werden das Jahr 2000 schon irgendwie bewältigen und die hier und da auftauchenden Probleme in den Griff bekommen.

Krisen zu bewältigen gehört zwar nicht zu Ihren ausgesprochenen Stärken, andererseits fehlt es Ihnen weder an Mut noch an Entschlossenheit, alles Positive aus einer mißlichen Lage herauszuholen oder die Dinge so zu verbiegen, bis sie wieder halbwegs passen. Am Ende werden Sie dann feststellen, daß es Ihr einziger Fehler war, viel zu lange gewartet zu haben. Ihre umstrittene Entscheidung war vermutlich längst überfällig.

Sehen Sie nach vorne, setzen Sie sich durch, schokkieren Sie ruhig einmal Ihre Mitmenschen! Das kommende Jahr wird Ihnen recht geben und zeigen, daß Ihre Entscheidung absolut richtig war. Gegen den Strom anderer Meinungen und Ratschläge zu schwimmen, muß kein Fehler sein – selbst wenn das Wasser manchmal ein bißchen turbulent wird und ein paar Stromschnellen überwunden werden müssen. Es gibt für Sie in all dem Auf und Ab des Jahres auch sehr positive Tendenzen und manchmal sogar unerwartete Glücksfälle.

Und wer weiß – wenn Ihr individuelles Geburtshoroskop, das bei dieser allgemeinen Betrachtung keine Berücksichtigung finden konnte, weitere positive Aspekte aufweist, könnte dieses Jahr sogar ein richtiger Erfolgsknüller werden. So oder so – spätestens Mitte des nächsten Jahres werden Sie sehen, ob die Richtung, die Sie eingeschlagen haben, stimmt.

Letztlich ist es immer der Erfolg – ganz gleich ob im Beruf oder in privaten Angelegenheiten –, der zählt. Und der wird bei Ihnen nicht ausbleiben.

Fische (20. 2. – 20. 3.)

Das Jahr 2000 dürfte überwiegend ganz nach Ihrem Geschmack und praktisch frei von störenden Einflüssen ablaufen. Die Fische haben ein eher ruhiges, harmonisches Jahr zu erwarten, in welchem – beruflich wie auch in Herzensangelegenheiten – Beständigkeit und Harmonie vorherrschen werden. Kerzenlicht, ein Kaminfeuer, schöne Stunden der Zweisamkeit und innige Zuneigung (Fische werden glatt krank, wenn man ihnen die Harmonie entzieht) werden Sie in diesem Jahr gewiß nicht vermissen müssen. Allerdings sollten Sie nun nicht darauf warten, in einem Feuerwerk von Leidenschaft und ekstatischen Ferkeleien zu versinken. In dieser Richtung könnte sich das Jahr 2000 ein bißchen dünn präsentieren.

Aber Liebe und Freundschaften können vertieft werden, und an Ihrem Arbeitsplatz werden Sie es sein, dem Ihre Firma jetzt das überaus angenehme Betriebsklima zu verdanken hat. Harmonie, innere Zufriedenheit und gegenseitiges Verstehen, manchmal auch ohne Worte, kreieren dieses Jahr – eine Tendenz, die Ihnen viele glückliche Stunden (vielleicht auch fruchtbare mit entsprechenden Folgen) bescheren wird.

Auch anderen entgeht jetzt nicht, in welch harmonischem Einklang Sie derzeit mit der Welt stehen. Beruflich ist das fördernd, doch im privaten Bereich könnte es sein, daß nun zu viele Mitmenschen, Freunde oder Familienangehörige an diesem ausgeglichenen Leben teilhaben wollen, so daß die ständigen Besuche auch zur Last werden können. Lassen Sie sich daher nicht vereinnahmen und in Dauerbeschlag nehmen. Genießen Sie die schöne Zeit, indem Sie es sind, der die Auswahl trifft, mit wem Sie den Tag, den Abend, das Wochenende oder Ihre Ferien verbringen wollen. Vor den Kopf stoßen werden Sie niemanden, weil Sie nun auch garantiert die richtigen Worte finden werden, um sich gekonnt vom Pulk Ihrer Anhänger abzunabeln. (Wenn nicht, hier sind ein paar gute Ausreden: »Gott, ich habe heute wieder unerträgliche Blähungen ...« oder: »Ich fühle mich heute echt beschissen. Könntest du heute mal meine Bügelwäsche/den Abwasch machen/das Katzenklo nach unten bringen ...?«)

Gesamttendenz für die Fischegeborenen: Ein harmonischer Ausklang dieses Jahrtausends mit viel Liebe und Zuneigung. Ein Jahr, das Sie in vollen Zügen genießen dürfen.

6 Phänomen oder Einbildung?

Prophezeiungen – was sie sind und wo sie herkommen

Wenn wir über den Ursprung prophetischer Botschaften nachdenken, dann ist das etwa so, als würden wir versuchen, den Ursprung des Kosmos gedanklich zu erfassen. Auch hier steht man am Ende – egal mit welcher von den Wissenschaften oder Theologien angebotenen Lösungen man sich anfreundet – vor der Frage: Wer aber erschuf die Ur-Suppe, wer schuf Gott, oder woher kommt das erste aller Teilchen, das vielleicht alles in Gang setzte ...?

Prophezeiungen wurzeln in Visionen, geistigen Bildern, bloßen »seltsamen Empfindungen« oder in Bildabläufen, die im Wach-, Trance- oder Schlafzustand bewußt oder unbewußt empfangen werden. Ähnlich wie spontane Einfälle sind sie plötzlich da, meist nebulös und unpräzise, und der Mensch, auf den solche Eindrücke plötzlich und unvermittelt einströmen, weiß sie in der Regel nicht zu deuten. Daß es diese Visionen gibt, sollten wir zunächst einmal ebenso unbestritten akzeptieren wie die Tatsache, daß es Träume gibt. Die Frage ist vielmehr, ob sie reine Sinnestäuschungen, Halluzinationen oder eben Botschaften aus einer anderen Welt sind.

Seher, Propheten, Hellseher, Wahrsager, Channel-Medien, Meister – ganz gleich, wie sie sich selbst bezeichnen – fühlen sich von derartigen Eingebungen zuweilen regelrecht geplagt, und viele schwören Stein und Bein, daß ihre Visionen vollkommen klar vor ihrem geistigen Auge ablaufen, oft göttlichen Ursprungs sind und daher absolut wahr sein müssen.

Die Meinung der Fachwelt klafft beim Thema »Außersinnliche Wahrnehmungen« immer noch weit auseinander. Sigmund Freud, der Begründer der modernen Psychoanalyse, konnte sich zu Beginn dieses Jahrhunderts zwar dazu durchringen, daß Telepathie und telepathische Träume wohl möglich seien, hielt präkognitive (zukunftsvorausschauende) Träume allerdings für Täuschungen, die in Form von verwirrenden Bildern diffus vom Unbewußten ins Bewußtsein träufeln.

C. G. Jung, Freuds zeitweiliger Freund, später jedoch dessen erbittertster Gegner, verkündete hingegen, man müsse »objektiv feststellen, daß sich Wahrnehmungen ereignen, die teils so vor sich gehen, als ob es weder Zeit noch Raum gäbe«. Jung hielt das Hellsehen für die »außergewöhnliche Fähigkeit, Dinge von der Außenwelt, unabhängig vom Bewußtsein eines anderen Menschen, wahrzunehmen, womit eine mögliche Gedankenübertragung durch Dritte deutlich ausgeschlossen bleibt«.

Die Gegner dieser C. G. Jung-These verweisen inzwischen – nicht immer zu Unrecht – auf die einst als »große Hellseher« gepriesenen Propheten der Neuzeit, wie die Amerikanerin Jeane Dixon und andere, deren oft sehr konkrete Voraussagen sich im Laufe der Folgejahre als reiner visionärer Unsinn entpuppten.

Nach Jeane Dixon wäre z. B. 1980 das Zwei-Parteien-System in den USA verschwunden und ein riesiger Komet wäre »in der Mitte des Jahres 1980«, mit verheerenden Folgen für die gesamte Menschheit, auf die Erde gestürzt. »Mir ist die Stelle, wo der Komet aufprallen wird, schon bekannt«, sagte Jeane Dixon in den sechziger Jahren. »Aber ich glaube, ich darf den Ort noch nicht nennen.«

Über die nachfolgende Prophezeiung behauptete Jeane Dixon, daß sie die stärkste und deutlichste gewesen sei, die sie je gehabt habe: »Am 2. Februar 1962 wurde der neue Antichrist geboren, der ein neues Zeitalter entstehen lassen wird. Sein Leben gleicht einer genauen Imitation des früheren Christus ... Etwa ab 1980 wird man seinen Einfluß immer deutlicher spüren, und ab 1990 wird er seine ganze Kraft auf der Erde entfalten, die bis zum Jahr 1999 ins Unermeßliche steigt. Bis dahin wird dann jede Form von christlicher Bildung aus den Schulen verschwunden sein, und die Jugend ist diesem neuen Verführer mit seinen abartigen Idealen völlig verfallen.«

Wen meinte sie? Michael Jackson ...?

Im Ernst. Jeane Dixon schuf zwar viel Verzweiflung und Furcht unter den Prophetie-Gläubigen, aber – wenn sie nicht schlicht und ergreifend Kapital aus der Gutgläubigkeit ihrer Mitmenschen schlug, dann hat sie sich ganz ohne Zweifel gewaltig geirrt. Auch ihre so oft zitierte Vorhersage über die Ermordung John F. Kennedys im November 1963 – das recherchierten amerikanische Journalisten – hielt einer objektiven Prüfung nicht stand. Den einzigen Beweis für die »Richtigkeit der verblüffend eingetroffenen Prophezeiung« lieferte eine Freundin der weltbekannten Seherin, welche *nach* dem Attentat behauptet hatte, Jeane Dixon habe ihr diese Voraussage bereits Jahre vorher anvertraut.

Eine Überprüfung anderer US-Propheten fiel ebenfalls negativ aus. Von insgesamt 364 Voraussagen (für die Jahre 1976 bis 1979) der zehn bekanntesten Wahrsager waren nur vier eingetroffen! Man kann davon halten, was man will, die Sache stimmt immerhin bedenklich und ist es wert, etwas ausführlicher untersucht zu werden.

Gaukler, Scharlatane und Abzocker gab es zu allen Zeiten. Nun jedoch die Hellseher, die wirkliche Visionen haben, mit ihnen in einen Topf zu werfen, wäre vermessen. Denn selbst wenn sich einige oder viele Visionen als falsch erweisen oder erwiesen, darf man sicher sein, daß der weitaus größte Teil der Propheten echte Visionen empfing. Auch wenn sie teilweise absolut falsch ausgelegt wurden oder wirklich nur Halluzinationen – Wachträume – waren.

An dieser Stelle brennt es mir unter den Nägeln, endlich die köstliche Geschichte einer »falschen Prophetin« aus dem Jahr 1806 loszuwerden. Sie gehört eigentlich nicht zu einem so ernsten Thema, aber irgendwie doch – und es ist ganz sicher die komischste Geschichte mit dem tragischsten Ende, die ich bei den Nachforschungen zu diesem Buch ausgegraben habe:

Im damals noch verschlafenen Örtchen Leeds in England ereignete sich im Herbst des Jahres 1806 in der Schenke einer gewissen Mary Bateman etwas Unfaßbares: Eine ihrer Hennen legte ein Ei mit der Aufschrift »Christus kommt!« Mary behauptete, daß Gott ihr in einer Vision offenbart hätte, daß noch 14 ähnliche Eier folgen würden, danach käme das Jüngste Gericht über die Welt, und alles würde in Schutt und Asche gelegt werden.

Die Neugierigen strömten in Scharen zu der Schenke und erfuhren nun von der geschäftstüchtigen Mary Bateman, daß einige Auserwählte die Apokalypse überleben würden. Sie kenne das Geheimnis, und wer es auch erfahren wolle, der müsse einen Penny bezahlen. Die verängstigten Leute zahlten, zumal da nun sporadisch andere Eier erschienen, auf denen die Zahlen 14, 13, 12 und so weiter den Countdown des Weltuntergangs anzuzählen schienen.

Überleben würden nur jene, klärte Mary die zahlenden Pilger auf, die bei ihr einen Zettel mit den Initialen von Jesus Christus, »J. C.«, erwerben würden (der kostete einen Shilling!), und diesen müsse man fest in den Händen halten, sobald das vierzehnte Ei gelegt worden sei. Die Nachricht ging um wie ein Lauffeuer, und die

Schar der Pilger wuchs rasch in die Tausende. Die meisten von ihnen wollten natürlich durch Mary Batemans Zettel »gekennzeichnet« werden, um so dem Jüngsten Gericht zu entkommen.

Die Obrigkeit hingegen vermutete Schwindel hinter der ganzen Angelegenheit, aber selbst einige hohe Herren bekamen Zweifel, als sie Augenzeuge eines »prophetischen Legevorgangs« besagter Henne wurden. Gebannt starrten sie auf das Ei, das die Henne da aus ihrem After preßte, und – wieder war es mit einer Zahl gekennzeichnet! Draußen fielen die Gläubigen ehrfurchtsvoll auf die Knie und begannen ob des neuen Wunders inbrünstig zu beten.

Die Geschichte platzte am kommenden Morgen, als ein paar ganz unverbesserliche Kritiker und Stadtväter unangemeldet auf dem Hof Marys erschienen, zum Stall rannten und die erschrockene »Prophetin« dabei erwischten, wie sich diese gerade anschickte, ihrer Henne ein beschriftetes Ei in den After zu zwängen. Mary Bateman wurde verhaftet, war aber klug genug zu behaupten, sie habe das Ei nicht hineingepreßt, sondern gerade als die Männer in den Stall gestürmt wären, habe die Henne das Ei legen wollen. Durch den plötzlichen Schrecken sei das herauskommende Ei dann wohl im After steckengeblieben …

Sie wurde freigelassen, begann aber sofort wieder mit ihren Prophezeiungen. Mary Bateman wurde schließlich doch überführt und – kurze Zeit später aufgehängt!

So hat es sich wirklich damals in Leeds zugetragen. Schwindler gab es also schon immer. Auch über das weltbekannte Phänomen, den Hellseher Jan Erik Hanussen, der mit bürgerlichem Namen Hermann Steinschneider hieß, existieren eidesstattliche Erklärungen von seinem Mitarbeiter Erich Julin, die offenlegen, daß Hanussen wohl ein simpler, aber immer reicher werdender Trickbetrüger seiner Zeit war.

Es ist schwer, von diesen Dingen jetzt wieder etwas Distanz zu bekommen, um sich sachlich und unbefangen dem eigentlich ernsten Thema der Prophezeiungen zu widmen. Ich möchte daher an den letzten Gedanken *vor* diesen Gaukler-Storys anknüpfen und hier noch einmal betonen, daß wahrscheinlich der Großteil der Hellseher tatsächlich geistige Botschaften oder Visionen empfängt und sich dabei auch absolut sicher über deren Ursprung ist. Nach Meinung der meisten Propheten kommen diese Eingebungen aus einer reinen (im Sinne von »aufrichtigen«) und geistig hochstehenden Seinsebene. In der Regel empfinden sich diese Seher von Gott oder göttlichen Wesen inspiriert; andere hellsichtige Medien sprechen hingegen von Geistwesen aus dem Jenseits (wohlgesonnene Seelen Verstorbener), die ihnen Hilfe zuteil werden lassen oder Botschaften vermitteln.

Doch auch hier, wo tiefe Religiosität und unerschütterlicher Glaube an die empfangenen Botschaften oder Erleuchtungen jeden bewußten Schwindel, jede Scharlatanerie ausschließen, kann es zu Irrtümern oder Verwirrungen kommen. In der Vergangenheit gibt es viele Fallbeispiele von tragischem Irrglauben – insbesondere bei einigen fanatischen Sekten, wo die Mitglieder durch ihre vollkommen vom bevorstehenden Weltende überzeugten Führer in den Tod getrieben wurden.

Allerdings ist z. B. der freiwillige Tod der »Sonnen-Templer«-Anhänger in den Jahren 1994 und 1995 oder die Selbsttötung von 39 Mitgliedern der UFO-Sekte »Heaven's Gate« im März 1997 – so traurig die Sache auch sein mag – absolut kein Beweis für die prophetischen Irrtümer der Sektenführer. Es ist zwar absolut unwahrscheinlich, aber vielleicht sind die Heaven's-Gate-Leute ja wirklich mit ihren neuen Turnschuhen an den Füßen auf dem Flugdeck eines gigantischen UFOs gelandet, das hinter dem Mars auf sie wartete. Wer weiß das schon? Eine klare Antwort darauf kann nur jeder für sich selbst finden, wenn er den gleichen Ausflug nachzuvollziehen versucht. Mir persönlich wäre dieses Risiko allerdings etwas zu hoch, und ich kann recht gut mit der Ungewißheit weiterleben, ob die Leute nun ihr visionäres Raumschiff erreicht haben oder nicht.

Bei anderen Ereignissen, wo die Ursache für den Massenselbstmord überprüfbarer ist, wird dann allerdings deutlich, wohin religiöser Fanatismus führen kann. So gab es im zaristischen Rußland eine 200 Jahre alte Sekte am Weißen Meer, die sich »Die Schwestern und Brüder des Roten Todes« nannte. Zu ihrem Glauben gehörte, daß die Welt am 13. November 1900 untergehen würde. 862 Mitglieder der Sekte weihten an diesem Tag ihr Leben Gott und opferten sich auf dem Scheiterhaufen. Als die Behörden endlich einschritten, kam für 100 von ihnen jede Hilfe zu spät. Die Welt ging an diesem Tag nicht unter, der Gründer der Sekte hatte sich geirrt.

Auch der Baptistenprediger William Miller (1782 bis 1849) hatte nach dem prophetischen Buch Daniel (Altes Testament der Bibel) ausgerechnet, daß die Wiederkunft Christi im Jahr 1843 oder 1844 erwartet werden müßte. 50 000 Anhänger erlebten diese beiden Jahre in Angst und Panik. Als dann nichts passierte, forschte Miller weiter und gab schließlich bekannt, daß besagtes Jahr 1843 praktisch erst der Beginn der Reinigung durch Christus sei. Daraus bildete sich die Sekte der »Adventisten«, die nun seit über 150 Jahren auf die Ankunft Jesu warten und inzwischen um die vier Millionen Anhänger haben.

Auch die »Zeugen Jehovas«, in der Bundesrepublik Deutschland von der Sekte zu einer Religionsgemeinschaft erhoben, warten seit mehr als fünfzig Jahren auf den Weltuntergang. Zu zwei angekündigten Daten passierte absolut nichts. Inzwischen ist man dort klüger geworden. Das letzte Gericht (welches nur die Mitglieder dieser Gemeinschaft unbeschadet überstehen sollen) wurde nicht mehr auf einen bestimmten Tag festgelegt. Vielmehr basiert das Fundament ihrer sich stets dem Zeitgeist anpassenden Religion nun darauf, »daß sich die Zeichen mehren« und »diese Generation« den Tag X noch erleben werde. Das ist ohne Zweifel eine sehr durchdachte Prophezeiung, da sich jede Generation bekanntlich aus vielen Altersgruppen zusammensetzt (vom Neugeborenen bis zum Greis) und die Bezeichnung »diese Generation« durch die ständigen Neuzugänge an Säuglingen praktisch für alle Zeiten, also unendlich, anzuwenden ist.

(Zitat eines rührigen deutschsprachigen Jehova-Predigers in meinem Haus: »Dämonen diktieren Ray Nolan dieses Buch! Damit will Gott die Menschen prüfen.«)

Für den 25. Dezember 1967 prophezeite zu Beginn der sechziger Jahre der Führer der »Jünger von Orthon« das jüngste Gericht. Die Sekte begann nach dieser Ankündigung mit dem Bau eines unterirdischen Atombunkers mit einem 20 Tonnen schweren Bleidach in der Nähe von Kopenhagen. Auch an diesem Tag passierte nichts. (Der Bunker wurde später wieder mit hohem Gewinn verkauft.)

Bibelforscher der »Kirche Jesu des Wahren Lichts« rechneten aus, daß 1970 die Welt untergehen würde. Viele ihrer Anhänger verkauften ihr Hab und Gut, kündigten bei ihren Arbeitgebern und verbrachten das Jahr in Gebeten. Als auch hier nichts passierte, war man sich schnell einig, daß die grundsätzlichen Lehren dennoch stimmen würden – man habe sich eben nur im Untergangsjahr geirrt.

In Grannis (Arkansas, USA) eröffnete 1975 die damals 67jährige Viola Walker ihren Angehörigen und Freunden, daß sie eine göttliche Botschaft erhalten habe. Das Jüngste Gericht stünde in diesem Jahr bevor, und dabei würde der Herr alles Leben auf der Erde vernichten. 21 Anhänger scharten sich alsbald um die alte Dame, lebten in ihrer Wohnung und beteten ein Jahr lang. Keiner bezahlte mehr Rechnungen, Mieten und so weiter, bis die kleine Gemeinschaft im Juli 1976 von zwei Gerichtsvollziehern aufgelöst wurde. Das Haus der Mrs. Walker wurde wegen überfälliger Hypotheken versteigert, aber die Welt steht heute noch.

Ähnlich erging es 1960 der »Gemeinschaft des Weißen Berges«, die von einem italienischen Kinderarzt ins Leben gerufen worden war. Am 17. Juli 1960, genau um 13.45 Uhr, sollte in der Nähe von Italien eine geheime »E-Bombe« der Amerikaner explodieren und ein Chaos auf der Erde auslösen. Die Anhänger bauten sich eine riesige Arche mit über 40 Räumen auf dem Mont Blanc und erwarteten die Schreckensstunde in 2000 Meter Höhe. Es passierte jedoch auch hier nichts.

Es gibt viele weitere Beispiele von Irrtümern und religiösem Fanatismus, zuweilen mit dramatischen Ausgängen, wo ganze Scharen von Anhängern auf Grund angeblicher religiöser Botschaften, die ihre charismatischen Führer empfangen haben wollten, kopflos ins Unglück stürzten oder in Abhängigkeit fielen.

Die vielen traurigen Einzelschicksale, wenn z. B. einst ganz normale Bürger wegen einer Endzeit-Prophezeiung Haus und Hof verschenkt oder verkauft haben, was den Rest der Familie an den Bettelstab brachte, kann man gar nicht aufzählen. Allein im südamerikanischen Paraguay leben mehr als ein Dutzend aus Deutschland eingewanderte Familien, die dort in ihren exotischen Gärten die von einigen Propheten angekündigte Zerstörung Europas abwarten.

Kann man den Propheten nun glauben oder nicht? Sind sie Spinner, Scharlatane, religiös Verirrte, oder gibt es unter ihnen echte hellsichtige Phänomene?

Und noch eine Frage scheint berechtigt: Wenn prophetische Visionen tatsächlich existieren – was kann ein Mensch überhaupt visionär erblicken? Wie kann man die Spreu vom Weizen trennen? Lassen sich Prophezeiungen zeitlich fixieren, selbst wenn der »Prophet« weder eine Uhr noch ein Kalenderblatt oder ähnliches im Ablauf seiner visionären Vorausschau erblickte?

Prophetische Gaben scheinen zweifellos ebenso zu existieren wie die vorausschauenden Wahrträume, die z. B. während der beiden Weltkriege von vielen Angehörigen gefallener Soldaten geträumt wurden und sich später erfüllten. Diese sogenannten präkognitiven Wahrträume, welche in der Regel bevorstehende Gefahren oder den Tod nahestehender Personen ankündigen, sind – behaupten einige Wissenschaftler – weniger klar als echte Visionen. Wahrträume hätten meist einen rein symbolischen Charakter und bedürften einer entsprechenden Traumdeutung, wobei die korrekte Auslegung des Traums nicht immer leicht sei. Nach Meinung des irischen Physikers und Chemikers Dr. Sean O'Donnell sind solche Wahrträume eine Art von »intuitivem Vorauswissen«, das ebenso zum Menschen gehöre wie seine Fußnägel.

Solche Träume haben jedoch ihre Schwachstellen: An Träume erinnern wir uns nachträglich, also *nach* dem Erwachen. Zwei völlig verschiedene Bewußtseinszustände treffen damit zeitlich aufeinander: Das Bewußtsein (sofern es überhaupt den Traum festhalten kann) erinnert sich an Erlebnisse aus der unbewußt erlebten Traumphase. Zum Teil in lückenloser Folge, meist aber nur bruchstückhaft oder diffus. Etwas Fremdes, also das Wachbewußtsein, vermischt sich dann mit den unbewußt aufgenommenen Traumerlebnissen, wodurch sich (nach dem Erwachen und teilweisen Erinnern) die objektive Beurteilung der nächtlichen Traumerlebnisse verändern bzw. verfälschen kann.

Visionen hingegen – das behaupten die Propheten –

seien sehr klar. Zuweilen deutlicher als Eindrücke aus dem Alltagsleben. Das Bewußtsein ist wach während einer Vision. Es nimmt unmittelbar, noch während des Erlebens, am Geschehen teil und begreift dabei – im Gegensatz zum Traumerlebnis – gleichzeitig Form und Sinn der Erscheinung.

Visionen können nach Meinung der Hellseher so wirklichkeitsnah wie lebendige Menschen sein. Einige rollen wie ein Film ab, zuweilen in atemberaubender Geschwindigkeit, andere werden von angenehmen Düften oder einer unbeschreiblichen Farbenpracht begleitet, oder der Seher wird unvermittelt selbst Teil eines Geschehens, das sich nicht aufhalten läßt. Immer jedoch sind Visionen für den Seher nachhaltig eindrucksvoll und absolut klar.

Nach Fred Alan Wolf, einem US-Physiker, wurzeln die präkognitiven Fähigkeiten des Menschen in der Quantenphysik. Künftige Ereignisse, so Alan Wolf, reichten gewissermaßen einem gegenwärtigen Erlebnis die Hand, und der Zusammenprall dieser beiden Wellen erzeuge schließlich die gegenwärtigen Tatsachen des Lebens.

Das mag begreifen, wer will. Ich denke jedoch, daß wir mit derart abstrakten Betrachtungen dem Geheimnis, ob wir nun verstohlene Blicke in die Zukunft werfen können oder nicht, kein bißchen näher kommen. Sie bieten nur eine »Wenn, dann möglicherweise so«-Lösung an, ohne sich dabei von der reinen Hypothese freimachen zu können. Auch der Physiker Burkhard Heim entwickelte auf ähnlicher Basis ein zwölfdimensionales Weltmodell, in welchem die präkognitive Vorausschau eingebaut ist. Dies bedeutet jedoch im Prinzip nichts anderes, als das Phänomen der Hellsichtigkeit zu akzeptieren, ohne einen Beweis für ihr Vorhandensein zu erbringen – womit Prophetie wieder zum reinen Glaubensartikel wird.

Wo auch immer geforscht und getestet wird – die Ergebnisse sind leider immer theoretischer Natur. Etwa wie bei den 2500 Versuchspersonen, die zu Beginn der achtziger Jahre unter der Leitung von Chet B. Snow, Dr. R. Leo Sprinkle und Dr. Helen Wambach auf eine hypnotische Zeitreise gingen und in Trance die Ereignisse vom »Großen Erdbeben« 1998 in den USA schilderten.

Wäre es nicht einfacher gewesen – bevor man einen Pulk von Testpersonen in Trance versetzt und sie ins Jahr 1998 »entsendet« –, zunächst einmal nur einige wenige in Hypnose auf eine Kreuzung der Fifth Avenue des nächsten Tages zu schicken, um sich anzuhören, was morgen dort so alles passieren wird? Danach könnte man eine Mütze voll Schlaf nehmen und am kommenden Tag hautnah und persönlich an dieser Kreuzung überprüfen, ob die Versuchspersonen zumindest einige Abläufe richtig wiedergegeben hätten oder nicht.

Im Klartext: Das wäre ein einfaches und leicht überprüfbares hypnotisches Experiment gewesen, das uns rasch und unmißverständlich klare Antworten gegeben hätte. Eine ähnliche Betrachtungsweise sollte man auch für jede Art von Prophezeiung festlegen. Und da dies bisher noch nie in einer einfachen, später beweisbaren Art getan wurde, soll nun das vorliegende Buch, »Die Siebte Offenbarung«, diese »vergessenen Experimente« ersetzen.

Die Prophezeiungen für 1999 und 2000 stehen jetzt fest. Sie wurden niedergeschrieben, abgedruckt und liegen im Original vor. Sie berichten zwar nicht darüber, was morgen auf der Fifth Avenue passieren wird, aber sie sagen klar und deutlich, was in diesen beiden Jahren auf der Welt passieren soll. Wir müssen also nur noch ein kleines bißchen warten. Doch dann wird das Ergebnis ein für allemal fest und unumstößlich auf dem Tisch liegen – nämlich: Es gibt Prophetie, oder es war alles Humbug.

Oder sollte es gar noch eine weitere Möglichkeit geben?

Es gibt sie, aber sie ist das Übelste, was uns in dem Bestreben, endlich ein wenig Licht ins mystische Dunkel der Prophezeiungen zu bringen, widerfahren kann. Das Ergebnis könnte am Ende nämlich auch so aussehen: Ein Berg von Prophetien entpuppt sich im nüchternen Rückblick als geistiger Unsinn, jedoch zwei oder drei Prophezeiungen trafen punktgenau ins Schwarze! Damit stünden wir dann wieder dort, wo wir angefangen haben: Taugen sie was oder taugen sie nichts, die Voraussagen der Propheten?

Der geheimnisvolle Skarabäus

Die meisten Menschen hatten irgendwann einmal ein PSI-Erlebnis, oft, ohne sich dessen bewußt zu sein. Ich selbst liege, was meine Erfahrungen mit dem Außersinnlichen angeht, sicher über dem Durchschnitt. Das brachte mein Beruf mit sich. Und mein frühes Interesse an paranormalen Vorgängen.

Tonbandstimmen-Forscher haben in den siebziger Jahren in meinem Institut ihre Geräte aufgebaut und Tests durchgeführt (Stimmenkontakte zum Jenseits), Tieftrance-Medien jagten mir eine Gänsehaut über die Arme, ich traf mit Hellsehern zusammen, mit bekannten Astrologen, dem angeblich wiedergeborenen Pharao Ramses I., und nach meinem letzten Buch »Das Nostradamus-Testament« schrieben mir – das ist kein Witz – vier inkarnierte Männer namens Michel Nostradamus, zwei seiner Söhne (beide waren Cäsar) und das »Himmelskind«, eine sprachgewandte junge Frau, die ich in meinem ersten Leben als Hexe verbrannt haben soll und die mir das aus verständlichen Gründen krummnahm.

Wo sie wohne, schrieb sie, könne sie mir nicht mitteilen, weil ich sie sonst wieder umbringen würde. Es sei auch unnütz, viele Worte zu machen, da ich eh alles über sie wüßte, weil wir ja seit Monaten allabendlich in geistigem Kontakt stünden …

Zur Vervollständigung: Bei den Tonbandstimmen hörte nur der Experimentator gewisse Wortfetzen aus dem Wellensalat von tausend zusammengeschalteten Sendern heraus. Selbst meine Ex-Schwiegermutter, eine brave aufrichtige Frau, verstand die Worte ihres verstorbenen Onkels Theo nicht. Aber – je öfter sie die Geschichte von diesem für sie recht aufregenden und abwechslungsreichen Tag woanders erzählte, um so deutlicher wurde in ihren Schilderungen auch die Stimme des verstorbenen Onkels.

Das gipfelte darin, daß sie ein paar Wochen später (in meiner Gegenwart) gegenüber ihrer Schwester behauptete: »Ganz deutlich hat Onkel Theo meinen Namen genannt! Mit seine eigene Stimme!« (Keine Falschschreibung – sie lebt im Ruhrgebiet). Dann bekam sie eine Gänsehaut auf den Armen und sagte: »Guck, ich krieg' jetzt noch 'ne Gänsehaut, wenn ich drüber rede …«

Das oben erwähnte Tieftrance-Medium war »Selma«, eine junge Frau aus Honduras. Niemals vorher und niemals nachher habe ich eine so beeindruckende Séance in meinen eigenen vier Wänden erlebt. Sie zuckte, schnaufte, rollte mit den Augen und sprach dann mit dumpfer, aufgeregter Stimme davon, daß ein großes Unheil über mir schwebe. Ich hätte in Ägypten (meine Ägyptenreisen spiegeln sich deutlich in einigen Accessoires meiner Wohnung wider) eine Statue berührt, die mit einem Fluch beladen sei. Dieser Fluch gelte zwar nicht mir, aber er sei nun auf mich übergegangen.

Dann sagte sie den Tod meiner damals 80jährigen Mutter für 1990 voraus (sie starb erst sieben Jahre später) und – was mich damals tief betroff – meine totale Impotenz, die im Sommer 1991 begänne und innerhalb eines Jahres dann absolut sei. Als meine Mutter im Sommer 1991 immer noch gesund und munter war, schöpfte ich Hoffnung, daß mir auch der zweite Teil erspart bliebe. Vielleicht war es ja auch nur dieses positive, hoffnungsvolle Denken, das mich verschonte, jedenfalls hat sich nichts von dem, was Selma so dramatisch vorgetragen hat, erfüllt.

Bei Ramses I. erinnere ich mich nur noch daran, daß er auch in diesem Leben ein in Bayern lebender Ägypter war, Dr. Megalli hieß, Vegetarier und Nichtraucher war und daß er mir verbot, in meinem eigenen Haus zu rauchen, solange er zu Besuch war. Der Rest waren Geschichten aus unserem gemeinsamen früheren Palastleben in Ägypten, denen ich andächtig, aber gierig nach einer Zigarette lauschte.

Es gab auch Ereignisse, die mich wirklich beeindruckten. Wie bei jenem hellsichtig begabten Mann, der mir schrieb, daß er in der Lage sei, absolut klar vom früheren Leben einer gegenwärtigen Person zu träumen. Man müsse ihm dazu lediglich ein Unterhemd zusenden, welches man etwa eine Woche lang im Schlaf getragen hätte.

Da ich so was nicht besaß, besorgte mir meine Frau beim nächsten Einkauf ein Unterhemd. Ich zog es nachts zweimal an, dann schickte ich es dem Mann. Nach etwa drei Wochen teilte er mir mit, daß seine Träume diesmal sehr diffus gewesen seien. Er habe so was schon mal gehabt, und da habe der Träger das Wäschestück nur zwei- oder dreimal nachts angehabt, was glatt zu wenig wäre. Danach beschrieb er mein Arbeitszimmer so detailliert, daß mir glatt die Spucke wegblieb. Im Anschluß kam dann die Geschichte meines Vorlebens, die man ja leider nicht auf seine Richtigkeit hin überprüfen kann.

Er sah mich als Advokat bei einer Vertragsunterzeichnung zwischen dem »Alten Fritz« (Friedrich dem Großen) und einem anderen Mann, irgendwo in einem Zimmer in den Alpen und so weiter. Wie schon gesagt, das ist natürlich nur ein Glaubensartikel, der sich nie konkret überprüfen läßt. Die Beschreibung meines Arbeitszimmers war allerdings so detailliert und genau, daß man hier absolut nicht mehr von einer Zufälligkeit reden kann.

Das zweite Erlebnis (meine Bekannten werden jetzt stöhnen: »O Gott, nicht schon wieder!«) ist die Geschichte eines steinernen Skarabäus, den mir – mit Verschwörermiene – ein alter Bauer in Ägypten andrehte. Das graue Tierchen wollte er auf dem Feld ausgebuddelt haben. Ich glaubte kein Wort von seiner Geschichte, aber es war eine schöne Arbeit, etwas größer als ein Fünfmarkstück, massiv, dick und halbrund, und auf der Rückseite waren seltsame Hieroglyphen eingearbeitet.

Ich kaufte den steinernen Käfer, und weil in Ägypten auch die Gold- und Silberschmiede sehr billig sind, ließ ich ihn durchbohren, mit einem Anhänger und silbernen Kettchen versehen und hängte ihn mir um den Hals. Zwei Stunden später gab mein Jeep seinen Geist auf, aber das war noch eine Sache des ADAC-Rückholdienstes, und ich machte mir keine sonderlichen Gedanken darüber.

Ein Jahr später riß ich mir das Ding samt Kette von der Brust und stülpte eine Porzellantasse darüber. Es hatte noch einmal mit einem anderen Wagen einen Totalschaden auf der Autobahn gegeben, meine Ehe war zu Bruch gegangen, und ich war innerhalb eines Jahres arm wie eine Kirchenmaus geworden.

»Es muß dieser Käfer sein!« Es gab keine andere Erklärung für die hundert Scheußlichkeiten, die mir im vorangegangenen Jahr seit der Ägyptenreise widerfahren waren. »Das Ding bringt Unglück!« erklärte ich meiner neuen Angebeteten. »Rühr es nicht an und laß es um Himmels willen unter der Tasse!«

Ein Jahr verging, und die Pechsträhne schien wie abgeschnitten. Dann traf ich bei meiner ersten Forschungsreise nach Paraguay in der Landeshauptstadt einen Mann, den ich von daheim kannte. Er hatte mich um viel Geld gebracht, sich ins Land der Sonne abgesetzt und schaute mich ziemlich entgeistert an, als ich so urplötzlich vor ihm auftauchte. Aber er war in einem bedauernswerten Zustand. Bleich und blaß, vollkommen abgemagert und hohlwangig, und als sich sein erster Schreck über das unerwartete Wiedersehen gelegt hatte, sahen mir leere, freudlose Augen entgegen. Der Mann hatte zwar mein Geld verpulvert, aber er war völlig fertig und eher zu bedauern.

Später erzählte ich meiner Lebensgefährtin, daß ich den Burschen in Asunción getroffen hatte und in welch bedauernswertem Zustand er gewesen war. Meine Freundin lachte und sagte, das sei die gerechte Strafe dafür, daß er uns bestohlen hätte. Sie ging mit mir in die Küche, hob die Tasse über dem schlummernden Skarabäus und deutete auf ein kleines Foto, das unter dem Käfer lag.

Ein Foto von unserem Freund! Sie hatte es, kurz nachdem der Mann verschwunden war, unter den Skarabäus gelegt und es inzwischen fast schon wieder vergessen gehabt.

»Das ist doch Quatsch!« brummte ich und stülpte die Tasse wieder über das Ding. Abends schlich ich mich dann in die Küche. Ich legte noch zwei Fotos drunter …

Im folgenden Jahr zerbrach eine Familie bis auf ihre Grundfesten (ich hatte nur ein Familienfoto und kein Einzelbild von dem, dem ich »eins auswischen« wollte), ein anderer stand kurz vor der Pleite, und der abgenagte Typ, den ich in Paraguay wiedergefunden hatte, wurde wegen Scheckbetrugs in anderer Sache in einen paraguayischen Horrorknast eingesperrt. Aber – trotz allem: Ray Nolan steht ja mit beiden Beinen auf der Erde, und er will es immer ganz genau wissen.

Das Ding mußte einem ernsthaften Test unterzogen werden! Und zwar da, wo ich unmittelbar sehen konnte, ob sich etwas zum Negativen hin entwickelte oder nicht. Schaden wollte ich auch niemandem (außer den dreien, die mir auf die Füße getreten hatten), also beschloß ich, das Foto meiner Lebensgefährtin unter meinen steinernen Freund in der Tasse zu legen. Wir wohnten zusammen, und sobald etwas schiefgehen würde, wollte ich ihr Bild wieder rausnehmen.

Ich wartete bis zum nächsten Tag. Meine Freundin ging zur Post, und ich hatte ausreichend Zeit, mir ein schönes Foto rauszusuchen. Ich packte es also unter den Skarabäus und wartete ab.

Dreißig Minuten. Mehr nicht. Dann hörte ich den Schlüssel im Schloß, und meine Freundin kam käseweiß herein und ließ sich auf die Couch fallen.

»Gott, so was ist mir noch nie passiert!« keuchte sie. »Ich komme gerade aus der Post, da war es, als würde mir jemand das Herz aus der Brust reißen! Ich war wie ohnmächtig, klammerte mich an einer der Eingangssäulen fest, und dann hatte ich eine Vision, daß ich auf die Straße kippe und ein Lastwagen rollt mir über den Kopf. Es war ganz schrecklich!«

»Merkwürdig.« Mehr fiel mir nicht ein. Eine Minute später schlich ich mich in die Küche und holte ihr Foto wieder unter dem Käfer heraus. Was ich damit gemacht hatte, erzählte ich ihr erst Wochen später. Hätte ich es ihr gleich gesagt, hätte sie mir vermutlich die Augen ausgekratzt.

Das Ende der Geschichte kennt wahrscheinlich nur der neue Besitzer des Skarabäus. Jemand von der Möbelspedition, der ein Jahr später den Übersee-Container packte. Irgend etwas muß einen der Männer an dem Käfer mit den Fotos unter der Tasse fasziniert haben. Die Tasse kam in Südamerika an, die drei Fotos, die Untertasse – alles war schön in Seidenpapier gewickelt. Aber der Skarabäus fehlte! Ich meldete der Spedition das Fehlen des kleinen Unglücksboten und formulierte einen Aushang für das Schwarze Brett in der Spedition. Der, der den Skarabäus habe, solle ihn an meine Adresse senden, schrieb ich. Er bringe seinen Besitzern Unglück …

In meinem Begleitbrief schrieb ich: »Sollte sich niemand melden, der den Käfer hat, und sollte ihn mir niemand zusenden, dann müssen Sie nur nach dem suchen, der gerade in Scheidung lebt, einen schweren Autounfall hatte und jeden Tag ein bißchen ärmer oder kränker wird. Sie dürfen mich beim Wort nehmen: Derjenige hat das Ding …«

Aber das »Ding« blieb verschwunden seit dem 11. Juni, jenem Tag, an dem der Möbelpacker zwar meine Fotos in einem der Kartons deponierte, aber den Skarabäus vermutlich in der Hosentasche verschwinden ließ. Vielleicht ist es auch gut so. Womöglich wäre das Schiff auf dem Atlantik mit Mann und Maus untergegangen.

Am 15. Juni – vier Tage nachdem die drei Bilder unter dem Käfer entfernt wurden – kam unser Freund nach einem langen Jahr aus dem paraguayischen Gefängnis frei. Die zerrüttete Familie vertrug sich wieder, und alle wurden (das stimmt!) Zeugen Jehovas. Und der Dritte im Bunde, der, der arm wie eine Kirchenmaus war, verkaufte Mitte Juni ein Grundstück, kam wieder auf die Beine und hat seitdem mindestens drei Leute arm gemacht …

Soweit also meine Skarabäus-Geschichte. Sie macht deutlich, daß ich – wie wohl die meisten meiner Mitmenschen – zwischen »Vernunft«, Ablehnung und

Glauben an das Übersinnliche hin- und hergerissen bin. Und ich fühle mich auch hin- und hergerissen zwischen der Faszination dieser geheimnisvollen Prophezeiungen und meinem nüchternen Verstand, der nach Haken und Ösen sucht, weil eigentlich nicht sein kann, was scheinbar doch ist und was uns da von den Hellsehern, den Mittlern anderer Seinsebenen, mitgeteilt wird.

Aber ich will es endlich wissen! Schon weil es noch ein Erlebnis in meinem Leben gab, das mich damals zutiefst beeindruckte. Die Geschichte ist mit ein paar Sätzen erzählt und in meinem Umfeld ebenso bekannt wie das Skarabäus-Drama.

Im Sommer 1986 hatte ich so etwas wie eine Vision, allerdings nichts Sichtbares, mehr etwas Fühlbares. Ich fuhr gegen Mittag in meinem Wagen über eine wenig befahrene Landstraße und hatte das Radio eingeschaltet. Irgendeine locker-leichte Blödelsendung von Radio Luxemburg lief gerade, also wirklich nichts, wovon man so etwas wie ein »heiliges, feierliches Gefühl« bekommt. Aber bei mir kam's wie aus heiterem Himmel:

Plötzlich spürte ich eine wohlige Wärme in mir und um mich herum, daß ich glaubte, mein eigener Schutzengel hätte seine Arme um mich geschlungen und hielte mich fest. Nie zuvor habe ich je etwas ähnlich Schönes empfunden.

»Was immer du jetzt tun und machen wirst«, sagte eine innere Stimme laut und vernehmlich zu mir, »du wirst ab jetzt elf Jahre lang nur Glück haben. Alles wird dir gelingen!«

Ich war mehr als tief beeindruckt. Ehrfürchtig. Und ich erzählte es, als ich wieder zu Hause ankam, sofort meiner Lebensgefährtin, später auch nach und nach, wie sich die Gelegenheit ergab, einigen meiner Freunde. Wir rechneten damals aus, daß die Glückssträhne bis 1997 anhalten würde, und ich war glatt von den Socken.

Dann kam 1997. Ich konnte auf elf Jahre zurückblikken, und die Geschichte, die ich hier erzählt habe, ist wirklich wahr. Aber auch das ist wahr: Entweder wir haben zuweilen Eingebungen, die absolut beeindrukkend, phantastisch und trotzdem völlig falsch sind, oder mein Schutzengel – das ist die bittere Konsequenz des Elf-Jahres-Rückblicks – hat mich regelrecht verarscht!

Pro und Contra

Über eines sollten wir uns klar sein. Wenn es Botschaften oder Prophezeiungen von jenseitigen Geistwesen, außerirdischen Existenzen oder gar von Gott selbst an uns gibt, dann dürfen wir auch erwarten, daß diese Botschaften absolut wahr sind und in allen Teilen stimmen. Es ist z.B. absolut undenkbar, daß eine echte Marienerscheinung lügt oder Halbwahrheiten erzählt. Wir dürfen also erwarten – wenn die göttlichen Botschaften keine Halluzinationen sind –, daß die Voraussagen, *wenn* sie sich erfüllen, 100prozentig stimmen müssen. Daß Jesus oder die Heilige Jungfrau Maria einige medial veranlagte Menschen auswählten, nur um diesen dann irgendeinen haarsträubenden Unsinn zu erzählen, halte ich für ausgeschlossen. Wenn sich also klar prophezeite Ereignisse zum angekündigten Zeitpunkt so abspielen, wie sie von diesen Geistwesen vorausgesagt wurden, sind wir aufgefordert, künftig bedingungslos daran zu glauben, daß unter uns begnadete Menschen leben, die scheinbar einen weitaus besseren »Draht« zu derartigen Überwesen haben als wir selbst.

Eigentlich bedarf es dieses Hinweises gar nicht, denn wenn sich z. B. die in diesem Buch vorgestellten Voraussagen in den kommenden zwei Jahren tatsächlich erfüllen, wird ohnehin niemand mehr solche Prophezeiungen in Frage stellen. Im anderen Fall – wenn sich die Voraussagen der Hellseher als falsch erweisen – müssen wir wohl davon ausgehen, daß unsere Phantasie, unsere Gehirnströme und Gedankenmoleküle wie bei einem »Déjà vu« zu den abenteuerlichsten Fiktionen imstande sind. Das sogenannte »Déjà vu« (franz.: »bereits gesehen«) kennt sicherlich jeder von uns. Hierbei handelt es sich um eine Sinnestäuschung, die uns absolut real vorgaukelt, daß es genau diesen Augenblick, den wir gerade erleben, schon einmal, genauso wie in diesem Moment, gegeben haben muß. Die physikalischen Erklärungen, die uns die Wissenschaft dafür anbietet, wechseln alle paar Jahre. Sie sind aber auch völlig gleichgültig. Denn egal, wie ein solches Déjà vu auch zustande kommt, wir wissen ganz genau, daß dieser Augenblick, von dem wir schwören, es habe ihn schon einmal gegeben, vorher niemals stattgefunden hat. Wir sind also einer perfekten Sinnestäuschung erlegen, ohne deren Ursprung genau zu kennen!

Einer medialen Sinnestäuschung unterlagen – und das tröstet vielleicht etwas über die Zeit hinweg, bis wir endlich Gewißheit haben – im Jahr 1962 einige weltbekannte Hellseher dieser Zeit, als sie ihre Voraussagen für 1963 machten. Ihre Prophezeiungen wurden in verschiedenen Tageszeitungen abgedruckt und sind daher als authentische Voraussagen anzusehen, die *vor* dem Jahr 1963 gemacht wurden.

So veröffentlichte der *Trierische Volksfreund* am 23. November 1962 die Voraussagen einiger Hellseher, darunter die der ägyptischen Seherin »Nathar von Kairo«, die für 1963 »äußerste politische Spannungen, aber keinen Krieg« ankündigte. Ferner würde eine wichtige Entdeckung in der Krebsforschung neue Hoffnung bringen. (Alles falsch.)

Einige norditalienische Seher wagten sogar ein gemeinsames Zukunfts-Kommuniqué, in dem es hieß:

»Gefährliche Weltspannungen (falsch), aber kein Krieg ... Es kommt zu einem wirtschaftlichen Rückschlag (falsch) oder einer Rezession ... Es kommen harte Zeiten für Belgien (falsch – 1961 war es zu argen Problemen in Belgien gekommen, aber 1963 war alles wieder Friede, Freude, Eierkuchen) ...«

Die Seherin Maria Vismara aus Mailand kündigte den Thronverzicht des belgischen Königs Baudouin an (falsch), und »Madame Tina«, ebenfalls eine Mailänderin, prophezeite: »Ein schwieriges Jahr für Belgien mit politischen Entwicklungen von beachtlicher Bedeutung.« (Falsch.) Im gleichen Jahr, so Madame Tina, würde Claudia Cardinale einen »Oscar« gewinnen (weiß ich nicht).

»Krebs wird heilbar!« (falsch) sagte ein Seher namens Mustafa, der mit bürgerlichem Namen Emilio Scappini hieß, voraus. Auch für ihn gerieten »die Weltspannungen bis an den Explosionspunkt«, aber in letzter Minute käme es zwischen John F. Kennedy und dem sowjetischen Präsidenten Chruschtschow zu einer Einigung (alles falsch – nach der Kuba-Krise gab es 1963 keine Probleme zwischen den USA und der UdSSR). Mustafa sah auch ein turbulentes Jahr für Fidel Castro voraus (falsch) und prophezeite »Veränderungen in der politischen Atmosphäre in Westdeutschland« (falsch) sowie »ein unruhiges Jahr für Frankreich!« (falsch – Adenauer und de Gaulle unterzeichneten in Paris den Vertrag über die deutsch-französische Zusammenarbeit, den Elysée-Vertrag!).

Der »Magier von Tobruk« schoß in diesem Jahr den Vogel ab. Seine Voraussagen erschienen am 9. November 1962 in der *Hamburger Morgenpost* und der *Zürcher Zeitung.* Er prophezeite, daß der belgische König zugunsten seines Bruders Albert abdanken würde und danach »in ein Kloster gehen wird« (falsch). Kaiserin Soraya würde 1963 wieder heiraten (falsch), und der persische Schah würde 1963 einen zweiten Sohn erhalten (falsch).

Zu dieser endlosen Latte an Prophezeiungen, die sich nicht erfüllten (sieben Hellseher, 14 falsche Prophezeiungen), müßte man als weitere »Ausrutscher« auch einige weltbewegende Ereignisse hinzurechnen, die 1963 stattfanden, die aber niemand vorausgesehen hatte. Keiner der Propheten sagte das spektakuläre Attentat auf John F. Kennedy oder den Tod von Papst Johannes XXIII. voraus. Und niemand prophezeite für 1963 den verheerenden Wirbelsturm in Pakistan mit zwei Millionen Obdachlosen (!) und 15000 Toten (!). Oder die Staudamm-Katastrophe von Longarone in Italien mit 2000 Todesopfern. Dies jedoch, denke ich, hätten begnadete Propheten voraussehen müssen.

Wenn Sie jetzt aber aufatmen sollten, weil Prophetie scheinbar doch nichts anderes als »eingebildeter, visionärer Gedankenschrott« ist, möchte ich Sie warnen. Freuen Sie sich nicht zu früh, denn eine Vorhersage aus den *Lübecker Nachrichten* vom 4. November 1962, Ausgabe 258, fehlt noch in dieser Auflistung – die Prophezeiung Albert Oldags.

Unter dem Namen »Der Seher von Lübeck« hatte sich Albert Oldag zu dieser Zeit schon einen hervorragenden Ruf erworben. Seine Visionen aus früheren Jahren hatten sich schon oft mit unglaublicher Präzision bewahrheitet. Nun aber, nachdem Ostdeutschland gerade »die Mauer« als »Grenzwall gegen die imperialistischen Staaten« gezogen und der Kalte Krieg seinen Höhepunkt erreicht hatte, sagte Oldag Dinge voraus, die der Reporter, der ihn interviewte, absolut nicht fassen konnte:

»Ich sehe einen Umsturz in Rußland. Und ich sehe Rußlands Untergang. Das ist der Augenblick der deutschen Wiedervereinigung. Ich sehe Deutschland in seinen alten Grenzen. Doch Zeit und Stunde? Das weiß ich nicht. Aber alles wird friedlich abgehen ...«

Der Reporter hakte noch einmal nach, weil die Bezeichnung »Friedliche Wiedervereinigung« damals noch unmöglicher erschien als je zuvor. Aber Albert Oldag lächelte weise und sagte: »Das sehe ich. Und das ist die Wahrheit. Ob Sie es nun glauben wollen oder nicht!«

Das war für diese Jahre eine ungeheure, völlig aus dem Rahmen fallende Prophezeiung, die sich in allen Punkten 27 Jahre später erfüllt hat! Das ist sicherlich eine immens lange Zeit, aber Albert Oldag hatte ja auch deutlich betont, daß es ihm nicht möglich sei, einen Zeitpunkt für diese Vision zu nennen.

Zufall?

Nein, ein Volltreffer! Und auch davon tauchen eine Menge in der Geschichte der Prophezeiungen auf. Im *Zentralen Vorahnungsarchiv*, New York, wo Robert Nelson seit 1968 Prophezeiungen und Wahrträume sammelt, archiviert, katalogisiert und mit den Nachrichten aus aller Welt vergleicht, konnte man nach zehn Jahren eine erste Zwischenbilanz ziehen: Unter den 5000 Zuschriften, die im Archiv eingegangen waren, gab es 49 Voraussagen, die absolut ins Schwarze trafen! Also etwa ein Prozent. Die Hälfte dieser punktgenau eingetroffenen Vorhersagen stammten von fünf Menschen.

Das ist wenig und gleichzeitig viel, weil jede dieser fünf Personen etwa fünf verblüffende Volltreffer landete, die ganz klar dokumentieren, daß die präkognitive Zukunftsschau – jeglichem Vernunftdenken zum Trotze – scheinbar doch möglich ist. Und noch etwas wird damit klar: Da, wo echte hellseherische Begabungen vorliegen, sind die Ergebnisse der Voraussagen nahezu »lupenrein«.

Wenn man diesen Faden einmal weiterspinnt, landet man früher oder später wieder bei den zukunftsvorausschauenden Träumen, die ja auch nichts anderes als Visionen sind. Sie werden, im Gegensatz zu den Visionen hellsichtiger Personen, eben nur im Traum statt im Wachbewußtsein aufgenommen. Wenn man nun aber im Traum tatsächlich Dinge voraussehen kann, die sich erst Tage oder Wochen später ereignen, Dinge also, die in der Zukunft liegen, dann kann irgend etwas mit unserem anerzogenen Zeit-Raum-Verständnis nicht stimmen!

Wo, an welchem Punkt, stehen wir jeweils, wenn das »Morgen« bereits passiert ist und man es aus der Vergangenheit heraus betrachten kann? Wie um alles in der Welt kann ein Mann wie Albert Oldag den friedlich ablaufenden Zerfall Rußlands und des DDR-Regimes 27 Jahre vorher erblicken? Also zu einem Zeitpunkt, zu welchem man sich in der DDR gerade anschickte, eine Mauer quer durch Deutschland zu ziehen? Wie kann ich heute im Traum etwas erleben, was übermorgen erst stattfinden wird? Wie läßt sich das »Sonnenwunder« von Fatima erklären? Warum kann ein steinerner Käfer soviel Unheil anrichten, aber meine »Glücksvision« im Auto gleichzeitig ein totaler Flopp sein? Ist alles schon passiert, was hellsichtig Begabte in der Zukunft erblicken, oder kann man tatsächlich Dinge betrachten, die faktisch noch gar nicht existieren, weil sie erst in einigen Jahren stattfinden oder erschaffen werden?

Wie kann ich einen Baum sehen, der heute noch gar nicht gepflanzt wurde? Wie einen Krieg visionär in deutlichen Bildern sehen, wenn die Menschen, die diesen Krieg einmal führen werden, noch gar nicht geboren wurden?

Da türmen sich plötzlich Tausende von Fragen über Zeit und Raum, Dimensionen und Parallelwelten auf. Und damit stehen wir wieder vor dem Versuch, den Ursprung des Kosmos gedanklich zu erfassen. Doch das einzige, was wir dabei herausfinden werden, ist vermutlich, daß es falsch ist zu behaupten, aus Nichts könne sich nichts entwickeln. Schon weil die Formulierung polemisch ist, da »Nichts« im Kern nur ausdrückt, daß wir zu diesem Zeitpunkt die Grenzen unserer Möglichkeiten erreicht haben und wir lediglich nicht imstande sind, etwas hinter dem Nichts oder im Nichts zu entdecken.

Ebenso könnte man fragen: »Wie ist das Nichts entstanden?« und nun zu ergründen versuchen, wie nichts entstand.

Vom winzigsten denkbaren oder undenkbaren Teilchen bis hin zum Werden – dem Entstehen von irgend etwas –, dazu gehört unabdingbar eine Kette von Zuständen, die, auch wenn wir weder das Teilchen noch die Zustände nachweisen bzw. kennen, das *Werden* erst ermöglichen. Dieses Ur-Prinzip findet sich überall wieder, wo Kräfte wirken, und es gilt sicherlich auch für jede Art von Wahrnehmungen.

Kein Traum, keine Vision, kein Gedanke kommt von nichts, sondern er bildet sich stets durch eine Kette von Zuständen und Umständen, seien sie nun chemischer, biologischer, physikalischer oder unbekannter Natur. Verändert sich auch nur ein winziges Glied in der Kette, wird das Ergebnis immer ein völlig anderes sein. Wir kennen das inzwischen aus der Manipulation oder Mutation von Genen.

Auch das Phänomen Zeit weist gewiß veränderbare, manipulierbare Strukturen auf. Nach Meinung einiger Physiker ist Zeit EINS, also ein bestehendes Ganzes, in dem sich praktisch alles Leben gleichzeitig abspielt. Wenn dies tatsächlich so ist, könnte es auch irgendwann einmal gelingen, jene unsichtbare »Schallmauer«, die Grenze zu anderen Dimensionen (Vergangenheit, Gegenwart, Zwischenzeiten und Zukunft) gedankenschnell zu überwinden. Es könnte sogar sein, daß einige Menschen diesen Schritt in eine andere zeitliche Dimension unbewußt unternehmen. Selbst das »Déjà vu«

könnte ein winziger Bruchteil des zufälligen Zusammenschmelzens von zwei kollidierenden Zeiten sein, die eigentlich unmittelbar aufeinander zu folgen hätten: Impulse der Jetztzeit (dieser Augenblick) und der Zukunft (der nächste Augenblick).

Während dieser kurzen Zeit betrachtet man die Situation praktisch aus der unmittelbaren Zukunft und wirft dabei einen Blick in die unmittelbare Vergangenheit. Beide Dimensionen liegen hier nur einen winzigen Zeitbruchteil auseinander, und doch irritiert uns diese Wahrnehmung bereits. Wir könnten schwören, diesen Augenblick schon einmal erlebt zu haben, weil wir die gleiche Situation im selben Moment aus zwei Zeitebenen heraus betrachten.

Die These kann falsch sein, aber sie macht uns das Verstehen von mehreren zeitgleichen Ebenen vielleicht etwas leichter. Denn verwirrend ist nicht das Phänomen von Raum- und Zeitdimensionen an sich, sondern das, was wir daraus gemacht haben. Wir sehen die Zeit einfach nur falsch, weil wir es uns im Laufe der Jahrtausende angewöhnt haben, alles von jenem Punkt aus zu messen, an dem wir *selbst* uns gerade befinden. Alles, was hinter uns liegt, ist Vergangenheit, das, was vor uns liegt, Zukunft. Daß diese Betrachtungsweise nicht richtig sein kann, liegt auf der Hand, weil der neutrale Blickpunkt fehlt.

Wenn Zeit also relativ ist und sich Zeit tatsächlich in einem großen Ganzen vereinigt, dann müßte ein Blick in eine andere Dimension, z. B. in unsere Vergangenheit oder in unsere Zukunft, wie bei einem »verlängerten Déjà vu« durchaus möglich, ja sogar wahrscheinlich sein.

Zeit ist ein Faktor, der gewiß einmal seine Begrenzung für uns verlieren wird. Wir üben ja auch schon fleißig, wie das mißglückte »Philadelphia-Experiment« vom August 1943 beweist. Damals, vor 56 Jahren, gelang es einem Team von hochqualifizierten Physikern der Vereinigten Staaten in einem großangelegten Versuch, das US-Kriegsschiff »USS Eldridge« teilweise (mit häßlichen Begleiterscheinungen) in einem Zeit-Raum-Kontinuum verschwinden zu lassen.

Eigentlich hatte man nur eine Art von »perfekter Tarnkappe«, das Unsichtbarwerden eines Kriegsschiffes für den Feind, perfektionieren wollen. Die Ergebnisse wurden natürlich geheimgehalten und sollen ziemlich erschreckend gewesen sein. Angeblich verschwanden große Schiffsteile für immer in einer anderen Dimension. Auch sollen einige tote Besatzungsmitglieder wie eingeschweißt halb aus den Stahlwänden des Kriegsschiffes herausgeragt haben. Die Grundsubstanz des Kino-Hits »Das Philadelphia-Experiment« fußt angeblich auf authentischen Quellen.

Sicher ist, daß vor 56 (!) Jahren dieses Experiment stattfand. Und da kein noch so brillanter Wissenschaftler auf dieser Welt gleich bei seinem ersten Experiment, mit dem er die Gesetze der Schwerkraft aus den Angeln zu heben versucht, mit einem riesigen Kriegsschiff inklusive seiner Besatzung beginnt, darf man wohl annehmen, daß dem Philadelphia-Experiment eine große Menge erfolgreicher kleinerer Tests vorausgegangen sind.

Und das bedeutet: Im kleinen funktionierte es wohl schon vor mehr als 56 Jahren! Es wäre also denkbar, daß es den Wissenschaftlern bereits damals gelungen ist, einzelne Gegenstände, Tiere, vielleicht sogar Menschen auf die Zeitreise zu schicken. Nur ein Verein von einigen hundert Verrückten hätte sich sonst an ein komplettes Kriegsschiff gewagt!

Man sagt, nach dem mißglückten Philadelphia-Experiment habe man aus Angst vor möglichen unübersehbaren Folgen alle weiteren Versuche eingestellt. Das sanfte Amerika? Das Idealbild von Wissenschaftlern, die sich fortan wieder mit weißen Mäusen beschäftigen und nach besseren Methoden in der Krebsbekämpfung suchen? Nun, ich möchte an dieser Stelle kein Mentalitätsprofil des amerikanischen Denkens und der Wissenschaft allgemein erstellen. Aber ich bin mir ziemlich sicher, daß man weitere Experimente vermutlich nur dann eingestellt hätte, wenn es damals dem Papst gelungen wäre, US-Präsident zu werden.

Aber der Papst sitzt immer noch im Vatikan, während andere vielleicht schon längst umgesetzt haben, was für die Mächtigen dieser Welt den Traum vom Fortschritt so erstrebenswert macht: Wer die Zeitreise beherrscht, wird auch das Leben auf der Erde manipulieren können! Die Grenzen verwischen sich hier zwar etwas, aber beides ist möglich: Wer das Phänomen der Zeit beherrscht, kann von der Vergangenheit aus die Zukunft gestalten und von der Zukunft her die Vergangenheit in seinem Sinne – also mit dem eigennützigen Blick auf seine Zukunft – prägen.

Sind wir, die Menschen der Gegenwart, möglicherweise nichts anderes als die Versuchskaninchen unserer Enkel oder Väter? Oder ist alles ganz anders, und die Menschheit steht heute vor dem selbstfabrizierten Dilemma einer sich immer mehr aufbäumenden Natur, was irgendwelche zeitüberwindenden Existenzen mit allen nur erdenklichen Kräften zu verhindern versuchen?

Wer sind jene Existenzen, die sich den sensitiven Übermittlern der Botschaften als Jesus, Muttergottes oder als Engel präsentieren? Gottwesen, die die angekündigten Wunder und Strafen selbst kreieren? Oder wie können Jenseitige, also die Seelen von Verstorbenen, Dinge aus der Zukunft sehen und uns diese noch gar nicht stattgefundenen Ereignisse dann mitteilen?

Vielleicht sind all diese Fragen verfrüht. Vielleicht sollten wir sie uns erst stellen, wenn wir demnächst unsere Schlüsse anhand der in diesem Buch niedergeschriebenen Prophezeiungen ziehen können, welche sich – das ist absolut sicher! – entweder erfüllen oder nicht erfüllen werden.

Irgendwann werden wir wissen, ob es zumindest einigen der zahlreichen Hellseher tatsächlich gelungen ist, einen Blick in die Zukunft zu werfen, oder ob die Phantasie ihnen überaus beeindruckende Bilder lieferte, die aber weder Hand noch Fuß hatten.

Wenn ich mir beispielsweise die Prophezeiung des Alois Irlmaier in Erinnerung rufe, wo nach dem letzten Inferno ein »alter Bayer mit schneeweißen Haaren, der eine Lederhos'n trägt« (bei seiner Krönung im Kölner Dom!), der neue »gekrönte König von Deutschland« wird, dann kommen mir, wie den vielen Autoren, die diesen Satz der Irlmaier-Prophezeiung verschämt verschwiegen haben, schon Zweifel, ob man jede Prophezeiung wirklich unkritisch hinnehmen soll.

Man hört es heraus: Ray Nolan gehört zu den »gläubigen Zweiflern« dieser Welt und steht damit sicher nicht alleine. Millionen geht es wie mir. Wir glauben ein bißchen an Prophezeiungen, aber eigentlich doch nicht so recht. Kurz, wir sind die Unschlüssigen, die erst noch umgekrempelt werden müssen, die ihr Aha-Erlebnis brauchen – vielleicht das von der Heiligen Maria angekündigte Wunder –, damit wir uns endlich eine feste Meinung bilden können.

Diese Einstellung klingt gar nicht so unvernünftig, aber sie hat auch einen gewaltigen Haken: *Wenn* nämlich einige Hellseher recht haben sollten mit dem, was sie für die nächsten Jahre voraussagen, dann kommt das Jüngste Gericht, der verheerende Dritte Weltkrieg, das Schreckens-Szenario der herabstürzenden Kometen oder dieses letzte, furchtbare Inferno, das nur fünf Prozent der Menschen überleben sollen, demnächst synchron mit unserer Erleuchtung über uns, und das scheint dann doch ein bißchen zu spät zu sein.

Am Ende dieses Buches weiß ich eigentlich nur eines mit Bestimmtheit:

Wenn Ihnen dieser abgerissene, in Lumpen gehüllte Typ mit den ausgelatschten Schuhen seines toten Nachbarn irgendwo auf einer staubigen Straße entgegenkommt, weil er immer noch keine fünf Tomaten für seine zwei Fische bekommen hat; wenn er Sie zahnlos in einer merkwürdig anmutenden, blutroten Dämmerung anzulächeln versucht, weil Sie die einzige Menschenseele sind, die ihm in den letzten beiden Wochen begegnete; und wenn Sie dann schweigend und fast ein bißchen glücklich neben mir am Rand der Straße sitzen, weil wir beide froh sind, endlich jemanden gefunden zu haben, dann sind wir inzwischen um einiges klüger geworden.

Wenn dies alles so passieren sollte – und nachts, wenn wir uns ein Loch gegraben haben, weil wir wissen, daß die neuen Sommerstürme eisigkalt über die sterbende Erde fegen; wenn wir uns aneinander drängen, weil uns das bißchen Körperwärme des anderen guttut, dann wird irgendwann einer von uns schließlich das Schweigen brechen.

»Der Leichengeruch ist schon weniger geworden …«

»Kommt mir auch so vor.«

Draußen heult der eisige Wind über das Loch, und wir rücken noch enger zusammen. Die Sterne da oben im Himmel sehen irgendwie anders aus als früher. Blasser, fahler. Die ganze Welt hat sich verändert! Nichts ist mehr so, wie es war. Wir starren uns lange an, und ich beginne zu ahnen, daß auch Sie höchstens noch vier oder fünf Tage leben werden. Wenn es hoch kommt, ein bißchen mehr als eine Woche.

Wir äugen wieder vorsichtig über den Rand des Loches in diese menschenleere Welt, und dann seufzen Sie leise:

»Wir haben alles falsch gemacht, nicht wahr?«

»Ja – alles.«

Dann denken wir an unsere Kinder. An unsere Frauen. Und daran, wie es war, als wir noch in einem Haus wohnten, Licht anknipsen konnten und nie frieren mußten. An die Zeit, wo es Blumen und Gras und Freunde gab und wo die Luft noch nicht nach Leichen roch. Und die Erinnerungen werden weh tun, weil wir inzwischen begriffen haben, daß wir dieses fröhliche Kinderlachen, die Blumen und das Gras – all diese Dinge, die für uns einmal selbstverständlich waren – nie wieder hören und sehen werden.

Dann merken Sie irgendwann, daß ich tot bin. Sie ziehen vorsichtig die beiden Fische aus meiner Manteltasche und schieben mich stöhnend und mühsam aus dem Loch nach oben.

Ja, Sie hatten recht. Wir haben wirklich alles falsch gemacht. Und wir hören einfach nicht auf damit …

Zeittafel der Prophezeiungen bis zum Jahr 2000

Teil 1: Daten und Voraussagen über die Entwicklung und den Untergang der Menschheit

r: richtig
f: falsch
?: unbestätigt/noch offen
o. Z.: ohne Zeitangabe

Jahr/ Datum	**Prophet/ Person**	**Prophezeiung/ Ereignis**	**r/f/?**
(v. Chr.)			
5960	Septuaginta	Erschaffung der Welt.	?
4713	Michel Nostradamus	Erschaffung der Welt.	?
4713	Julius Scaliger	Erschaffung der Welt.	?
4004	Erzbischof Usher	Erschaffung der Welt.	?
3952	Josephus	Erschaffung der Welt.	?
3949	Beda Venerabilis	Erschaffung der Welt.	?
3761	Abraham Judaeus	Erschaffung der Welt.	?
3100	–	1. Dynastie in Ägypten.	
2850	–	Bau der Cheopspyramide.	
1350	Luther-Bibel (1912)	Zeit und Wirken des Moses.	?
594–584	Priesterin Pythia	Das Orakel von Delphi.	
592–570	Prophet Hesekiel (AT)	1. Cherubim-Flugmaschine.	
560	Gautama Buddha	Erleuchtung und neue Lehre.	
551–479	Konfuzius	Das »Buch der Orakel« entsteht.	
544–483	Heraklit von Ephesos	»Ewige Umwandlung der Welt«.	
379	Platon	»Phaidon« (Über die Unsterblichkeit der Seele).	

Jahr/ Datum	Prophet/ Person	Prophezeiung/ Ereignis	r/f/?
342	–	Erster astronomischer Tierkreis in Indien.	
45	Julius Cäsar/ Sosigenes	Einführung des Julianischen Kalenders.	
2	–	Messias/Erlöser-Glaube wächst in Rom.	
0	–	Geburt von Jesus Christus.	
(n. Chr.)			
37	Kirche	Kreuzigung von Jesus Christus.	?
156	Montanus	Prophezeit das Weltgericht.	?
200	Hellespontische Sibylle	»Ende kommt, wenn Gott die Winter zu Sommern macht.«	?
315	Lactantius	»Die Gesetze von Sommer und Winter werden sich einst vermischen.«	o. Z.
384	Papst Damasus I./ Hieronymus	Die »Vulgata« (erste lat. Gesamtausgabe des Neuen Testaments) entsteht.	
525	Dionysius Exiguus	Erste Verwendung der Formulierung »nach Christus«.	
553	Christen	Der Glaube an Wiedergeburt wird verworfen.	
622	Mohammed	Islamische Lehre und neue Zeitrechnung.	
666	Johannes-Offenbarung (NT)	Die biblische Zahl des Tieres »666«.	
710	Heilige Odilie	Sagte den Zweiten Weltkrieg und das Ende der Welt voraus.	o. Z.
960	Bernhard von Thüringen	»Weltuntergang am Karfreitag 992.«	f
999–1000	zahlreiche Propheten/Gelehrte	Ankündigung des Weltuntergangs und Auslösung einer Massenhysterie in Europa.	f
1061	Hepidannus von St. Gallen	Prophezeite Kriege und Katastrophen in Europa (vorwiegend Deutschland).	o. Z.
1066	–	Ein Komet über Europa soll den Weltuntergang ankündigen. (Massenhysterie in Frankreich.)	f

Jahr/ Datum	Prophet/ Person	Prophezeiung/ Ereignis	r/f/?
1098–1179	Hildegard von Bingen	Sagte das Kommen des Antichristen voraus.	o. Z.
1179	Johannes von Toledo, Astronom	Sagte für September 1186 gigantische Katastrophen voraus, wonach in ganz Europa eine unbeschreibliche Panik ausbrach.	f
1180–1240	Cäsarius von Heisterbach	»Große Überschwemmung von Europa.«	o. Z.
1300	Edda (Mythologisches Lehrbuch)	Prophezeite Finsternis und Flutwelle; Weltuntergang.	o. Z.
1348	Johannes von Winterthur	»Die Türken stehen vor Cöln!«	o. Z.
1356	Der blinde Jüngling von Prag	Aussage über den Untergang Prags, »... danach wird die Sonne stürzen und die Erde erzittern!«	o. Z.
1452–1531	Johannes Stöffler, Astrologe	Sagte den Weltuntergang durch eine »furchtbare Flut« für den 20. Feb. 1524 voraus.	f
1487–1567	Michael Stifel, Mathematiker	Verkündete den Weltuntergang am 18. 10. 1533.	f
1495–1543	Melchior Hofman	Sagte die Wiederkehr Christi im Jahr 1533 vorher.	f
1523	Londoner Astrologen	Weltuntergangsberechnung für den 1. 2. 1524. 20 000 Londoner flohen an diesem Tag in höher gelegene Regionen.	f
1545	Spalatinus	»Tiefe Brunnen werden *vor* dem großen göttlichen Strafgericht versiegen!«	o. Z.
1550	Benediktiner von Maria Laach	Prophezeite mehrere Kriege im 20. Jh.; am Ende: »Giftwolken über Germanien!«	r/?
1503–1566	Michel Nostradamus	Im Jahr 1555 veröffentlicht der Seher den ersten Teil seiner insgesamt 1166 prophetischen Verse, welche großteils verschlüsselt sind.	r/?
10. 7. 1559	Michel Nostradamus (1555)	Sah den Turnier-Tod von König Heinrich II. vorher	r

Jahr/ Datum	Prophet/ Person	Prophezeiung/ Ereignis	r/f/?
1570	Bischof Jewel	Prophezeiung über das letzte Weltgericht.	o. Z.
1582	Papst Gregor XIII.	Einführung des Gregorianischen Kalenders.	
1590–1656	Marie des Vallées	Dramatische Endzeitvisionen.	o. Z.
1591–1646	Graf Robert Devereux II.	Verkündete für 1643 die Wiederkehr Christi.	f
1613–1658	Bartholomäus Holzhauser	Vorhersage über das Ende der Menschen, vorausgehend: Der Untergang Israels und der Türkei	o. Z.
1618	Wickenthies	Kriegsvision für Deutschland, wo am Ende Hannover »zum Steinklumpen wird«.	o. Z.
1687–1752	Johann Albrecht Bengel	Leitete aus der »Johannes-Offenbarung« das Datum des 18. Juni 1836 für den Weltuntergang ab.	f
1690–1763	Joseph Naar	Kriegsvoraussage für die Zeit, »… wo so viele Steuern aufkommen, daß den Obrigkeiten keine Namen mehr für sie einfallen werden«.	o. Z.
1701	Der »Fliehende Papst«	In den Ruinen des Klosters von Wismar entdeckte Voraussagen über drei verheerende Kriege in Deutschland.	o. Z.
1701	Der Mönch von Werl	Weissagung über Krieg in Deutschland und »Horden, die vom Osten bis zum Rhein vorstoßen …«.	o. Z.
1710–1772	Nechtou, Jesuitenpater	Sagte die Greuel der französischen Revolution vorher.	r
1714–1794	Johann Peter Knopp	»Nach einem guten Jahr kommen drei schlechte. Dann kommt der Krieg.« Viele Kriegsvisionen.	o. Z.
1732–1798	Jeanne Le Royer, Laienschwester	Prophezeite für das Jahr 2000 den »Untergang des Papsttums und schreckliche Erdbeben, Kriege und soziale Unruhen«.	?

Jahr/ Datum	Prophet/ Person	Prophezeiung/ Ereignis	r/f/?
1736	William Whiston, Theologe	»Weltuntergang am 13. Oktober 1736!«	f
1748–1840	Ludovico Rocco, Mönch	Vorhersage über den Untergang Englands durch die Iren und Schotten; Königsfamilie flüchtet.	o. Z.
1750	Shora Atahuallpa	»Die Welt versinkt in Finsternis!«	o. Z.
1753	Mühlhiasl (Mathias Lang)	Ein Seher aus dem Bayerischen Wald. Zahlreiche Kriegs- und Endzeitvisionen in schlichter Sprache.	o. Z.
10. 3. 1761	William Bell	Sagte ein Erdbeben voraus, das am 5. April 1761 London völlig vernichten würde. Massenhysterie!	f
1764–1833	Dietrich Wessel-Eilert	Auch als »Der alte Jasper« bekannt. Der Schäfer aus Westfalen prophezeite Kriege in Deutschland.	o. Z.
1769–1837	Anna Maria Taigi, 1920 seliggesprochen	»Zwei Strafgerichte mit Finsternis und Pestwolken werden kommen.«	o. Z.
1770	Peter Schlinkert	»Die West-Armeen gegen die des Ostens …«	o. Z.
1774–1824	Katharina Emmerick	Stigmatisierte Nonne mit äußerst farbig geschilderten Visionen, die mehr symbolischer Natur sind.	?
1781–1847	Rosa C. Asdente, Nonne	Prophezeite die Massenverfolgung und Hinrichtung der katholischen Priesterschaft.	o. Z.
1782	Abbé Curique	»Die eine Hälfte der Welt gegen die andere. Furchtbare Naturkatastrophen beenden den Krieg!«	o. Z.
1782–1849	William Miller	Verkündete das Ende der Welt für 1843. Obwohl nichts geschah, ging aus seiner These die Sekte der »Adventisten« hervor, die auch heute noch auf die Wiederkehr Christi wartet.	f

Jahr/ Datum	Prophet/ Person	Prophezeiung/ Ereignis	r/f/?
1788–1862	Joséphine de Bourg	Ordensgründerin aus Toulouse. Sie verkündete 1875 ihre schaurigen Endzeitvisionen.	o. Z.
1800–1864	Jakob Lorber	Schreibmedium. Brachte etwa 10 000 Seiten zu Papier, darunter auch die Neuschrift der Johannes-Offenbarung. Unter seinen sehr präzisen Prophezeiungen sind erstaunlich detaillierte Voraussagen, z. B. über bewohnte Planeten anderer Galaxien.	o. Z.
1815–1888	Don Giovanni Bosco	Der bekannte katholische Ordensgründer hatte seit seinem neunten Lebensjahr prophetische Visionen, meist die Endzeit der Menschen betreffend. Sein Leitmotiv: »Haltet mich ja nicht für einen Propheten, bis nicht alles eingetroffen ist!«	o. Z.
1821	Michel Nostradamus	Sagte den Tod des französischen Kaisers Napoleon I. im Mai voraus. Das letzte Wort im Vierzeiler 1/60 gibt das Todesjahr Bonapartes korrekt wieder.	r
1850–1905	Helena Higginson, Lehrerin	1880 Endzeitvisionen von einer »mächtigen Flutkatastrophe«.	o. Z.
1850–1941	Marie Julie Jahenny	69 Jahre lang stigmatisiert, mit vielen Prophezeiungen über den Leidensweg der Menschheit.	o. Z.
1858–1929	Anton Johansson	Bekannter norwegischer Seher, der um 1907 präzise Voraussagen über den 1. und 2. Weltkrieg und die Zeit danach machte. »Der Dritte Weltkrieg beginnt im Juli oder Anfang August … Naturgewalten an der englischen Ostküste … und in Holland, Belgien und Norddeutschland … sie werden alle schrecklich heimgesucht …«	o. Z.

Jahr/ Datum	Prophet/ Person	Prophezeiung/ Ereignis	r/f/?
19. 9. 1864	Marienerscheinung	Die Prophezeiungen von *La Salette,* Frankreich.	o. Z.
21. 1. 1868	Schwester Philomena	Nonne aus dem Kloster Vals in Katalonien. Sie hatte an diesem Tag die Schreckensvision des »göttlichen Endgerichtes«.	o. Z.
1877–1945	Edgar Cayce, USA	Als Tieftrance-Medium machte der Fotograf und Sonntagslehrer auch verblüffend richtige medizinische Diagnosen. In 43 Jahren diktierte er 14 000 Protokolle, darunter eine Vielzahl prophetischer Voraussagen über den Werdegang der Menschheit bis zu ihrem Untergang, meist jedoch o. Z.	r/?
1883–1951	Ötztal-Katharina	Kriegsvisionen für die Alpenländer.	o. Z.
1887–1968	Pater Pio	Stigmatisierter Pater und Wunderheiler aus Rotondro, Italien. Endzeitvisionen (1961) von »Gift- und Gaswolken, mächtigen Erdbeben und Feuerregen«, die die Menschen heimsuchen.	o. Z.
1891–1965	Bertha Dudde, Hellseherin	Visionen über den Werdegang der Menschheit mit sehr detaillierten Schilderungen.	o. Z.
1894–1975	Erna Stieglitz	Eine Ordensfrau aus Augsburg, die für den Monat Juli eines ungenannten Jahres einen Blitzkrieg Rußlands gegen die westliche Welt prophezeite.	o. Z.
1894–1959	Alois Irlmaier	Rutengänger aus Freilassing mit sehr ausführlichen Schilderungen des »letzten Krieges« und seiner Endzeitvisionen. Seine Prophezeiungen sind wohl die am meisten zitierten in Deutschland.	o. Z.

Jahr/ Datum	Prophet/ Person	Prophezeiung/ Ereignis	r/f/?
1895–1961	Elena Aiello, Nonne	Drastisch geschilderte Endzeitprophezeiungen der stigmatisierten Nonne aus Süditalien. Ihre Voraussagen über den Zweiten Weltkrieg sind erstaunlich präzise.	o. Z. r
1897–1961	Maria Valtorta	Eine Italienerin, die die Hälfte ihres Lebens ans Krankenbett gefesselt war. Unbeschreiblich viele Endzeitvisionen in den Jahren 1943–1951.	o. Z.
1897–1975	Joseph Stockert	Prophezeite, daß die Erde aus ihrer Bahn geworfen wird, und eine 72stündige Finsternis.	o. Z.
1899–1986	Buchela	Zigeunerin aus dem Rheinland. Bekannteste deutsche Wahrsagerin der Nachkriegszeit. Viele ihrer Vorhersagen trafen ein, andere waren völlig falsch.	r/f/?
geb. 1909	Kathe Niessen	Hellseherin aus Krefeld. Kriege und Endzeitvisionen.	o. Z.
1910–1914	Sepp Wudy	Böhmischer Knecht mit hellseherischen Fähigkeiten. Vor dem Ersten Weltkrieg beschrieb er die Greuel von drei Kriegen und sagte auch seinen eigenen Tod richtig voraus. Alles, so Sepp Wudy, könne er jedoch nicht wiedergeben, weil vieles darunter sei, was er überhaupt nicht verstehe.	r/?
14. 4. 1912	Michel Nostradamus	Sagte den Untergang des »unsinkbaren« Ozeanriesen »Titanic« im April 1912 voraus. Das letzte Wort des Vierzeilers 3/13 (im franz. Original: »*nagera*«) gibt das Untergangsjahr punktgenau preis.	r
1914	Andreas Rill	Unter dem Namen »Feldpostbriefe« bekannte Prophezeiungen	f/?

Jahr/ Datum	Prophet/ Person	Prophezeiung/ Ereignis	r/f/?
		über drei Weltkriege in Deutschland. Die Voraussagen machte ein unbekannter französischer Kriegsgefangener. Der einfache Soldat Andreas Rill schrieb sie in zwei Briefen nieder und schickte die Briefe mit der »Feldpost« nach Hause.	
1916–1997	Jeane Dixon	Amerikanische Hellseherin mit einer hohen Quote an falschen Vorhersagen, darunter auch Kriegs- und Endzeitvisionen.	
1917	Marienerscheinung	Mehrere Marienerscheinungen im Laufe von einigen Monaten im portugiesischen Fatima. Mahnung der Muttergottes an die Menschheit mit dem berühmten Wunder der »trudelnden Sonne«, welches von 70 000 Pilgern beobachtet wurde.	o. Z.
17. 12. 1919	Albert Porta	Seismologe, Meteorologe und Astrologe aus den USA. Er berechnete für den 17. Dezember 1919 eine astrologische Konstellation mit Weltuntergangs-Charakter. Magnetische Strömungen durch die Sonne sollten danach eine gigantische Explosion verursachen und die Erde vernichten.	f
1922	Franz Kugelbeer	Ein Bauer aus dem österreichischen Bregenz, der uns sehr detaillierte Endzeitprophezeiungen hinterließ, welche er 1922 hatte und seinem Pfarrer, Pater Ellerhost, mitteilte, der sie zu Papier brachte. »Drei Tage Finsternis, und da waren Donner und Erdbeben und heftiges Meeresrauschen ... «	o. Z.

Jahr/ Datum	Prophet/ Person	Prophezeiung/ Ereignis	r/f/?
geb. 1923	Veronica Luecken	Hellsichtiges Medium aus New York City mit beeindruckenden Endzeitvisionen aus dem Jahr 1972, die sich wie ein Science-fiction-Thriller lesen.	o. Z.
1925	Davidson	Entschlüsselungsversuch der Prophezeiungen aus der Großen Pyramide.	?
geb. 1934	Gräfin B. Beck-Rzikowski	Deutsche Hellseherin mit düsteren Endzeitvisionen.	o. Z.
1938	Charles Long	Ein Prediger aus Pasadena, Kalifornien, hatte 1938 die Vision, daß die Erde am 21. September 1945 verdampfen würde, und warnte per Post alle Staatsoberhäupter der Welt vor diesem Tag.	f
1938–1965	Marienerscheinung	Im französischen Kérizinen kommt es im Laufe von 27 Jahren zu mehreren Marien-Botschaften.	o. Z.
geb. 1946	Wolfgang Zönnchen	Medienpräsenter deutscher Hellseher, der ab 1986 eine innere Stimme vernahm, die ihm Botschaften über das Ende der Welt mitteilte. (»Der Himmel wird Mahnungen und Zeichen entsenden. Feuer und Funken aus den Schichten der Höhe, die man auf der ganzen Welt sehen wird … «)	o. Z.
1949	Bruder Adam	Benediktiner-Mönch aus Würzburg, der im August 1949 eine »klare Vision vom Dritten Weltkrieg« (Rußland gegen den Westen) hatte.	o. Z.
1949–1952	Marienerscheinung	Im bayerischen *Heroldsbach* hatten vier Mädchen am 9. Oktober 1949 eine Erscheinung. Ähnlich wie in Fatima setzten sich die Wunder bis zum 31. Okto-	o. Z.

Jahr/ Datum	Prophet/ Person	Prophezeiung/ Ereignis	r/f/?
		ber 1952 fort. Und wie in Fatima erlebten auch in Heroldsbach mehrere tausend Pilger ein beeindruckendes, visionäres Sonnenwunder.	
1950	Henry Adams	»In diesem Jahr kommt das Ende der Welt.«	f
geb. 1952	André Pestiaux	Der Belgier hatte 1984 einige Jesus-Erscheinungen, die von mehreren Leuten bezeugt wurden. Botschaften über das Ende der Menschheit.	o. Z.
1958	Edgar Cayce	»Ab 1958 beginnt die vierzigjährige Zeit der großen Naturkatastrophen!«	r/?
1958	Elio Biance	Italienischer Kinderarzt und Sektengründer. 1958 soll ihm seine verstorbene Schwester erschienen sein, um ihm mitzuteilen, daß am 14. Juli 1960 eine gigantische E-Bombe der Amerikaner die Welt vernichte. Seine Anhänger bauten deshalb eine riesige Arche auf dem Mont Blanc, wo man den Tag des Untergangs im Gebet erwartete.	f
1959	Seher aus dem Waldviertel	Ein junger Mann aus Österreich mit genauen Endzeitschilderungen aus dem Jahr 1959. »Eine etwa 80 Meter hohe Flutwelle wird kommen!«	o. Z.
1961–1965	Marienerscheinung	In *Garabandal* (Nordspanien) erscheint die Muttergottes vier Kindern und berichtet von der Strafe Gottes und dem Jüngsten Gericht. Sie kündigt für den Beginn der Endzeit ein Wunder an, das alle Menschen sehen könnten.	o. Z.

Jahr/ Datum	Prophet/ Person	Prophezeiung/ Ereignis	r/f/?
4. 11. 1962	Albert Oldag	Hellsichtiges Phänomen aus Lübeck. Sagte 1962 den Zerfall der Sowjetunion und die »friedliche Wiedervereinigung Deutschlands« voraus, wobei er betonte, den Zeitpunkt nicht zu kennen.	r
geb. 1964	Prof. Ivan Aristizabal	Kolumbianischer Schamane, hellseherisch begabt. Konkrete Ereignisvoraussagen mit Namen und Daten für die Zeit bis 2000.	?
seit 1965	Marita E. Lautenschläger	Deutsches Medium, hellsichtig seit 1965, sagte sie im Sommer 1997 den Tod von Papst Johannes Paul II. für 1998 voraus.	f
1967	Marienerscheinung	In *San Damiano* (Italien) ereigneten sich mehrere Marienerscheinungen. Die Botschaften gleichen jenen von La Salette, Fatima und Garabandal.	o. Z
25. 12. 1967	Andreas Jensen	Dänischer Sektenführer prophezeite für den ersten Weihnachtstag 1967 den Jüngsten Tag.	f
seit 1969	Dr. Edith Zeile	Channel-Medium aus Deutschland. Vermittelt angeblich Botschaften von Tutanchamon und einem chinesischen Meister namens Kim.	?
1973	David Wilkerson	Amerikanischer Pastor mit detaillierten Endzeitvisionen aus dem Jahr 1973: »Zunehmend mehr Überschwemmungen, Hagel, Wirbelstürme und Orkane! Mehr als ein Drittel der USA werden zu Katastrophengebieten erklärt!« Seine Botschaften ähneln jenen des Edgar Cayce.	o. Z.
1976	Ron White	Evangelist mit Endzeitvisionen aus dem Jahr 1976. »Irland wird	o. Z.

Jahr/ Datum	Prophet/ Person	Prophezeiung/ Ereignis	r/f/?
		kommunistisch, Schottland unabhängig!«	
1977	John Strong	Australier, prophezeite einen »Atomangriff der Sowjetunion bis spätestens zum 23. 9. 1979«.	f.
10. 6. 1978	Erika Bertschinger	In der Schweiz als Medium ›Uriella‹ bekannt, prophezeite 1978, daß im Nahen Osten der Dritte Weltkrieg ausbricht und »viele Seuchen und Epidemien mitbringt«.	o. Z.
27. 7. 1980	Michael Nostradamus	Schrieb völlig offen das Todesdatum des persischen Schah Reza Pahlewi in Vers 3/77 nieder. »Der König von Persien in Ägypten gefangen, Jahr 1727 … « Bei Streichung der Eins erhält man das korrekte Todesdatum vom 27. Juli in der Schreibweise Monat/Tag (7.27).	r
1980	Pater Innocent Rissault	»Ab 1980 treibt der Antichrist sein Unwesen!«	f
1980–1982	Garcilaso da la Vega	Stigmatisierter argentinischer Pater mit Endzeitvisionen, die er zwischen 1980–1982 während eines längeren Deutschland-Aufenthaltes hatte.	o. Z.
seit 1983	André Heese	Seit Beginn der achtziger Jahre medial begabt, sagte er für 1998 und 1999 den Untergang ganzer Kontinente voraus.	?
1985	Jeane Dixon	US-Hellseherin. Sie sagte für 1985 einen auf die Erde herabstürzenden Riesen-Kometen voraus.	f
1984	Wladislaw Biernacki	Polnischer Bauer, der ab 1984 Kriegs- und Endzeitvisionen empfing (Atomkrieg durch China).	o. Z.

Jahr/ Datum	Prophet/ Person	Prophezeiung/ Ereignis	r/f/?
seit 1988	Hans-Peter Paulussen	Deutsches Medium, durch das seit 1988 angeblich der französische Seher Nostradamus sprechen soll. Verdeutlicht die verschlüsselten Verse des Sehers, ohne jedoch Angaben von Daten zu machen.	o. Z.
1990	Elizabeth Clare	»1990 wird ein Großteil der Menschen durch Überschwemmungskatastrophen vernichtet!«	f
seit 1990	Karin Nagel	Deutsche Hellseherin mit Jesus-Erscheinung (im Oktober 1990) und weiteren Visionen über die Endzeit der Menschen. Detaillierte Prophezeiungen, die u. a. vom Erzengel Michael kommen sollen.	?
1991	Annie Kirkwood	Hellsichtige Krankenschwester aus den Vereinigten Staaten. In ihrer Endzeitprophezeiung sollen, nach einer Botschaft der Muttergottes, »der Nordosten und der Westen der USA sowie England, Griechenland, Frankreich und große Teile des Nahen Ostens völlig untergehen«.	o. Z.
Februar 1991	Michel Nostradamus	Vorhersage des Golfkrieges, beschrieben in Vers 1/55. Das letzte Wort im Vierzeiler nennt deutlich Jahr und Monat: 2/1991.	r
1995	Max Toth	»Schwere Stürme suchen die Menschheit heim, und das Königreich des Geistes entsteht.«	r/?
1996	Sun Bear, Medizinmann	»1996 beginnen drei Jahre des Hungerns auf der Welt.«	f
1997	Helmut Szemenik	Deutscher Hellseher aus Kassel; sagte für das Jahr 2000 einen	?

Jahr/ Datum	Prophet/ Person	Prophezeiung/ Ereignis	r/f/?
		Raketenangriff des Irak auf Paris und die »völlige Vernichtung des Orients mit Millionen Toten« voraus.	
31. 8. 1997	Michel Nostradamus	Lady Di stirbt. Prophezeiung über Hochzeit, Scheidung und Tod der Prinzessin in Vers 10/55. Die Wortpyramide ergibt das genaue Todesjahr.	r
August 1998	Karin Nagel	»Ein Komet rast auf die Erde zu!« Endzeitvisionen.	f
1998	Hellseher und Medien	Das Weltwirtschaftssystem bricht zusammen. Verheerende Erdbeben, Überschwemmungen und allgemeine drastische Klimaveränderungen!	f
1998	Prof. Ivan Aristizabal	»Fidel Castro und Yassir Arafat sterben.«	f
1998	Marita E. Lautenschläger	»In Rom wird ein neuer Papst gewählt. «	f
6. 12. 1998	Nostradamus	»Am 6. Dezember 1998 plötzlicher Tod eines ›Großen‹ (vielleicht der Papst in Rom?).«	f
1999	Adventisten	»Neues Weltuntergangs-Datum: 1999!«	?
1999	Edgar Cayce	»Die Erdachse verschiebt sich. Große Katastrophen auf der ganzen Welt.«	?
1999	Prof. Ivan Aristizabal	»Michail Gorbatschow stirbt.«	?
1999	Sechs Hellseher und Medien	»Weltwirtschaft völlig am Ende!«	?
1999	Atuka hé, Schamane	»Vier spektakuläre Flugzeugunglücke. In Rom stirbt der Heilige Vater.«	?
1999	André Heese	»Bürgerkriegsähnliche Zustände in Deutschland. Erdbeben. Klimakatastrophe auf ihrem Höhepunkt!«	?
1999	C. T. Russel	»Gottes Heiliger Plan erfüllt sich 1999.«	?

Jahr/ Datum	Prophet/ Person	Prophezeiung/ Ereignis	r/f/?
1999	Alice E. Bailey	»Das Jahr der Wiederkunft Christi.«	?
1999	Jeane Dixon	»Riesige Flutwellen! Alles verändert sich.«	?
1999	Herman Kahn	»Japan erringt die wirtschaftliche Überlegenheit auf der Welt.«	?
2000	Pater Innocent Rissault	»Der Antichrist übernimmt die Weltherrschaft. Rom wird völlig zerstört!«	?
5. 5. 2000	Richard Kieninger	»Riesige Flutwellen lösen Katastrophen aus. Der Weltuntergang ist da. Ein neues Königreich Gottes taucht im Pazifik auf.«	?
2000	Jeanne Le Royer	»Soziale Unruhen und Krieg. Der Antichrist leitet das letzte schreckliche Inferno ein! «	?

Teil 2: Prognosen, Meinungen und vermutete Wahrscheinlichkeiten von bekannten Persönlichkeiten und Wissenschaftlern

Prognose von	für/bis	Person/Zitat aus	Prognose/Einschätzung
1901	1951	Wilbur Wright	Flugpionier: »Vor sieben Jahren sagte ich zu meinem Bruder, daß die Menschen noch 50 Jahre brauchen würden, um fliegen zu können. Seitdem mißtraue ich mir selbst und enthalte mich aller Prognosen!«
1926	immer	Lee de Forest	US-Erfinder des Radios: »Theoretisch und technisch könnte eines Tages Fernsehen möglich sein, doch kommerziell und finanziell betrachtet, sollten wir dieser Entwicklung keine weiteren Träume mehr schenken!«
1948	200 Jahre	*Science Digest,* USA	»Für das Landen und Fortbewegen auf dem Mond wird die Wissenschaft noch weitere 200 Jahre benötigen, diese Probleme zu lösen.«
1970	90er Jahre	Rudi Gernreich	US-Modedesigner: »Spätestens in den neunziger Jahren werden Frauen und Männer durchsichtige Bekleidung tragen oder bei schönem Wetter mit freiem Oberkörper umherlaufen. Die Frauen werden dabei zum Schutz einfache Aufkleber tragen.«
1978	2000	Nigel Calder	Engländer, Wissenschaftspreis der UNESCO 1972: »Bis zum Jahr 2000 werden wir die Suche nach außerirdischen Existenzen aufgege-

Prognose von	für/bis	Person/Zitat aus	Prognose/Einschätzung
			ben haben, da dort draußen so etwas nicht zu existieren scheint. Die Aufheizung der Erde, der Treibhauseffekt, findet nicht statt, sondern uns wird eher eine Eiszeit drohen.«
1982	2000	Isaac Asimov	US-Professor für Biochemie und Autor vieler naturwissenschaftlicher Bücher: »Unter der Schirmherrschaft aller Nationen beginnen die Menschen mit dem Bau von Solarkraftwerken in der Erdumlaufbahn.«
1980	2000	Erskine Caldwell	US-Autor: »Kalifornien wird von einem Erdbeben heimgesucht, und die Gegenden von San Francisco bis Los Angeles verschwinden in einem schwarzen Loch, während die Filmkameras von ABC, NBC, CBS und PBS surren.«
1982	1997	Ben Bova	US-Herausgeber der Zeitschrift *Omni:* »Die USA und die UdSSR entfesseln mit einem Netz an laserbewaffneten Satelliten einen geheimgehaltenen Krieg der Roboter.«
1982	2000	Trudy E. Bell	US-Wissenschaftsjournalistin: »Bis 2000 erkennen wir, daß es in unserer Milchstraße keine Anzeichen von außerirdischem Leben gibt. Wir werden davon ausgehen, daß wir die einzigen vernünftigen Wesen im Weltraum sind.«
1980	2000	Edmund C. Berkeley	US-Computer-Pionier: »Die Ölknappheit wird ganze Menschenmassen dazu zwingen, in wärmere Regionen auszuwandern. Fernsehen und Medien werden bis dahin immer niedrigere Ebenen des menschlichen Geistes ansprechen,

Prognose von	für/bis	Person/Zitat aus	Prognose/Einschätzung
			und mehr als 80 Prozent der US-Bürger werden dann begriffen haben, daß die Ermordung J. F. Kennedys, Martin Luther Kings und mehr als 35 anderer Menschen von einer Gruppe einflußreicher Personen, unter ihnen Lyndon B. Johnson, Richard Nixon und J. Edgar Hoover, ausging … «
1980	2001	G. Harry Stine	US-Forscher und wissenschaftlicher Berater für Raumfahrtprojekte: »Grundsätzlich werden wir alles, was wir wollen, auch erreichen können, vorausgesetzt, daß wir bereit sind, den Preis dafür zu zahlen und die Konsequenzen in Kauf zu nehmen. Für die kommenden 21 Jahre sehe ich diese Entwicklung: Einrichtung einer zentralen Datenbank, zu der die breite Öffentlichkeit, Firmen und Hausanschlüsse Zugang haben. Dreidimensionales Fernsehen mit Konferenzschaltungen, im 21. Jahrhundert auch für private Unterhaltung. Die Gravitationstheorien werden umgeschrieben werden müssen, und die Mikroelektronik wird nicht mehr aufzuhalten sein.«
1979	2000	Ewald Heer	Leiter von verschiedenen US-Forschungsprogrammen und Berater für Mondforschung der NASA: »Die Bodenschätze und Energiequellen der Ozeane werden in großem Maßstab ausgebeutet. Offener unterirdischer Bergbau unter Wasser, teilweise durch Roboter ferngesteuert. Frachttransporte im Weltraum könnten für

Prognose von	für/bis	Person/Zitat aus	Prognose/Einschätzung
			private Firmen von großem wirtschaftlichen Anreiz sein.«
1980	1999	Dan Halacy	Ehemaliger US-Senator des Staates Arizona und Mitarbeiter des *Solar Energy Research Institute* in Golden (Colorado): »Die Nebenschiene des Treibhauseffekts wird immer spürbarer: Kälte, Eis, Sturm und schreckliche Unwetter zeigen, daß wir uns auf die nächste Eiszeit zubewegen, und daran werden wir absolut nichts mehr ändern können! Es wird zunehmend stärkere Erdbeben geben, und die Vergiftung der Umwelt wird weiterhin zunehmen.«
1981	2000	Carol Crealock	US-Psychologin mit Spezialgebiet für die gesellschaftliche Entwicklung der Frau: »Die männliche Vorherrschaft wird stufenweise und sanft abgebaut durch die allmähliche und stetige Teilnahme der Frauen in sämtlichen Aufgabenbereichen. Die Frauen werden bis 2000 einen weitaus größeren Anteil an den wirtschaftlichen Möglichkeiten der Gesellschaft erhalten. Fast alle Frauen werden das Wachsen und das Absterben einer wichtigen Beziehung erlebt haben, die mit der gesteigerten Verantwortung der Frau in Beruf und Privatleben synchron laufen werden.«
1981	2000	Paul Segall	US-Arzt und Leiter von biologischen Forschungsprogrammen: »Schon 1992 wird zum ersten Mal ein eingefrorener und aufgetauter Mensch erfolgreich wiederbelebt werden. Forschungen zur Umkehr

Prognose von	für/bis	Person/Zitat aus	Prognose/Einschätzung
			des Alterungsprozesses werden gefördert, und bis 2002 wird menschliches Kloning ältere oder schwerverletzte Personen mit genetisch identischen Organen, Geweben und Zellen versorgen.«
1981	1998	Philip K. Dick	US-Science-fiction-Autor: »Die Benutzung von Computern durch ganz normale Leute verwandelt die Öffentlichkeit aus passiven Fernsehkonsumenten in aktive Experten.«
1981	2000	Pierre Galletti	US-Professor für Biologie: »Bis 1990 werden viele Menschen mit Ersatzorganen leben, und die Öffentlichkeit wird akzeptieren, daß dies auch notwendig ist. 1995 werden künstliche Hilfs-Lungen, die in den Brust- oder Bauchraum eingepflanzt werden, das Leben von Patienten erhalten. Dialyse-Patienten werden das nötige Gerät nun in ihrem Körper tragen und die überschüssige Flüssigkeit über die normalen Kanäle (z. B. über die Blase) ausscheiden. Im Jahr 2000 werden vermutlich rund ein Prozent der amerikanischen Bevölkerung durch Ersatzteile am Leben gehalten werden.«
1981	2001	Georges Simenon	Französischer Schriftsteller (Kommissar Maigret) mit 17 Pseudonymen: »Ich bin weder Nostradamus noch ein Futurologe, aber es besteht die Möglichkeit, daß alles so weiterläuft wie bisher. Auf und Ab, Krieg und Frieden, Gutes und Schlechtes. Die Frage könnte von den führenden Persönlichkeiten aus Militär, Politik und

Prognose von	für/bis	Person/Zitat aus	Prognose/Einschätzung
			Wirtschaft sicherlich besser beantwortet werden. Was der kleine Mann denkt, ist denen egal. Also braucht sich der kleine Mann um seine Zukunft auch nicht mehr sorgen als die Ochsen auf einer Wiese, die keine Ahnung davon haben, wann sie am Fleischerhaken baumeln werden. Ich will gar nicht wissen, was uns die Zukunft beschert, will mich nicht grämen und sorgen, sondern einfach so weiterleben wie bisher. Von einem Tag auf den anderen.«

Literaturverzeichnis

Bücher

Andersen, Hans J., »Polsprung und Sintflut«, 1992, H. J. Andersen, Gevelsberg

Becker, Dorit I., »Lichtpunkt E«, 1992, Pegasos Light Verlag, Extertal

Bekh, Wolfgang Johannes, »Das dritte Weltgeschehen«, 1985, Knaur, München

Bergkirch, A., »Prophetenstimmen«, 1849, Paderborn

Berndt, Stephan, »Prophezeiungen zur Zukunft Europas«, 1997, G. Reichel, Weilersbach

Bingen, Hildegard v., »Gesichte über das Ende aller Zeiten«, 1953, Credo, Wiesbaden

Bonsen, Friedrich zur, »Das zweite Gesicht«, 1940, Industriedruck, Essen

Brik, Theodor, »Die Visionen der letzten Tage«, 1978, Pattloch, Aschaffenburg

Buchela, »Ich aber sage euch«, 1983, Droemer Knaur, München

Clericus, W., »Das Buch der Wahr- und Weissagungen«, 1923, Regensburg

Coudris, René, »Die Botschaft von Roswell«, 1997, Herbig, München

du Prel, Freiherr von, »Die Planetenbewohner und die Nebularhypothese«, 1920, Leipzig

Eggenstein, Kurt, »Der unbekannte Prophet Jakob Lorber«, 1990, Lorber, Bietigheim

Ellerhorst, Winfried, »Prophezeiungen über das Schicksal Europas«, 1992, Antigone

Fiebag, Johannes, »Sternentore«, 1995, Langen Müller, München

Gustafsson, A., »Merkwürdige Gesichte«, 1954, Sverigefondens, Stockholm
Hausdorf, Hartwig, »Wenn Götter Gott spielen«, 1997, Langen Müller, München
Hesse, Paul Otto, »Der Jüngste Tag«, 1967, Turm-Verlag, Bietigheim
Hübscher, Arthur, »Die große Weissagung«, 1952, Heimeran, München
Kemmerich, Max, »Prophezeiungen«, 1921, Albert Langen, München
Kopczinski, H. W, »Paraguay«, 1997, Mai-Verlag, Dreieich
Krassa, Peter, »Dein Schicksal ist vorherbestimmt«, 1997, Herbig, München
Lammer, Helmut, Sidla Oliver, »UFO Geheimhaltung«, 1995, Herbig, München
Lohmer, Georg, »Die Welt der Wahrträume«, 1917, Altmann, Leipzig
Mannhart, W., »Zauberglaube und Geheimwissen«, 1936, Amonesta, Wien
Meckelburg, Ernst, »Hyperwelt – Erfahrungen aus dem Jenseits«, 1995, Langen Müller, München
»Meyers Handbuch über das Weltall«, 1973, Bibliographisches Institut, Mannheim
Nolan, Ray, »Das Nostradamus-Testament«, 1996, Langen Müller, München
Rehwaldt, H. R., »Weissagungen und Weltuntergang«, 1939, Ludendorff, München
Rétyi, Andreas von, »Der Jahrhundert-Komet«, 1997, Herbig, München
Robinson, L. W., »Edgar Cayce«, 1989, Goldmann, München
Schmeing, Karl, »Geschichte des zweiten Gesichts«, 1948, Dorn, Bremen
Schmöger, P., »Das Leben der gottseligen Anna K. Emmerich«, 1873, Freiburg

Silver, Jules, »Prophezeiungen ...«, 1987, Ariston, Genf
Sun Bear, »Die Erde liegt in unserer Hand«, 1990, Goldmann, München
Wallechinsky, David, »The Book of Predictions«, 1980, W. Morrow, New York
Weber, Albrecht, »Garabandal – der Fingerzeig Gottes«, 1993, Weto, Meersburg
Weiß, Edmund, »Atlas der Sternenwelt (Kometenfälle)«, 1887, Stuttgart
Widler, Walter, »Buch der Weissagungen«, 1961, Hakker, Gröbenzell
Zönnchen, Walter, »Im Zeichen des Fisches«, 1990, AIG Hilbinger, Arnoldshain

Zeitschriften

»Alte und Neue Welt«, 7/8 1877, Benziger, Einsiedeln (Vagabunden des Weltraums, Kometen-Niedergänge bis 1876)
»CHRONICA«, 17/1995, Asunción, (La potencia del Macumba)
»Der Spiegel«, 24. 4. 1978 und 31. 3. 1997, Hamburg (Die UFOs kommen; Komet Hale-Bopp)
»Die andere Welt«, 1962–1968, Hermann Bauer Verlag, Freiburg (Das Fatima-Wunder; Auch 1963 kein Dritter Weltkrieg?; Die Prophezeiungen der Mrs. Jeane Dixon)
»Die andere Realität«, 2/1997, Gladbeck (Endzeitprophezeiungen)
»Esotera«, Okt./1978, Hermann Bauer Verlag, Freiburg (Der Dritte Weltkrieg)
»Focus«, 16. 9. 1996 und 21. 12. 1996, München (Im Bann der UFOs; Gott und die Wissenschaft)
»Mufon UFO-Journal«, 2/1981, Seguin, Texas (An American Mystery)

»P. M.«, Peter Moosleitners interessantes Magazin, 1/1979, Hamburg (Haben die Astronomen Gott entdeckt?)
»Quick«, 4. 11. 1962, Bauer, München (Warum es trotzdem keinen Weltkrieg gibt)
»SAGA's UFO-Report«, 1974–1975, Spring (News)
»Time Magazine International«, 4. 7. 1994 (Number One)
»UFO-Nachrichten«, 5/6 1997, Wiesbaden (Was explodierte in Sassowo?)

Personenregister

HEYNE BÜCHER

TERRA-X

Expeditionen ins Unbekannte

Gottfried Kirchner
Terra-X
Vulkane, Wüsten und Ruinen
19/392

Gottfried Kirchner
Terra-X
Schatzsucher, Ritter und Vampire
19/468

Im Hardcover:

Gottfried Kirchner (Hrsg.)
Terra-X
Von Mallorca zum Ayers Rock
40/354

19/468

Heyne-Taschenbücher